ORDINI
现代世界
NUOVI
李猛 主编

Medieval Political Thought

Walter Ullmann

中世纪政治思想史

［英］沃尔特·厄尔曼 著

夏洞奇 译

生活·讀書·新知 三联书店

Simplified Chinese Copyright © 2024 by SDX Joint Publishing Company.
All Rights Reserved.
本作品简体中文版权由生活·读书·新知三联书店所有。
未经许可，不得翻印。

图书在版编目（CIP）数据

中世纪政治思想史 /（英）沃尔特·厄尔曼著；夏洞奇译. —北京：生活·读书·新知三联书店，2024.6
（现代世界）
ISBN 978-7-108-07803-2

Ⅰ.①中… Ⅱ.①沃…②夏… Ⅲ.①政治思想史－中世纪 Ⅳ.① D095

中国国家版本馆 CIP 数据核字 (2024) 第 076967 号

Copyright © Walter Ullmann, 1965

First published as A HISTORY OF POLITICAL THOUGHT in 1965 by Penguin Press. Penguin Press is part of the Penguin Random House group of companies.

责任编辑	周玖龄
装帧设计	薛　宇
责任校对	曹忠苓
责任印制	卢　岳
出版发行	生活·讀書·新知 三联书店
	（北京市东城区美术馆东街 22 号 100010）
网　　址	www.sdxjpc.com
经　　销	新华书店
印　　刷	河北品睿印刷有限公司
版　　次	2024 年 6 月北京第 1 版
	2024 年 6 月北京第 1 次印刷
开　　本	880 毫米 × 1230 毫米　1/32　印张 10
字　　数	225 千字
印　　数	0,001 – 4,000 册
定　　价	58.00 元

（印装查询：01064002715；邮购查询：01084010542）

现代世界
总　序

不同人类群体在时间和空间上发展的多种文明，共存在同一个世界秩序中，并借助这一秩序相互理解，这是人类前所未有的经验。此前，各种世界秩序的基本框架，都依据单一文明或主体文明的历史视角与空间逻辑构成，其他文明被视为非文明的野蛮形态或反文明的敌对形态。虽然任何世界秩序在建立生活理想与政治、经济、文化形态时，都不得不考虑文明的差异与分歧，但等级制和排斥的逻辑仍然是这些世界秩序处理其他文明的主要方式。不同世界秩序之间始终存在经济或文化上的往来，也有地缘政治的摩擦甚至竞争，甚至一个世界秩序会完全取代另一世界秩序，容纳或消化后者的文明因素作为自己的一部分，文明与秩序跌宕起伏的命运，在今天，都被重新理解为现代世界秩序的史前史。现代世界是人类文明共存与相互理解的一个新阶段。

现代世界的复杂构成、漫长演进和多元谱系，是现代学术面临的核心问题。现代学术是现代世界理念的重要来源。一个文明进入现代世界，首要的任务，是建立该文明与其他文明在现代世界的共存关系。无论是比较历史语文学的批评方法、哲学和科学的新体系,还是社会科学的经验途径与田野实践,作为现代学术的核心,都有深刻的文明动机与丰富的世界意涵,成为现代世界观察与理解各种文明形态的主要范式。但由于现代学术的推进往往依托现代文化与政治的各项制度(特别是现代大学的研究体制),在现代学术的实际发展中,大多数文明,仍然只是作为研究素材,以博物馆或田野的方式被纳入现代世界的思想秩序中。现代学术构建的现代世界秩序,往往发端于学术制度背后的政治与文化的母体,这一母体的文明理想,在很大程度上被直接充当现代世界的理念,而现代学术有意或无意地借助这一文明的思想图景,通过泛化和宽容的方式,将其他文明作为对象文明纳入现代世界的秩序中。现代学术的世界秩序理念,仍然很大程度上囿于实际研究中主体文明与对象文明的经验对立,从而限制了进入现代世界的诸多文明自身的思想成熟。"二战"以来的多元文化视野、全球视角和本土化努力,并未在整体上改变现代世界在理念上的这一矛盾处境。现代学术所承诺的世界秩序,在思想上,仍然是未完成的。勇敢地运用文明中的理性与情感的力量，推动各文明激活自身传统的生命力，在现代世界中实现思想成熟，仍然是现代学术的根本课题。

　　现代世界的学术所面临的文明处境与思想挑战，需要长期系统的建设性工作。现代世界的形成，是一个长时段的历史进程。只有超越现代化的短期视角，超越从中世纪晚期开始直至17、18世纪西欧文明的"古今之争"，甚至突破来自现代学术的主体文明对古典－中世纪与现代的划分以及尚待反省的理论预设，才能更好地理解各种文明在漫长的历史进程中如何以不同方式进入现代性的世界秩序。而要把握现代世界秩序的形态，需要跨越现行学术体制的学科界限，综合政治、法律、经济和社会的视角，兼顾制度与思想的维度。"现代世界"丛书希望从翻译入手，在丰富现代中国思想的学术资源的同时，开辟更为宽广的思想空间，为探索现代世界的理念进行学术上的积淀与准备。

李　猛

2019年9月

中世纪政治思想史

MEDIEVAL POLITICAL THOUGHT

目 录

前　言　| i

1970 年版前言　| v

佩里格林版前言　| vii

导　论　| 1

第一章　奠基：罗马与《圣经》的背景　| 9

  Ⅰ　罗马帝国中的罗马教会　| 9

  Ⅱ　罗马皇权政治思想　| 23

  Ⅲ　罗马-《圣经》观念的成长　| 29

第二章　西方的趋向　| 36

  Ⅰ　帝国的恺撒教宗主义　| 36

  Ⅱ　上帝恩典所立之国王　| 45

  Ⅲ　罗马与法兰克观念的融合　| 50

  Ⅳ　欧洲的概念　| 58

第三章　加洛林以降之发展　│　66
　　Ⅰ　政治思想的教会化　│　66
　　Ⅱ　大伪造　│　74
　　Ⅲ　国王加冕礼中的政治理念　│　79
　　Ⅳ　西方帝国的意识形态　│　85

第四章　成熟期的教权理论　│　94
　　Ⅰ　主要特点　│　94
　　Ⅱ　政治文献的出现　│　111

第五章　神权王权与封建王权　│　127
　　Ⅰ　君权神授的实质　│　127
　　Ⅱ　对该论点的维护　│　134
　　Ⅲ　英格兰的王权与宪政主义　│　144

第六章　亚里士多德的复兴及其背景　│　160
　　Ⅰ　自下而上论的实际表现　│　160
　　Ⅱ　初生的人文主义与自然科学　│　165
　　Ⅲ　亚里士多德的原则　│　169

第七章　新的趋向　│　178
　　Ⅰ　托马斯主义　│　178
　　Ⅱ　普世性国家　│　191
　　Ⅲ　地域性主权　│　203

第八章　人民的主权　│　207
　　Ⅰ　统治者权力的民众基础　│　207
　　Ⅱ　作为主权立法者的人民　│　212

Ⅲ　城邦国家　| 223

　　　Ⅳ　宗教会议至上论　| 228

　　　Ⅴ　保守主义与传统　| 233

第九章　结　语　| 240

附　录　对第三章的补充注释　| 243

原书参考书目　| 248

中文参考书目（译者整理）　| 261

中世纪教宗年表（440—1500）（译者整理）　| 269

君主世系图（译者整理）　| 275

部分专有名词与术语索引　| 279

译后记　| 284

三联版译后记　| 299

前　言

对政治思想的关注现在已经越来越明显了。人们越来越认识到，现代政治概念是如何形成的，是一个需要理解的问题。如果说历史研究的价值主要不在于发现历史是什么，而在于解释事情是如何、为何变成当时和现在的这个样子的，那么当然就有理由对政治观念的历史发展进行研究。对于中世纪政治思想史，就更是如此了，因为现在这个时代在多方面都是它的直接继承者和后代。在前一代人的时候，有过一种多少不太关心中世纪的态度。但现在，它已经被越来越明显，有时甚至很热烈的兴趣取代了。因为人们已经普遍地认识到，要想理性地评价现代意识形态，就至少需要知道一点它们是怎么形成的。至少在这个国家[1]中，诸如君主制、议会、法律、法院等等公共制度，都非常清楚地反映出了中世纪的渊源。可能更重要的是，它们还反映着那种导致其起源并维系至今的观念。关于主权、民主制、政治权威、政治义务、服从的责任、合法的命

---

[1] 指英国。（如无特别说明，全书页下注均为译者注）

令、正义等等的观念，直到现在仍在我们身边，就像在中世纪那样。

诚然，在某些方面中世纪具有一些令我们感到陌生的特征。但是，有必要将事物的形式和内容加以区分，看到本质和内核。抛开那些不相干的行头，就西方而言，孕育了现代意义上的政治观念的中世纪，就是欧洲学习、成长和成熟的时期。在政治思想史的领域里，历史连续性的原则是很有效的：这些观念不仅决定了中世纪的性质，还经常在阵痛中缓慢地孕育了我们思考政治问题和公共利益问题的方式。一般来说，观念只能通过语言来表达——词语包裹了粗糙的观念，使它有血有肉，从而使它成为深入交流的工具。敏感的耳朵不可能听不见，在中世纪和现代政治观念的含义之间有一种亲缘关系。中世纪是信仰的年代，当时基督教发挥了关键性、决定性的作用，而现代人受宗教考虑影响更小。这个事实其实正是激发我们回溯过去的非常有力的理由，只要你想知道我们的先人们是为何、如何那么想那么做的，现代的观念和行为又是为何、如何变得不同的。那样，研究者就会发现，虽然政治观念经常会具有不同的形式，在本质上仍然存在着一种突出的发生过程上的连续性。某些在中世纪占据主导的政治观念不会讨得我们的欢喜，但不管它是多么正常，这种反应实际上都在提醒我们，了解一下我们在变成现在这个样子之前的状态，是很有必要的。

基于诸如此类的考虑，我才试图写一本简短的概述，以5—15世纪为时段，写出政治思想在中世纪的发展、前进、成熟、衰落与变化。对于中世纪的政治思想史，近来已经有了大量的著作。这些著作极大地帮助了我们，使我们能够更好、更有效地认识历史进程本身,以及那些在现实中创造了政治观念的前提。因此,我不会纠缠于那些细节。不管它们本身是多么重要,但它们并不实质性地增进理解:本书的目标是从发生过程来解释政治思想,它不仅在中世纪留下了自己的烙印,还在后来有力地影响和塑造了现代的世界。为此,我更多地聚焦于官方和半官方的政治措施(在早期更是如此),它们能使我们看到实践之中的政治观念,所以是值得阐释的。因此可以理解的是,没有一章是专门留给圣奥古斯丁[2]的。此外也应当考虑到,要对他的"政治"观念进行所谓的简单概述是很困难的,因为那样很容易造成误导;进一步说,为了正确地理解他的思想,就必须熟悉他本人的神学前提,而一本对中世纪政治思想的概述不可能有足够的篇幅来做这个。当然,奥古斯丁主义的各个因素已经得到了一定的突出。对于中世纪另一头的奥康姆,也有很相似的考虑——为了理解他的"政治"思想,就必须非常熟悉唯名论和他自己的神学;此外,他的政治著作的规划版本将有7卷,但至今只出到了第3卷[3],对他的研究也还在不断地涌现出来。我的目标是在可以操作的范围内,简短地概述主要的问题。我试图将按主题与按年代这两种方法结合起来。按我的经验,这样的结合完全能够非常好地在历史语境本身之中理解政治观念。在中世纪,政治思想经常不是包含在学术书籍或小册子当中,而是包含在交流的媒介当中的。在第

---

[2] Augustine of Hippo(Aurelius Augustinus,354—430)是早期教会中最著名的拉丁教父之一,对拉丁基督教传统影响深远。他的《上帝之城》(*De civitate Dei*)等著作对基督教政治传统的形成和发展产生了极为重要的影响。因长期担任北非希波城(Hippo Regius)的主教,而号为"希波的奥古斯丁"。

[3] 指曼彻斯特大学从1940年起出版的 *Opera Politica*,由 H. S. Offler 编辑的第4卷于1997年由牛津大学出版社出版。

一眼看来，它们和政治意识形态没什么关系，国王的膏立仪式就是这样一个例子。因此，就应当依据多种多样的信息来源来重构出主题。既然中世纪的思想在很大程度上要比我们自己的思想更加地整合为一体，政治观念也表现在许多方面。而到后来，它们已经丧失了功能，无力将思想与生活整合起来。多种多样的因素共同构成了中世纪的政治思想，历史地看，现代政治思想只不过是它们的衍生物而已。对于那些想深入了解各种问题的读者，我提供了一个简短的附录，列举了第一手的史料和第二手的文献。

1964 年 9 月 18 日
W. U.

1970年版前言

考虑到近来的著作，第三章已经需要做一些修订了。为了节省精力，我在"附录"中增加了一条简短的补注。那些需要了解有关各个问题的最新文献的读者，可以在参考文献中找到一份简短的补充书目。

剑桥
1970 年 4 月 17 日
W. U.

佩里格林版前言

新的丛书[1]收入了这本书,这使我有机会为参考文献增加一些条目。它们有的是在1970年的修订之后才发表的,有的是我在后来才知道的。有兴趣的读者可能会感到有用。看起来还不需要修订文本本身。对这本书的持续需求,学习政治思想的学生们的热情回应,这才是最让我高兴的。希望本书还能继续服务于原本的写作目的,也就是使进行思考的平信徒和学生了解这些始终吸引人的问题:拉丁的西方如何、又为何取得了独特的政治与宪政性质。

剑桥,三一学院
1974年8月
W. U.

---

[1] 指1975年出版的Peregrine Books系列。

导　论

　　说中世纪对现代有很深的影响，这早就是老生常谈了。尤为明显的是，中世纪的政治观念确实塑造了那些直到现代才完全成熟的政治概念。确实，只有在思想领域中才能见到一种如此明显的持续发展过程。但出于同样的原因，说什么中世纪晚期的政治观念不是从中世纪早期发展而来的，这也是非历史的，实际上是天真的。在历史研究的各种门类中，政治思想史研究最能说明历史进程本身。实际上，当我们估计一个成年人的性格时，我们所用的方法是相同的。为了解释他的性格特征，我们首先并不看最终的结果——已经完全长大的人。相反，我们试图寻找他在童年和少年时的相关细节，靠它们来揭示那些在其青年和成年阶段仍有表现的影响和作用。换言之，我们试图解释，哪些原因、环境和因素在塑造他的性格时是很有影响的。

　　为了理解当今的制度和政治观念是如何变成这种样子的，就完全应当采用一种相似的发生过程研究法。那些制度和观念不是凭空出现的，而是深深地植根于历史进程本身。中世纪非常能够说明，政治观念和制度在事实上是如何产生的。这个长达一千余年的时期，见证了一个社会在西欧的出现和成长。当时它还很缺乏政治经验，在公共治理方面还找不到现成、合适的模式。当日耳曼人入侵的影响已经消逝时，不同程度的秩序与和平重新出现了，如何保持公共秩序与和平，如何管理公共生活，如何安排那些与每个社会成员息息相关之事，这种问题就产生了。这些可以被称为政治秩序问题，在概念上可以被归入政治观念的范畴。这个社会虽然在很多方面还很简单，却必须找到自己的解决方案。

人们一直在问，原初的公共权力最终来自何处。是什么使法律具有约束力？为何法律要具有约束力？在今天的西方，这是不难回答的。但今天的思维方式（以及实践）是激烈的流血斗争的结果，它完全是由形成于中世纪的意识形态力量所造成的。历史地看，在中世纪存在着两种主要的政治和法律观点。这两种观点都在发挥作用，在一段时间里以一种为主，在另一段时间里又以另一种为主。

这种在时间上较早的政治和法律观念，可以被称为自下而上的理论。其主要特征是，原初的权力是属于人民或社会团体本身的。这就是塔西佗[1]在描绘日耳曼人部落的治理方式时所刻画的政府理论。既然原初的权力在于人民，就是人民在群众大会上选举打仗的头领，或者叫作公爵、国王，诸如此类。他的权力都是选举大会所给予的。他代表着社会团体，所以要对群众大会负责。相应地，对于作为头领的统治者，就存在着一

---

[1] Publius（？）Cornelius Tacitus（约55—120）是著名的罗马历史学家，他的《日耳曼尼亚志》（Germania）是关于古代日耳曼人的重要史料。

种抵抗的权利。这种抵抗权说明，罢黜和废除国王是不难的，只要在人民眼中他已经不再能够代表他们的意愿。虽然在历史上，通常只能从特定的家族中选立国王，但那种原则并没有改变。可以打比方说，权力是从金字塔的底部上升，直至其顶端，也就是国王或公爵。群众大会控制着统治者的治理行为，大会主要以法庭的方式来有效地发挥作用。这种自下而上的政府理论也可以被称为人民论的政府理论，因为原初的权力是由人民保留的。

与这种理论相对的是自上而下的政府理论。按照它，原初的权力属于最高的存在者，按照流行的基督教观念，也就是神本身。在5世纪圣奥古斯丁就说，以国王为中介，上帝将法律授予人类。在13世纪，圣托马斯·阿奎那[2]表达了同样的观念，他说权力是从上帝那里下来的。这里也可以看见金字塔的比方，但全部的权力已经位于其顶端了。无论"下面"的权力是什么，它都是源于"上面"的。正如圣保罗所说，"没有权力不是出于上帝的"。照此说来，只存在着授予的权力。是上帝在地上任命了代理人。事实上，这位代理人正是对原初权力的体现。按这种理论，除了"来自上面"的，人民别无其他权力。每个公职人员都是由"上面"任命的，而不是由群众大会选举的。最高的长官只对上帝负责。这种政府理论也可以被称为神权理论，因为实际上一切权力都属于上帝。

中世纪政治观念的历史在很大程度上就是这两种政府理

---

[2] Thomas Aquinas（1224/1225—1274）是中世纪最伟大的神学家、哲学家，被教会奉为圣人和圣师。奥古斯丁主义和托马斯主义是宗教改革之前西方基督教历史上最有影响力的两大神哲学综合体系。本书第七章第Ⅰ节将详论阿奎那的贡献。

论的斗争史。由于基督教的压倒性影响，日耳曼人接受了植根于基督教教义的自上而下理论——它几乎完全是拉丁罗马性质的——可以说，自下而上理论退到了幕后，直到13世纪后期才再次作为一种理论可能而登场。从此以后，政府的自上而下理论一步步退至后台，到今天只剩下了少数遗迹。

正因为接受了这种自上而下理论，中世纪早期的政治思想就具有了明显的教会、拉丁的性质。它的体现者主要（如果不是全部的话）是教士，他们接受过较好的教育，能够准确地表达自己的观点。受教育的平信徒阶层直到11世纪才出现；此前不存在给平信徒的普通教育，所有的教育都在神职人员手中，几乎完全是为神职人员服务的。国王和皇帝的中书和官署都由教士而不是平信徒来任职。中世纪早期的政治思想具有这种强烈的教会性质，与古代（希腊和罗马）和现代的政治思想都极为不同。然而，下文将会说明，这种中世纪早期的政治意识形态将对后来的发展起到多么基础性、决定性的作用，不理解先前的学说就无法理解后来的发展。在中世纪，所谓的政治思想完全是由以基督为中心的理论决定的。在某种意义上可以说，有一种将中世纪基督教教义应用于政府问题的尝试。也可以说，中世纪政治学说的早期阶段是教会性质的。20世纪的读者会觉得这有点奇怪，甚至太抽象了，因为政治思想的预设已经与那些现代人所熟悉的东西根本不同了。然而，现代与中世纪思想的差异在根本上只是程度上的，并不是性质上的。正因为中世纪早期的社会性质相对不复杂、较简单，历史学家就更容易描绘出它的根本性概念，而在那些很发达的社会中，那些概念就很容易失去质朴的新鲜感了。

自中世纪晚期以降，政治学说就是由学者、理论家和哲学家提出的。但在那个奠定了后来出现的政治理论的时期中，情况并非如此。从5世纪到11世纪，以阐发政治理论为己任的个人作者是相当罕见的。对于那些一直都是政治思想之内容的问题，相关的书籍、宣传册和小册子付之阙如。正是政府自己，是教宗、国王和皇帝们自己，在其政治举措中创立、塑造和运用了政治思想。无论当时的政治学说是什么，它都被包含在政府自身所采取的行动当中，而这些行动总是对实际、具体的形势和挑战的回应。在中世纪的较早时期，政治思想必须从相关政府的正式文告甚至历史进程本身之中析取出来。这就说明，为何政治观念史的前期部分在本质上是与当时的实际历史结合在一起的。很明显，政府用来表达其政治观点的载体就是法律。任何政府的工作都是治理，而在文明开化的社会当中政府只有靠法律才能施行统治。政府之观念和政府之事实之间的密切结合，是一个特别应受关注的特征。

由此又产生了第二个重要的特征，也就是所谓的政治学和法学之间的密切联系。在中世纪的大部分情况下，我们一般叫作"政治"的东西都是以法律的方式来表达的。法律是由各种政府颁布的，旨在将社会的目标变为现实。这确实是任何一个文明开化之社会的特点，无论它是古代异教的、基督教的、穆斯林的、犹太教的、共产主义的还是资本主义的。因而，作为政府的载体，法律追求着一定的目标——当时（如同现在）的目标是什么，取决于作为法律之前提的观点和学说——所以中世纪的法律体现了社会的意图、目标或者说是目的。在整个中世纪，这种所谓的目的论的法律观念都是特别重要的。

完全可以说，中世纪法律就是应用的政治学说。实际上在中世纪的大部分时期内，法律都是历史学家借以认识纯粹的政治学说的唯一方式,因为当时的政治学说是在法律之中得到供奉和应用的。幸好,中世纪的法律资料很丰富,潜在的政治意识形态可以从中探知。我们还可以用另一种方式来表达这一重要的原则。法律试图将正义的理念变为现实,但何为正义又取决于相关的政府对正义的看法。正是在正义的内容中,中世纪的政治理念才能得到认识。正是正义的概念才使中世纪的政治意识形态变得有味道,成为可以理喻的东西。正义的观念在法律之中得到了体现。从中人们不难理解原初权力何在是极端重要的,因为那个问题正是关键所在,回答了政府是否有权颁布法律的问题。

为了走近这个孕育了我们的现代政治观念的时代,我们应当牢记,在那时人们还不了解这种我们熟稔且不可或缺的思维方式。我们从某些不同角度来看人的活动,将其置于多少有所区分的领域之中。这样,我们谈论宗教、道德、政治、经济的规范,我们惯于说这样那样的活动是宗教的、政治的、道德的,诸如此类。这些各式各样的规范都有不同的标准,经常难以调和。但这种决定人类行为之规范的碎片化是很晚才出现的。在中世纪的大部分时候,人的行为并未被分为不同的部分。基督教观念本身是抵制任何性质的分化的。分别从道德、宗教和政治的角度来观察人的行为,这并不是中世纪人所熟悉的思维方式。那时,重要的只是未经分化的基督徒:宗教不与政治分离,政治不与道德分离,诸如此类。最要紧的只是人的基督教信仰,而不是他的社会或道德行为。至少在公共领域中,他的行动不能以基督教以外的其他任何规范来判断。这种整全性的观点,或者换一个更合适的名字,叫作"极权"的观点(虽然我们需要马上补充,这和极权主义的现代含义并无关系），是一个需要记住的特征，只有这样才能知道我们所谓的政治理念和概念在最初是如何产生的。如圣保罗所说，要紧的唯有基督徒，基督徒就是受过洗礼的人——凭着洗礼他已经成为"新的造物"，已经摆脱了"自然之人"，也就分有了神的性质。他的意思就是，信徒，也就是基督徒，至少在理论上已经与纯自然的人区分开来了。作为基督徒，他已经成为教会的一部分。

尽管早期、盛期的中世纪并不区分宗教、政治、道德等规范，而只是将人当作信徒来看，但教会成员之间，亦即神职人员和平信徒之间的重要区别依然是存在的。只在神职人员的意义上思考和谈论教会是大谬不然的做法。既然教会是由两部分构成的，二者之间的关系问题就成了一个在中世纪至关重要的题目。神职人员和平信徒是以司祭和国王为典范的，祭司（*sacerdotium*）和王权（*regnum*）就成了焦点。

在13世纪之前的中世纪时期，国家还不是一个为人所熟悉的概念。国家可以被理解为一个独立、自足、自主的公民团体，可以说它是按自己的本质、自己的律法而存在的。直到13世纪，这样的国家概念才在希腊哲学家亚里士多德的影响下产生。此前，王国和帝国被当作更大的单位亦即整个基督徒团体的一部分，并不被视为单独、自足、自主、有主权的团体。因此有必要指出，直到13世纪，"政治"（political）这个词才进入政府和作者们的词库。该词的缺位是不难解释的。这个词在那时的踌躇登场，是与国家概念的同时出现密切地联系在一起的。此前，无论国家还是政治的概念都还不存在。当时所用的词既不是"国家"也不是"政治"，而是"政府"（*gubernatio*或*gubernaculum*或*gubernator*），它又是与意指制定法律的罗

马术语 *jus dicere*（执法"jurisdiction"）联系在一起的。这样我们就曲曲折折地回到了那个根本问题：原初的权力何在？相应地，谁有权制定法律？尽管总有人在老调重弹，说什么在中世纪存在着教会与国家之间的斗争，这种说法其实并不符合历史。实际存在的是 *sacerdotium*（祭司）和 *regnum*（王权）的斗争，但这种斗争是发生在同一个团体之内的，是在同一个基督徒的社会当中，而不是在两个自主、独立的团体——教会和国家之间的。在根本上，"政治"思想所针对的问题是政府规定社会所遵循之道路的终极权威，它正是最高统治权的问题。

然而，在中世纪盛行的政府理论，也就是自上而下的理论，不应当被孤立地看待，而应当被视为一种占支配性地位的宗教观念的结果，一种演绎式思想方法的衍生物和实际应用。正是在这种演绎方法的保证下，中世纪思想，尤其是自上而下的政府理论，才能保有活力。从一些广为接受、不受质疑的普世法则（诸如神对世界的统治）之中，特定的准则和理论被演绎出来。最遥远的枝丫也要从最包罗万象的法则中得来，彻彻底底如此。很明显这是一种高度发达的逻辑方法，借此最无关紧要的东西也能够被追溯至一个无所不包的普遍法则。靠演绎的方法，在这个普世法则中还很含蓄的东西也变得明确了。一言以蔽之，从欧洲中世纪的情况来看，在中世纪有关公共治理之观念的历史是思想史的一部分。

第一章 奠基：罗马与《圣经》的背景

I 罗马帝国中的罗马教会

近来的研究越来越认识到，关于政府的基本概念和思想是在罗马晚期的4、5世纪奠定的。这个时期还具有一种特殊的重要性，当时的任何理念都还没有染上日耳曼的因素：当时还没有二者之间的思想联系，也就还没有出现罗马与日耳曼的相互影响。在中世纪可能仅有这么一个时期是没有这种联系的。因此，政治观念还是纯粹罗马的，无论对罗马教会还是君士坦丁堡的帝国来说都是如此，而那些事关基督教社会的政治方案主要就是由它们安排的。

需要强调的是，尽管已临近最低点了，罗马帝国依然还具有一流的行政机器，它的本质清楚地显示了罗马政府的要旨——那是一种相当有序的宪制和法律体制，它是在长期的历史进程中发展起来的，仍能显示出古代罗马所具有的全部特征。当时的罗马帝国是由罗马和君士坦丁堡这两个地方来统治的。就实际力量和具体影响而言，它只是往昔的身影而已；但从制度和宪制的角度来说，它的变化非常小，尽管经济危机不断，尽管外来的军事攻击不止，尽管罗马公民权的地位越来越低了。从政府的角度来讲，在当时那个世界的范围内，依然只有罗马帝国才有资格被称为文明开化的实体，因为法律在其中占有最高的地位。至少在罗马人自己看来，这个罗马帝国仍然囊括了整个世界：直到末日临近，罗马帝国也没有放弃这种名分。瓦伦提尼安二世、格拉提安和狄奥多西一世这三位皇帝在380年颁布的法令使基督教成为帝国的宗教。[1]这不仅是具有普世历史意义的一步，还促使教宗制（罗马教会）被强化成了一种政府制度。从政治观念发展的视角来看，这项帝国法令的重要性是无论怎么强调都不为过的。确实，现在已经有了一种宗教，只有它得到了帝国统治机器的准许，因而成了一种支持帝国统一的宗教力量（如果说不是意识形态的）。但这一步同时带来了某些立法者没有、可能也无法预见的可能性。法令中所规定的信仰是"使徒彼得所给予罗马人的"，所以正如法令所进一步规定的那样，帝国的臣民必须按照"使徒的教训和福音的教义"来生活。

罗马教会不是这道皇帝的法令建立的，也不是靠它而合法化的：该法令的作用是给予罗马教会以制度性的职责，这正是教宗制已经在以不同的形式要求的。从此，教宗制开始充当真正的政府制度，以法律的形式来行事。早期（和中世纪）教宗制的这种法律化性质引起了很多的误解，但是从教宗派的、历

---

[1] 作者指的是上述三位皇帝于380年颁布的一项法令，该法令要求他们的臣民接受尼西亚信仰，唯有如此其"公教"地位才能得到帝国的承认（见《狄奥多西法典》16.1.2）。作者极力强调了该法令在基督教历史上的意义，对其历史地位是有夸大之嫌的。

史的角度来看,它是很有道理的。其一,运用法律不是教宗制自己的发明,对任何一种完全从罗马土壤里成长起来的制度来说,这都是顺理成章的,从罗马的环境里受到了很大的激发。进一步说,必须强调的事实是,早在教宗制有效地表现为一种政府制度之前,基督教的教条和教义就已经以法律的语言来表现了。当拉丁神学还在襁褓中时,法学家德尔图良[2]就发挥了深远的影响。宗教的原理和准则,也就是基督教教义,是以法律原理和准则的形式来表达的。对于拉丁基督教和拉丁教条的缔造者们来说,上帝与人的关系就是法律的关系,是以权利和义务的方式来理解的,是按罗马法理的方式来造就的。法律对教义的这种影响,使得多少较为适应法律思维方式的拉丁世界和后来的日耳曼世界都以法律的形式得到了信仰、宗教和教条。

其二,法律是教义的工具,这在《圣经》中是有明显的依据的。直到最近才得到承认的是,《圣经》尤其是《旧约》充满着法律的材料。其结果是,中世纪的很多政治原则是依据《圣经》而形成的。但为了使一部作品能够发挥实际影响,它就必须是以当时人所能理解的语言写成的。在此,圣哲罗姆[3]于4世纪末5世纪初写成的"通俗本"(the Vulgate),也就是从希伯来文和希腊文《圣经》译过来的拉丁文《圣经》,具有了关键性的意义。圣哲罗姆使用了4世纪的罗马有文化阶层的

---

[2] Tertullian(Quintus Septimius Florens Tertullianus)是2、3世纪的北非教父,是拉丁教父传统的主要开创者之一。据传他是法学家出身的,因此常以法律概念来解释神学思想。

[3] Jerome(Eusebius Sophronius Hieronymus,约347—420)是著名的拉丁教父和教会的圣人。

语言,他的译本包含了一些与罗马法学家的语言相当接近的术语和观念。需要强调的是,虽然"通俗本"的术语在语言上算是正确的,但却表达了罗马法律的意蕴,并不一定与原初的希伯来文、希腊文术语的含义相一致。无论如何,凡在与政府事务有关之处,"通俗本"都以非常法学的外观(也就是罗马法的)呈现了《圣经》的强烈的法律性质。

拉丁化(或者说罗马化)《圣经》对政治思想发展的影响十分关键。虽然直到 5 世纪,还没有出现针对罗马教会职责的深入阐释或者教义论证,根据习惯做法,在组织和教义问题上,《圣经》确实占有优先、崇高的地位。行使最高权威的要求早在 5 世纪之前就很常见了。教宗克莱门一世致哥林多人的信(约 92 年)就证明了罗马教会所要求的权威地位;以后,罗马教会作为高级、首要的教会的地位,一直得到了实践的支持(虽然不是毫无争议的)。但是,认为罗马教会特殊地具有一种与其他教会根本不同的地位,这样的教宗派理论、教义或论点尚未产生。确实,西普里安[4]等作者做出过一些孤立的论述,他们的观点很合拍,后来成了教宗派理念的支柱,被应用于基督教社会中的政府;但是,教宗一方本身并没有提供文字性、文件性的论据,能够对教宗制在基督教世界中的地位给予任何的解释。

如上文所述,由于 380 年的皇帝法令,罗马教会必须在教义上对它所要求并行使了一部分的政治权威给予解释。从教宗达马苏斯(384 年卒)到 5 世纪中叶利奥一世在位期间,激励教宗制去承担政府机构职责的观念已经在酝酿了。与上

---

[4] Cyprian(Thascius Caecilius Cyprianus)是 3 世纪的迦太基主教,于 258 年在宗教迫害中殉教,是重要的拉丁教父之一。

帝中心论（即以上帝为宇宙之中心和中轴的观点*）的立场完全一致，这种观念也发展出了教宗具有君主地位的论点。在教宗与皇帝各自具有的君主职责概念之间，并无根本差异。不过，区别也是有的：它首先关系到教宗与皇帝所体现的君主地位的道理；其次，与此密切相关，它还关系到对君主制所针对之社会的看法。

依据对《马太福音》第16章第18—19节的解释，教宗制得出了教宗君主制的概念：

> 你是彼得，我要把我的教会建造在这磐石上……我要把天国的钥匙给你，凡你在地上所捆绑的，在天上也要捆绑；凡你在地上所释放的，在天上也要释放。

圣彼得卒于罗马，这一直都被当作实实在在的事实。但根据留存下来的史料来判断，教宗制并没有太强调这一点。《马太福音》中的这些关键性文句必定会在将来发挥无与伦比的重要作用，但十分奇怪的是，当时它还没有被当作教宗职责的特殊证明。无疑，三位皇帝的法令加快了解释的进程；同样无疑的是，向罗马教会求教的做法越来越常见了，需要在教义上得到解释；进一步说，不容置疑的是，一部符合当代话语，人人都能理解的《圣经》的流通，有力地促进了这种解释的产生。更何况，罗马教会本身就是在法学的环境中工作的。在罗马的环境中，任何政治观念肯定都是法学的。

在那时，令人满意的教义尚难出现，问题主要并不出在

---

* 作者原注。正文中以此字体标示者皆是，下同。——编者

圣彼得的人身层面上，而是出在对其职责的继承上。即便圣彼得在罗马殉教被当作了事实，无论福音书、保罗的书信还是其他任何证据都没有提到圣彼得的继承者。无论如何，一个人在某个地点的死亡是与法律对于继承的规定无关的。但2世纪末的一份希腊文伪造文献似乎弥补了本来不足的历史证据。在4世纪末或5世纪初，这份文献被阿奎里亚的鲁菲努斯[5]翻译过来，而他正是将尤西比乌[6]著名的《历史》[7]译为拉丁文的人。正是凭着这一译本，该文献才没有被历史湮没，继承圣彼得的历史论观点才开始了成功的历程。

这份文献是一封挺长的信，据说是教宗克莱门一世写给耶路撒冷的圣雅各（基督之兄弟）的，教宗把圣彼得在临终时所做的后事安排告诉了收信人。这封信说，当着罗马信众团体的面，圣彼得已经将他自己的捆绑和释放的权力交给了（教宗）克莱门，所以此后凡是克莱门及其继承者在地上捆绑的人，在天上也会被捆绑住。换言之，圣彼得以遗嘱安排的方式，最明确、最具体地任命了自己的继承人，并在同一文献中专门提到了克莱门的继承者们。其重要性在于，在历史事件的外衣下，在罗马基督徒会众的见证下，权力的转交实现了。这封信造成了极大的难题，自不待言：凭着常识，在罗马追随圣彼得的是利奴（Linus）[8]，圣保罗也讲到过他。然而，必须指出的是，在整个中世纪时期这封信被反反复复地引用，被当作一项历史

---

[5] Rufinus of Aquileja（Tyrannius Rufinus）是4、5世纪的神学家、翻译家。
[6] Eusebius of Caesarea（Eusebius Pamphili）是3、4世纪的重要神学家与教会历史学家，曾在巴勒斯坦的凯撒利亚担任主教。在政治思想上，他极力讴歌基督教化罗马帝国的进步性，强调帝国对于教会具有积极的意义。
[7] 完整的书名为《教会史》(Historia Ecclesiastica)。
[8] 据称即《提摩太后书》4：21所提及的"利奴"。

的、具体的事实,用来支持以《马太福音》为基础的教宗君主制学说。这封信被编入了现存最早的教宗法律集,早在5世纪中叶就被一次远在高卢的宗教会议引用了。

尽管这封信(所谓的"克莱门书信")将一种抽象的理念(亦即将权力转交给指定的继承者)包裹在了具体的事件之中,但仍有必要从教义的角度出发来解释一下它所谓的历史性的内容。在罗马的环境中,只有在罗马法的帮助下才能理解它。法学的思想是对实际事件的抽象——对现在的问题来说这更是不言而喻的道理。无论是《马太福音》的经文,还是圣彼得将权力转交给克莱门这个十分历史、可见的事件,都涉及一些需要得到法学解释的事实。考虑到罗马教会所处的环境,一批具有法学意义的,以不同方式给予《圣经》和历史事实以法学解释的法规和教义在5世纪纷纷出现了,这并不是巧合。

教宗利奥一世(440—461年在位)凭着对罗马法及其技艺的掌握,总结了前一阶段的历史和教义发展,提出了一项在罗马教会范围内久经考验的理念。利奥的论点在对教宗君主职责的解释上登峰造极:教宗是基督给予圣彼得的权力和职责的法律继承人。这种继承事关圣彼得职责和权力的连续:按利奥的观点,教宗所继续行使的权力是与基督当初给予圣彼得的权力完全一样的。按利奥的观点,教宗完全继承了基督授予圣彼得的职务。

教宗的论点是,自《马太福音》第16章第18节以降,基督不但建立了一个特定的社会,还规定了与它相适应的政府。确实,在社会和政府的整部历史上,这都是一个独有的特征。因为据我们所知,从没有哪个社会是在创立一种特定政府形式的同时而有计划地建立起来的。[9]在整个中世纪，无论是教宗派还是反教宗派，几乎所有人都一致同意这一点：分歧只在于教宗治下的君主制政府的范围和限度而已。无论如何，利奥一世规定教宗是"圣彼得的不相称继承人"（*indignus haeres beati Petri*）。这个公式太简洁了，所以尚未得到充分的注意。然而，这个公式包含了一整套的纲领，能够在宗教主导的气氛中满足从那时以来的各种法学需要。实际上，两个关键性的观念是：教宗的继承资格和他对于这个位置的不相称性。按利奥的观点，在凯撒利亚·腓立比[10]宣认基督是圣彼得个人的功劳，因此他从基督那里得到了捆绑和束缚的充分权力。这是圣彼得个人的特殊功劳，因此是不能传递的。在凯撒利亚·腓立比之后，再也没有人能够合法地要求类似的功劳或荣誉。

按利奥的观点，基督给予圣彼得的权力和职务完全是另一回事。按照罗马的继承法，他认为这些（关于束缚和释放的）权力是完全客观的，和原初所给予的人没有关系。它们是能够传递的。传递是通过继承产生的，根据罗马法，在法律上继承人延续了亡者的法律地位。继承人得到了（法律上的）资产和债务，这是与亡者所拥有之物相同的：亡者在继承人身上得到了延续。但可以理解的是，亡者的个人资质是不能传递的，正是这种考虑使利奥一世使用了"圣彼得的不相称继承人"这个简洁的公式。圣彼得的权力被传递给教宗，并通过继承在教宗身上得以延续——但圣彼得的功劳是不能传递的。

---

[9] 应当说，这种说法夸大了基督教社会团体与政治制度之间的联系，是较为偏激的。

[10] Caesarea Philippi 是圣彼得第一次宣认耶稣为救世主的地方（见《马太福音》16：13—16），在今黎巴嫩南部。

这就产生了两个至关重要的后果。其一，教宗的权力完全等同于圣彼得的。在法律上，他们的权力是没有差异的：教宗就是圣彼得，他继续在教宗身上行使职责，无论后者是多么不相称。这种观点的根本意义在于对职务和担任职务者的完全分离。几乎没有比这一区分更重要的学说了，它认为职务担任者的个人资质是无关紧要的。要紧的是他所担任的职务。无论教宗是圣洁的人、邪恶的坏人还是无名小卒，这都不重要。问题在于他合法地担负其职务，并且他的教令、法律和命令（亦即其治理行为）是凭他身为教宗的官方职责而颁布的。其约束力并不来自教宗的圣洁；反过来讲，即便颁布命令的教宗是坏人，其强制性也不会减少分毫。就有关政府方面的观点而言，这种对职务和人的区分取得了前所罕见的成功。就算教宗制在10到11世纪陷入了低谷，也没有遇到过那样的责难——由于教宗制的治理行为来自节操有亏的人，因而是无效的。只要一道发自职务的教令是正式的，只要教宗是有效地当选的，它就具有合法的标记，就具有约束力。

其二，利奥的教宗君主论（亦即圣彼得的君主论）主张，教宗所继承的不是他的直接前任，而是直接地、无须中介地继承了圣彼得。也就是说，治理的权力不是通过继承者来传递的，不存在圣彼得权力的接力。就其君主职责而言，过去和现在的每个教宗都被视为圣彼得的直接继承人。教宗地位中的这个方面在技术上叫作"执法权力"（potestas jurisdictionis），因为在这方面教宗的职务是涉及法律的制定和令行禁止的权力的。教宗地位中的另一个不同方面，是作为罗马主教的"常规权力"（potestas ordinis）的职责。它确实是以时间顺序从使徒那里一直传承到罗马主教的实际担任者的，但这种"常规权力"是与治理无关的,只与圣事有关,例如授职、坚振礼、教堂的祝圣等等。在后一个方面,教宗与其他主教没有差别。教宗权力中的这个方面与我们没有太大的关系。但是,因为教宗是圣彼得权力的继承人和延续者,只有他才具有利奥一世所谓的"权力充分性"(*plenitudo potestatis*),而这种权力充分性又只与"治理"(*gubernatio*)和法律有关,教宗就不仅具有教会元首(*principatus*)的地位(另一个借自罗马宪制的术语),还无须依赖任何特定的神职身份。只要接受过洗礼,任何平信徒都能够(现在也能够)成为教宗。关键在于他是否有效地当选为教宗:只要是有效当选的,他就是圣彼得的继承人。在整个中世纪,有很多教宗在当选时都还没有被祝圣为司祭,更别说被祝圣为主教了。事实上,在11世纪中叶之前,主教根本不可能成为教宗,因为作为主教他被认为已经与其教区结下了姻缘(所以才有主教戒指),而婚姻是不可取消的:如果他成了教宗,就不得不结两次婚了。[11]

  教宗作为"治理者"(*gubernator*)的地位,根据利奥的论点完全是法律性的,是完全以客观的角度来理解的。对职务的法律性理解进而导致了另一个同样重要的结果。利奥对《马太福音》文句的解释意味着,圣彼得被确立为教会的"缔造者",在其治理中充当基督的工具。圣彼得的权力与基督自己的权力是一样的,因为他从基督那里得到了"天国的钥匙"。据此,利奥能说,基督的权力与圣彼得的权力相同,而圣彼得的权力又是与教宗的权力相同的。结果是凭着"治理者"的职责,可

---

[11] 由于任何神职人员都不得同时兼任两个教区的主教,为了担任教宗(罗马主教),就不得不放弃原教区的主教职务。

以说教宗就构成了一个他自己的等级，处于教会之外并高踞其上，并靠这种能力摆脱了教会成员的身份。这是无比重要的。教宗所占有的职务是通过圣彼得得自基督的，而作为教会的"缔造者"，圣彼得（＝教宗）必须为这个基督徒的教会指引道路。教宗派的君主制概念与当时皇帝的概念（以及后来的王权的概念）并无不同，因为可以说，教会不是一个依据自己的法律存在，独立于一切力量的自治团体。相反，在公共和政治的方面，教会是完全依靠其"缔造者"的。正是这种思想支持着那种在5世纪以降不绝于耳的观点：教会被托付或交托给了教宗，所谓的"交托于吾之教会"（ecclesia mihi commissa）。（在后面我们将在王国当中看到相同的现象。）这种观点的重要性在于，作为信众的团体，教会自身固有的权力被忽视了：它所拥有的，它的各位公职人员所行使的职责，都被认为是"来源于"教宗的。甚至早在利奥一世之前，这种"来源原则"（derivational principle）就已经以图画的形式得到了表现。圣彼得被描绘成一条河的源头，其他的河流都从那里分流出来。

从政治的角度来说，这种将教会交托或托付给教宗的理念意味着，教会被视为未成年人，由于年幼，需要有人来指点和引导它。但还可以得出另一个同样重要的结论：作为信众的团体，既然教会并未授予教宗以任何权力，它也就没有任何合法的手段来剥夺教宗的权力。在中世纪的政治理念的复杂结构中，这是更为重要的，不只是被应用在教会领域中。然而，是教宗制首先以明确无误的语言表达了这种思想。在利奥一世提出其理论的大约三十年之前，另一位教宗已经宣称，教宗的裁判和决定是不受任何评判或申诉的：作为统治者，他是最高的。根据一份真实可信的文件，约在420年，教宗佐西玛

（Zosimus）就提出了这条原则；5 世纪末的一份伪造文件（它所宣称的时间比该原则之出现还要早），又将它提升成了一项头等重要的宪制原则，也就是说教宗不受任何人的裁判，因此是不可罢黜的。罗马教会的现行法律依然认为："教宗不受任何人的裁判"（papa a nemine judicatur）。这里我们实际上是遇到了一个以法律语言来表达根本原则的经典例子，而这项原则正是教宗依据自身的职位而拥有了最高统治权（等于最高或至尊地位）。按现代的说法，最高统治权（主权）[12]是属于国家的；但在中世纪，这种最高统治权的概念是属于人的，与地域观念无关。这种最高统治权概念的本质在于，作为上位者，统治者的职责不能以任何方式受到合法的裁判。他所统治的人是他的下级。也可以仍然沿用 5 世纪罗马帝制的宪制语言来表达，他们是"臣属"（sub-diti），是服属于君主的人。如同后来的中世纪国王，教宗是不受臣民的任何裁判的，因为他们本身决定不了教宗的职责，也没有将任何职务授予教宗。

在最高统治权的概念出现时，《圣经》，尤其是《旧约》，发挥了特别重要的作用。因为统治者（多半是国王）的地位是用语言表现出来的，而语言造成了那种观念。在《旧约》中人们经常读到，统治者高踞于人民之上，对臣民行使其统治权，诸如此类。在个人最高统治权概念的框架内，教会的任何成员都没有权利来要求教宗采取特殊的行为，或者发布法律和教令。所有的治理权力都属于教宗（因此才会有权力充分性的概念），无论"下面"拥有什么样的权力，它不是教宗明确授

---

[12] 在英文中都是"sovereignty"这个词，根据语境，在译文中被区分为"最高统治权"或"主权"这两种译法。

予的,就是教宗含蓄批准的。换言之,既然教会的成员对任何的职位都没有权利,他们在占有职务时就只不过是得到了"上位者"亦即作为最高统治者的教宗所给予的恩典;既然他们自己都得到了教宗给的好处,教宗就不能由他们来审判。根据这种教宗制的理论,教宗自成一个等级,不对世上的任何人负责。

这里所谓的恩典概念不应与神学上的恩典相混淆,因为这个术语还开始具有了神学上的意义。从政治的角度来说,恩典的概念只是说,臣民本身无权要求任何的治理行为,尽管他们总是能够建议或请求治理的措施。同样地,是教宗制首先将这个概念当作了政治理念;同样地,是《旧约》暗示了这个理念,它正是在这种意义上使用这个术语和观念的。圣保罗有一条教义:"我成了何等人,是蒙神的恩典才成的"[13],它也促发了基督徒不能对任何事物要求权利的观念。他成了何等人,这是上帝的良善意志的结果,它显示为神的恩惠、神的恩典、神圣的善举。在政治的意义上,善举、封赐(*beneficium*)的观念极其成功地支配了恩典的含义。我们很快就会看到,正是这种观念构成了教宗制立场的支柱,支持它去反对来自皇权的侵犯。无论是作为恩典还是作为善举,这种观念背后的思想都是神所给的让予。让予的原则(principle of concession)对一切神权形式的政府都是根本性的。

上文概述了5世纪中叶的教宗派学说。作为补充,应该简短地考察一下在教宗制以外的政治思想方面的史料。由于复杂的原因,这种史料经常被低估,尽管在整个中世纪它都对教

---

[13] 语出《哥林多前书》15:10。

会和国王的政府产生了非常巨大的影响。这些非常有影响的作品是在5世纪的后半叶写成的，对于其作者我们所知甚少。一般来说，他被称为亚略巴古的狄奥尼修斯（或伪狄奥尼修斯），因为他自称就是《使徒行传》（17：33-34）所提到的那位信从圣保罗的人。很可能他是一位叙利亚人，他成功地掩盖了自己的真实身份，使中世纪的所有人都以为他就是圣保罗的门徒。是伪狄奥尼修斯以一种半哲学、半神学的方式解释了权力在基督教世界中的起源，实际上是他发明和炮制了"圣统等级"（*hierarchia*）这种观念和术语。依据希腊化的、圣保罗的和新柏拉图主义的前提，伪狄奥尼修斯认为只有一位最高存在者。他拥有一切权力的总和，他就是上帝，被伪狄奥尼修斯称为统一的原则。一切的权力都来自这位最高的存在者，如此这个世界才得以保持其秩序。依照伪狄奥尼修斯的说法，秩序恰恰是由公职人员在地位和等级上的差别形成的，因此其中的每一位都直接依赖于他的直接上司。圣统等级的术语表达了级别、职责和秩序上的差别。上帝在天上建立了不同的等级，地上的等级只是对天上的等级的模仿。对伪狄奥尼修斯来说，教会的圣统只是延续了天上的圣统。

伪狄奥尼修斯为教会权力的圣统结构制订了一个颇为详细的方案。他说，一切权力都是从唯一的最高存在者那里向下流溢，也就是下降至不同的等级的，因此就存在着一种金字塔，其顶端体现了权力的总和。伪狄奥尼修斯认为，执掌圣统者恰当地向下分配权力，从而保障了和谐与秩序。圣保罗认为一切权力都来自上帝，这种观点在伪狄奥尼修斯的作品中得到了肯定和一定程度上的应用。他还进一步坚持了下级公职人员服从上级公职人员的原则。这种服属的观念——在《圣经》中得到了清楚的预示——在伪狄奥尼修斯那里明显地体现出自上而下的或神权的性质。这些作品的重要性在于，它们为当时广为接受的自上而下论观点提供了一种半哲学、半神学的基础：它们使那些迄今为止仍旧含蓄的东西变得明确了。

II 罗马皇权政治思想

现在该思考一下在罗马晚期皇帝一方的政治学说了。无论教宗和皇帝的政府理论是多么相似，仍然存在着一种根本的差异。虽然教宗的政治意识形态是以当时唯一可用的语言，亦即罗马的法律和宪制为外表的，但它毕竟是以《圣经》和宗教为依据的抽象推理和论证的产物。皇帝的政治意识形态则是历史性论证的产物，进而得到了依据《圣经》之论证的强化。所以，在某种程度上，情况刚好反了过来。一方是始于《圣经》，在罗马法的帮助下得出了结论；另一方则是历史事实的延续，同时以《圣经》来支持历史的事实。

在罗马晚期的基督教化帝国里，皇权学说在皇帝的职责上发展到了顶点，皇帝完全被视为君主，实际上也就是同时身为国王和祭司。他的祭司职责在古代异教的做法中就有坚实的基础，在一神论的基督教兴起之后不仅没有被削弱，反而大大强化了。基督教的一神论有力地强化和发展了这种观念：正如天上只有一位神，地上也只有一位君主。近来的研究已经有力地说明，基督本人就被视为皇帝，这种观念又加强了皇帝本身的君主地位。在4世纪，尤西比乌将罗马皇权的概念与一神论联系到了一起，对这种皇权意识形态的影响尤其大。他认为，在奥古斯都以前，当时的宗教是多神教，所以也存在着许多的统治者；但自从基督在奥古斯都统治的年代里降临以后，神就只有一位了，因此皇帝也只能有一位，有他一位就足以保持和平、虔诚与真正的宗教了。能够反映皇权意识形态的格言就是"一位上帝，一个帝国，一个教会"。你也完全可以说这是一种"帝国神学"。

为了确定这种官方化的皇权学说的根源，不能忘记的是，它是基督教理想、希腊化观念、尤其是东方观点的混合物，它们全都强调了皇帝本身的独特性。直到4世纪，在君士坦丁迁都君士坦丁堡[14]以后［这个事件对政治学说和拜占庭帝国的发展产生了深远的影响（见下文第59页*以降）］，皇权的概念才膨胀到了极点，这可不是偶然的。如前文所述，王权和祭司权力的结合是皇帝特殊地位的标记。这体现在皇帝的职务上，他是基督在地上的代理人。基督在天上的充分权力，在他在地上的代理人身上得到了体现。皇帝的法律、决定和命令就是神通过皇帝所规定的法律、决定和命令。因此，正如在神的仪式上人是静默无言的，当皇帝的决定和法律正被宣读和发布时，人们也应当如此。在4、5世纪之交，圣约翰·克里索斯顿[15]甚至如此要求臣民，他们应当以同样的敬畏和尊崇来听从《圣经》，如同他们正在"以神圣的静默"来倾听正在宣读的皇帝法律。

在身负上帝世间代牧的职责时，皇帝的人身和职务都环绕着一种神圣、圣洁的光环，突出了他在凡人中间的特殊地位。

---

［14］发生在330年。

* 指原书页码，见本书边码，下同。——编者

［15］John Chrysostom（约347—407）是著名的希腊教父，曾任君士坦丁堡大主教。"chrysostomos"意为"金口"。

根据祭司的职务，他施行宗教仪式。比方说，在棕枝主日[16]，他象征着基督而进入耶路撒冷；在濯足礼的星期四，他亲手为十二位穷人洗脚；在从圣诞节开始的十二天里，他与十二位拜占庭贵族共同进餐。这方面最重要的是皇帝在教义方面颁布教条的职责。的确，他就是"活的法"，除了他的意志，没有别的东西具有法律的效力。"君王的意志"（而不是臣民的赞同），才是帝国法律的实质性成分。既然他需要为帝国向上帝负责，他也就必须注意臣民们是否具有正确的信仰——因此就有了他在教义方面的立法。除此以外，税收、组织、军令、媾和与宣战，诸如此类，都完全由他来决定。在拜占庭帝国的体制中，自上而下的政府论变成了现实：不论级别高低，每位公职人员在皇帝面前的地位，就像皇帝在神面前的地位一样。皇帝亲自任命官吏，官吏们始终只对皇帝负责，正如后者也只对神负责。皇帝高踞于臣民之上，在宪制上不对他们负责。所有的公共权力均以皇帝自己的名义施行。

在那些仪式的象征手法中，皇帝的半神地位得到了最恰如其分的强调。这种象征手法非常有用地帮助后人重构出了它背后的意识形态。皇帝的一切行为都像神的行为一样。因此仪式性的皇家节宴就像宗教仪式一样，整个过程伴随着具有严格规定的仪式、欢呼、圣咏和屈膝礼；皇宫里的所有建筑都是神圣的，因为其中心是皇位的殿堂，它是君士坦丁堡最神圣的建筑。帝国的皇位正在这座殿堂里，它象征着皇权的崇高地位。正是在这里，在得到臣民们的欢呼之后，皇帝将臣民的祝愿和

---

[16] "Palm Sunday"，即复活节前的礼拜天，旨在纪念耶稣在受难前骑驴进入耶路撒冷的事件。

祈祷转达给天上的神，这个象征性的姿态很有特色地表明了皇帝在基督和基督教臣民之间的中保作用。这些象征手法说明，皇帝是"无所不能的统治者"（the Pantokrator）的代牧，而他自己就是地上的"自我做主的统治者"（the Autokrator），不受任何人的约束。辅佐皇帝决策的元老院叫作皇帝的"圣庭"（the sacred consistory）（这个称号后来被用于枢机团，即教宗的元老院）或者"圣元老庭"（the Court of the Holy Senate）。进一步说，基督的画像表现方法也被应用在皇帝身上。异教的皇帝崇拜竟然在基督教帝国中得到了延续。虽然皇帝已经变成了基督徒，他的政府却仍然传承着异教的帝国理念。正如查士丁尼在6世纪所说，既然是神在借皇帝之口讲话，所以"法律源于我们的金口玉言"，法律就是"神的命令"——皇帝自己不仅是"神圣"的［所以才有诸如"神圣的查士丁尼"（divus Justinianus）之类的称谓］，还必须以神一般的方式出现：他的"神圣的右手"在签署皇帝之名的时候使用红墨水，而臣民在接受皇帝的文件时必须深鞠躬，尊崇地吻那个卷轴。

有点不太确切地说，这种政治体制就叫作"恺撒教宗主义"（Caesaropapism）。[17] 它的集中表现是，在实际上神是通过皇帝来行使权力和权威的。的确，他就是"自我做主的统治者"和"全世界的统治者"（Kosmokrator），如同上帝一般治理着这个被当作"世界"本身的罗马帝国。他在各方面都高于

---

[17] 晚近的历史研究已经认识到，不能过分地夸大拜占庭皇帝对教会事务的控制，在拜占庭历史上国家与教会仍然有相对独立的一面。本书关于"Caesaropapism"的论述未能充分地反映这种观点。

法律,既然没有任何人、任何权威、任何法庭能够审判他。这就像我们已经看到的教宗个人的最高统治者地位一样。然而,皇帝的君主制政府并没有被当作可以随心所欲地行事的暴政统治。相反,由于只有皇帝才知道神的计划需要什么,所以只有他才是法律的首要监护人,能够在符合神之正义的情况下按自己的意志来改变法律。因为法律是神借着皇帝的人身而发出的,所以帝国的法律仍然被称为"神法"(sacred laws)。如果缺乏皇帝的召集和批准,例如宗教会议这样的教会机构就没有合法的地位。只要得到皇帝的批准,宗教会议的教令就成为帝国的法律。教会的公职人员就是帝国的公务官员,是由政府来任免的。在理念上,对帝国政府来说,基督教罗马帝国和基督教会是不可分割的:这个实体要么是帝国,要么是教会,二者不可得兼。因为皇帝是地上的神,所以是不可能将二者分开的。在基督教的普世性统治权观念的装扮里,古代异教将罗马皇帝视为"世界之主"(Lord of the world)的观念重现了。传播基督教,并以基督教信仰为手段,将所谓的"ekumene"(也就是所有开化的人)联系在一起,这不只是皇帝的权利,还是他的义务。最恰当、最有说服力地表达出皇帝对教会组织之看法的,可能是君士坦丁大帝在尼西亚会议[18]上对主教们的讲话。他告诉主教们,他们是内在事务上的主教,而皇帝是外在事务上的主教。也就是说,法律、组织、行政以及基督教的各种纯外在的安排和管理都属于皇帝的任务,而不是主教的。中世纪的国王也会持有完全相同的观点。皇权的"祭司"性质不

---

[18] Council of Nicaea 是基督教历史上第一次大公会议,是君士坦丁大帝召开的。"尼西亚信经"为基督教正统信仰奠定了基础。尼西亚在君士坦丁堡附近。

是指皇帝拥有圣事的、卡里斯玛的和灵性的资格，而是指他作为统治者、立法者的职责。换言之，也就是政府的外在机能。没有一个皇帝（在此方面也没有一个中世纪国王）以为自己能够施行授予圣职、祝圣以及其他任意一种圣事性的行为，那样的行为都是要求具有一种卡里斯玛的。

虽然自上而下的政府理论在拜占庭帝国的体制中得到了最明确的显示，但在5到6世纪，还没有人以学理的方式来书面地讨论和发展这种思想。最能说明皇帝政府之实践与教宗派政府理论之间的差别的，是二者各自述说其君主职能如何来自神的方式。按教宗派的理论，是对《马太福音》文句的抽象解释造成了教宗的君主制；按皇帝的实践，历史是一部分原因，皇帝所显示出来的权威神授的感性方式（与纯抽象的方式相对）是另一部分原因。加冕观念的出现大概最容易而全面地说明，皇帝是以可见的方式由上帝任命的。在君士坦丁大帝之后不久，表现神之任命的图画就出现了。在头像中一只手从云端伸出，将皇冠戴在皇帝头上。从5世纪中叶起，君士坦丁堡牧首为（拜占庭）皇帝举行的加冕就变成了重要的仪式：加冕仪式宣布（尽管实效不来自这里）皇帝的权力来自神，对他的任命也来自神。

东方总是更倾向于形而上的、哲学的思辨，而西方（在5世纪实际上就是罗马）更实际、更现实，更倾向于法律的观点。到5世纪后期，君士坦丁堡的帝国政府发现罗马教宗制已经成为一个严重的障碍，阻碍了其政治观念的实现。由于利奥一世善于运用罗马法，教宗制已经做到了在罗马的整个制度中最关键的以法为治，实际上已经挑战了帝国政府的基础。现在教宗制已经能够用罗马的遗产——罗马法来对付居于君士坦丁堡的罗马皇帝了。繁复的加冕仪式和卡尔西顿会议（451年）[19]针对教宗的尖锐教令都激起了教宗的挑战。卡尔西顿决议的第28章规定，君士坦丁堡（值得注意的是它被称为"新罗马"）具有和"旧罗马"相同的地位；第17章宣布一座城市的政治地位决定了它的教会地位。实际上两条教令都是为了降低"旧罗马"的地位，从而大大地降低教宗制的地位。紧接着，皇帝的统治行动，尤其是他对教会高级公职人员的任免，就迫使教宗发出了抗议。接下来，为了平息东方的派系斗争，皇帝芝诺（Zeno）颁布了一项法令来规定臣民们的信仰。[20]一方面，法律和教义上的条件使得5世纪的教宗制能够接受挑战；另一方面，这种挑战迫使教宗制表明了自己的一系列要点和原则。

Ⅲ 罗马-《圣经》观念的成长

教宗和皇帝的立场是不可调和的，这不只是上述因素所造成的，另一个因素是教宗和皇帝对他们所控制的实体持有截然不同的观点。他们各自以不同的立场来看待它。对于皇帝，它完完全全就是罗马帝国，只不过它已经成了基督教的；对于教宗，这同一个团体就是教会（包括神职人员和平信徒），只不过刚好还是一个罗马帝国而已。因为这个团体对皇帝而言就是

---

[19] Council of Chalcedon 是基督教历史上的第四次大公会议。"卡尔西顿信经"规定了关于基督之神性与人性的正统教义，影响极为深远。卡尔西顿也位于君士坦丁堡附近。
[20] 指芝诺为调解接受"卡尔西顿信经"的正统派与基督一性论派之间的矛盾，于482年颁布的《团结法令》(Henotikon)。

罗马帝国，皇帝就有义务根据其君主职责来治理其方方面面，无论是纯世俗问题、精神事务还是组织方面。神已经将罗马帝国的政府托付给他，既然基督教发挥着显著的作用，对帝国的凝聚力至关重要，皇帝就认为管理它也是自己的重要职责，要干预宗教上的争论和教会的组织，任命能胜任的公职人员充任牧首和大主教，等等。

但对教宗制来说，这同一个实体就是教会，就连皇帝们自己也越来越强调其基督教性质了。5世纪后期的教宗开始质疑（当时他们已经以依据罗马法的教义武装起来），皇帝是否能够仅仅凭着自己是皇帝，就有权行使君主统治。在教宗制眼中，问题是这样的：谁来规定信仰和教义，谁来为这个基督教共同体制定法律，谁来控制祭司组织？是皇帝还是教宗？教宗制所提出的问题假定，基督教不仅占据了整个人，在方方面面决定了他的生活，还要求人的整全，而不只是人的一部分。对两种政府来说，重要的都是人的整全和总体，而不是他的宗教、政治、道德行为。于是，既然皇帝自己也这么强调帝国的基督教性质，教宗就开始提出某些关键性的问题。谁有权为这个全体基督徒的联合体来规定教义、目的和目标，并将教义变为强制性的法律？是皇帝还是教宗？

对于这种问题，教宗制一直处在更有利的位置上。前文已述及，教宗认为只有那些有资格决断教义的人才能阐释教义。纯抽象的信仰原则必须以可理喻的语言来表达——除了教宗还有谁有资格做这个？既然帝国是基督教的，就更有必要使基督教满意。当时基督教是一种活的力量，对整个的社会生活具有无比关键的重要性，渗入了社会中的每一个方面。难道皇帝有足够的资格决断教义，有足够的知识来为教会组织任命公职人员吗？政府，就是将信仰和教义的抽象原则转换为具体的措施和术语，转换为法律。在教宗制看来，既然皇帝是基督徒，他就应当服从于教宗的管辖，服从于教宗的法律。同时应当强调，在5世纪和随后的年代里，教宗制所关注的是那些影响社会共同体基本结构的根本原则，而不是那些很边缘的、与其关系不大的事情。（可以举一个现代的例子。看上去靠右还是靠左行驶这个问题是不会根本地影响社会的基督教性质的，教宗制也不会对这个问题感兴趣，除非能看出来社会的基本结构已经受到其影响。）

  为了解答这些问题，5世纪后期的教宗制做出了一批基本判断，它们在整个中世纪甚至更晚的时期中都是有效的。首先是在基督徒的社会共同体之内，皇帝（或者任何基督教国王）的职责和地位是什么？"皇帝处于教会之内，并不在其之上。"在4世纪后期，圣安布罗斯[21]已经如此主张。在5世纪，这种观点已经被采纳，当时教宗和（基督教）统治者之间的关系已经被比作父子关系。只要知道罗马父亲在罗马家庭中的地位，就不会弄错这种调子的意涵。利奥一世已经强调了世俗统治权的目的，他说基督教统治者的主要责任就是保护基督教的共同体。这种目的论论证只能导向圣保罗的论述："君王不是徒劳地佩剑。"[22]君王之所以佩剑的原因在于，他有责任帮助神的计划在地上实现；他已经为运用基督教的原则、管理世俗之事而得到了剑。

---

[21] Ambrose（Ambrosius，约340—397）是著名的拉丁教父，曾任米兰主教，为早期教会的著名领袖人物之一。他曾以绝罚来教训罗马皇帝狄奥多西一世在塞萨洛尼基的屠杀，迫使皇帝进行悔罪。
[22] 语出《罗马书》13：4。中文和合本译文为："他不是空空地佩剑。"

对于统治者职责的这种观点是以圣保罗为依据的，否定了任何世俗统治者的自主性。但这并不是说，根据教宗的观点，皇帝在神的计划的实施中就发挥不了重要的作用。相反，既然一切权力都来自上帝，就是上帝创造了世俗的统治权，只不过它只能在神对万物的安排中发挥辅助性的作用：他要以剑来铲除恶——这就是神将实权授予他的理由。杰拉斯一世（Gelasius Ⅰ，492—496年在位）也向皇帝抗议，因为皇帝是教会的儿子而不是主人，皇帝的责任就是学习，而不是教导。正是在这样的语境中，杰拉斯用《马太福音》中的语句宣扬了教宗无所不包的捆绑与束缚的权力：所有的一切都能被捆绑和束缚。杰拉斯强调了这种不受限制的捆绑和束缚的法律权力，认为这种论点是根本性的。在教宗的地盘里，它将贯穿于整个中世纪。同样是根据杰拉斯的观点，皇帝有义务以其治理来配合教会的公职人员。我们应当补充说，只要他的治理影响到了整个基督教共同体的结构和福祉，就当如此。杰拉斯说，只有认识到这种状态，并将其（基本的）治理服属于基督的司祭，皇帝才能正当地自称为"公教宗帝"。

杰拉斯的这些论述所引出的主张，是在那些在根本上涉及社会之基督教性质的事务中，教宗具有"上位"（*superioritas*）地位以及最高统治权；相应地，是皇帝在事务中的下位及其对教宗治理的服从。在杰拉斯最有名的论述中[23]，教宗的这种最高统治地位也表达得很清楚。在这里他谈到教宗具有"权威"（*auctoritas*），而皇帝（只不过）具有"君王权力"（*regia potestas*）而已。这两个术语实际上都取自罗马宪制，统治者

---

〔23〕 指教宗杰拉斯写给拜占庭皇帝 Anastasius 的《书信十二》。

的"权威"超出并高于单纯的"权力"。统治者的"权威"在于他的突出资格,是创造性、约束性地决定事情的能力。"权力"指的是对"权威"所规定之事的执行。所有这一切当然都同教会同国家的问题没有任何关系。如果教会与国家的二分根本不存在的话,这种[在权威与权力之间的]二分也就不会存在,也就不会有人注意到这种二分,从而从杰拉斯的任何作品中引申出什么含义,就连所有的问题和斗争都绝不会发生。问题恰恰在于,究竟是由谁,是教宗还是皇帝,才能在那些对这同一个团体之构造发生决定性影响的事务中做出最终且权威性的决定?当时所面对的不是两个团体,一个是教会,另一个是国家,而是只有一个团体,它被皇帝视为基督教罗马帝国,又被教宗视为罗马基督教会。然而,杰拉斯毕竟第一次清晰地阐述了基督教共同体内的最高统治权概念。

还有另一种基督教的观点也支持了教宗派的最高统治权概念。教宗在基督教世界中的"权威"极为重要,因为教宗将在最后审判的时候说明国王们的所作所为。那时教宗将要解释国王和皇帝是否履行了神给他们的托付。正如这位杰拉斯所说,统治者对其统治权并无权利可言,这就在相当程度上使教宗政府的论调更加恰当了。统治权是神的特殊恩惠,是一种善举或封赐(*beneficium*),没有人有得到善举或恩惠的权利。杰拉斯认为,基督教世界中的统治权是一种特权,是神把它赐给个人的。换言之,统治权是上帝所给的让予。杰拉斯以某种方式利用了当时的皇帝所大力宣传的论点,即他们的权力来自上帝,将这种观点反过来对付皇帝自己:在基督教世界里只有教宗才是圣彼得的传人和继承者,在最后审判时只有他们才能决断皇帝们是否对得起神在他们的统治权中所给予的托付和恩惠。

在一本小册子中，杰拉斯着力深化了这些观念，再次创造出一种将在中世纪的政治思想上打下烙印的观点。在该书中，他抗议了皇帝一方对王权和祭司权力的混淆，认为只有基督才能同时身为国王和祭司，在基督以后国王和祭司的职务已经被分开了。没有任何一方可以干预另一方的事务。杰拉斯希望读者明白国王与祭司之职责的区别。祭司不能纠缠于俗世事务之中，因为神已经设立了王权的制度。为了有效地实现基督教社会的目标，二者都应当坚守自己的职务。他认为，属肉的事务属于国王的正当范围，而国王们又必须依靠教宗才能得到拯救，因为只有教宗才有资格决定实现拯救的条件，这是他们的职分所决定的。在这篇重要的宣言中，杰拉斯并没有主张在基督教社会中存在一种双方可以相互抗衡的二元论。他所提出的是分工的原则。这一点极为重要，足以使他跻身于伟大的基督教政治思想家之列。事关根本性事务的最高统治权（the auctoritas）仍然属于教宗，但对教宗君主之决定的执行，亦即对世俗事务（杰拉斯所谓的"属肉"）的实际处理，都属于国王的任务。在根本上，这种分工的原则立足于圣保罗的另一个观点：在一个完整的机体中，特殊的职能应当分配给各个部分。相应地，社会中的每个成员都应当坚守职务的范围，职务在根本上是神所规定的。但是，在基督教社会中，最终的权威只能属于教宗。根本上分工的原则与君主制的概念有密切的联系。这也解释了杰拉斯为何要在"元首"（*principatus*）这个十分现成的概念上大做文章，这个概念正是罗马君主制的常用术语。只有以法律为载体，这种教宗的"principatus"才能在公共领域中成为现实。正如杰拉斯在该书中所论，捆绑和释放的权力能够应用在皇帝身上，因为"较低者不能免除较高者"。

更甚于此，既然"徒弟不能高过师傅"，皇帝的政府就无权裁判教宗。正如他所坚持的那样，教宗是不受地上一切控制和管辖的。

现在需要对杰拉斯的论点做一些总的评论。君士坦丁堡帝国政府的明确的王权－祭司方案和成熟的教宗意识形态形成了鲜明的对比，这是人类的才智不可能调和的。事实上，杰拉斯的抗议，他随后对教宗派观念的深化，都发生在东西方的第一次严重裂教当中，这场分裂延续了三十多年。[24] 东方不断地强调皇帝的职责是有历史依据的，相应地，教宗不断地宣称教宗制的作用是有《圣经》依据的。这场延续千年的斗争的历史说明，妥协是不可能的。后来的中世纪时期在世俗和精神权力之间的斗争的所有要素，在这场早期的争斗中都已经显示了出来：一方立足于具体的历史事实，另一方立足于抽象的基督教教义。

可能更加重要的是杰拉斯的观念对政治学的影响。现代人可能会不适应 5 世纪的论据和论证方式，但在估计观念的历史发展时，我们必须将问题或者说是本质从形式化的表现中抽象出来。虽然教宗制的观点是在一个完全基督中心论的思想框架中得出的，但它们仍然包含着一些事关现代"政治"思想的原则——统治权的概念，证明统治权必要性的理由，法律，职位及其职责的概念，劳动分工，主权，诸如此类，这一切都是现代的政治学学生很熟悉的题目。现代政治学和它的先驱之间的唯一差别，只是做出回答的形式而已。

---

[24] 指 484—519 年的 the Acacian Schism。

第二章 西方的趋向

I 帝国的恺撒教宗主义

东西方之间的第一次裂教在519年结束，但这次休战只是表面上的，只是靠一些巧妙的方法保全了面子而已。接下来的几位教宗强烈地主张教宗制具有首位的、管辖性的职责，这进一步触犯了君士坦丁堡的帝国政府。在查士丁尼（527—565年在位）身上，教宗制所遇到的对手是一位业余的神学家，更是一位自信的"罗马恺撒"，具有过人的能力和精力。可能不容忽视的是，早在这位马其顿的农夫[1]成为"世界之主"以前，君士坦丁堡的民间传说就已经认为，虽然不可否认的是圣彼得建立了罗马教会，但君士坦丁堡的牧首教会就是他的兄弟安德烈所建立的。编造这个故事的人以非常有拜占庭特色的方式说明，这两大教区是身为兄弟的两位使徒所建立的。意思很明显：君士坦丁堡的地位至少也要和罗马相等，罗马教会所拥

---

[1] 查士丁尼的出生地 Tauresium 位于现代的马其顿境内。

有的特权至少也应当和君士坦丁堡分享一下，既然他们在出身上就是两兄弟。当我们过会儿再重提卡尔西顿会议的相关教令时（见上文第37页），我们不难发现这种趋势。与此同时（5、6世纪之交），罗马看到了一本畅销故事书的面世，它就是所谓的《圣西尔维斯特故事》（*Legenda sancti Silvestri*）。它讲述了所谓的君士坦丁的皈依，以其为原型的文献后来成为中世纪最有影响的教宗派伪造品之一。（见下文第59页）

查士丁尼所梦想的是恢复古代罗马帝国在方方面面的非凡成就。我们不关心对意大利的再征服，以及相应的军事和政治措施。然而，关系直接的是，根据身为罗马皇帝的职分，他意识到有必要恢复罗马法，并将全部现存的法律编为容易取得的成卷法典。尽管在5世纪就有过编纂法典的尝试，结果是编出了狄奥多西的法典[2]，但编纂法典还是成了查士丁尼首先采取的政治行动之一。查士丁尼想要囊括罗马法的全部，包括私法和公法在内。为此他在527年任命了一个委员会。大约6年以后，委员会就以惊人的速度编出了后来所谓的《民法大全》（*Corpus Juris Civilis*），它包括三大部分，至今还为我们的罗马法知识和研究提供着基础。总的法学原则和私法被编入50卷的《学说汇纂》（*Digest*），它又下分为题，每题都包括若干与该题主题相关的法令。在这里古典罗马法学家的陈述和观点被编集起来，十分方便。其中的大部分都是靠《学说汇纂》才得以保存到今天的。这些陈述实际上是从当时尚存的法学家作品中节选出来的；不过委员会有权做一些必要的调整，这些就是所谓的对原初文句的篡改。整部《学说汇纂》被查士丁尼赋以法律的效

---

〔2〕 指依狄奥多西二世之命而编成的 *Codex Theodosianus*，它成书于438年。

力，法学家的个人陈述都被提升为法条。以前散见于数量庞杂的著作、判例和档案等处的陈述变成了一部方便、相对和谐的法律作品。罗马皇帝们的法律，亦即主要与公法相关的所谓的皇帝谕令，被编为12卷的《查士丁尼法典》(the Code)，各卷又分成题和法令，按时间顺序编排起来，下限直到查士丁尼的时代为止。凡是没有列入《法典》的皇帝谕令，都被取消了法律效力。法典化工作的第三部分是一部短小的教科书，即所谓的罗马法《阶梯》(Institutes)，它将会被贝鲁特[3]的法学生用作教学手册。在颁布《法典》以后，查士丁尼自己的法令被编为所谓的《新律》(Novellae，即 novae leges，"新的法律")。从12世纪开始，《新律》也被加进了《民法大全》，成为其第四部分。

查士丁尼编纂法典的意义是难以估量的。除了纯法律方面的内容，更重要的意义可能在于它所表达的意识形态和罗马文化。在整个中世纪，《民法大全》得到了不同程度的研究，有时只不过是摘录和提要而已，但无论如何总是被视为罗马法学智慧的总和。凡在与《法典》有关之处，所有其他类似的作品都被取代了，《学说汇纂》更是创造了某种全新的东西。中世纪的欧洲第一次获得了这样的书籍，它包含着罗马所代表的一切，也就是法律。可以毫不夸张地说，这种法典编纂为欧洲提供了最具塑造性的力量。有关正义、法律的概念、法律的分类及其实施等问题的一般原则，都变成了中世纪的中心性法律概念；而《法典》(以及《新律》)在法律的形式下提供了一种纯然君主制的政府形式。后来，在中世纪的大学里，《查士丁尼法典》变成了科学研究的对象，这时它就成了政府学说的主要

---

〔3〕在历史上是地中海东部的罗马法教育中心。

来源之一。它的语言、结构和写法,也就是制定法律所不可或缺的条件(除了问题以外),为后来的所有人提供了模范。这都是因为它非常容易获得。

在查士丁尼的法律作品中,他表达了自己对帝国之中的最高统治权问题的看法。对他来说毫无疑问的是,作为罗马恺撒,他是最高的、具有主权的统治者,在基督教准则的指导下指引和治理帝国,而这种准则又源于整个基督教的源泉,也就是皇帝自身的神授权威。实际上,《法典》的第一题就名为"论三位一体与天主教信仰",按该题臣民们应该依法受信仰的教导。同样重要的是它关于神职本身之职责与结构的立法:作为君主,他当然有责任保证帝国的教会公职人员是由称职的人组成的。虽然这与教宗制所提出的名义是相同的,但这种胜任的原则(在后面我们还会再讨论)毕竟在实际运用上有着巨大的差异。教宗认为胜任的人,在皇帝眼中并不一定胜任。查士丁尼的这条法令(《新律》第六)实际上温和而有效地反转了前文已经详论过的杰拉斯的论点。很明显,这种方案没有为教宗的首位管辖权留下余地。查士丁尼(以及后来的皇帝们)承认教宗具有一种荣誉性的地位。只要考虑到罗马本身的尊崇地位,以及查士丁尼对帝国之罗马性质的偏爱,这种让步就不难理解了。无论如何,是罗马决定了帝国的性质,所以,那座城的主教亦即教宗,必须得到某种荣誉性的、优先于其他牧首的地位。接下来,他的政府以法律规定了信仰的正统以及异端;规定只有正统的基督徒才能参军服役而教士得以免除,同时不允许异端分子宣扬其信仰并焚烧其书籍;禁止神职人员进入剧场、竞技场和赛会;不允许他们拥有私人性的小礼拜堂;他们在礼拜仪式和驻所上负有责任,要受到帝国法律的规定;诸如此类。536年君士坦丁堡会议的与会者们完全拥护皇帝的方案，他们承认"教会中的一切皆不可违背皇帝的命令和意志"。查士丁尼的政府所显示出来的是实施中的纯君主制原则，其中的一切权力都来自神所设立和启示的皇帝权威，所以他对神学争论的干预也是可以理解的。这种自上而下的政府论的基本性质是部分地希腊、部分地罗马、部分地基督教的，这种混合物的坚实性与内在适应力是无可置疑的。一种政治意识形态总是忠实地反映在法律和宪制之中。

很明显，这样的意识形态和法律是与教宗制为基督教社会所设计的根本理念截然对立的。6世纪的历史确凿地证明，皇帝的方案得到了具体的应用，结果使教宗制面对了一种对它来说最艰巨的两难。同时身为罗马人和教宗，他们当然是皇帝的臣民，根据这种地位他们无权抗拒皇帝的王权－祭司君主制。他们的两难是这样的：如果他们默认皇帝的方案，就等于是对自身作为圣彼得继承人的职分、职位和职责不忠了，因为基督已经将"建造"亦即治理教会的责任赋予圣彼得。然而，如果试图坚持自己的职分，他们就不得不去反对不受约束地行使的君主制权威，但是对皇帝神授权威的抗议会带来严重的危险，导致对皇帝人身的"犯大逆"（lèse majesté）之罪。从宪制的角度来说，帝国政府可以对那些否定皇帝拥有全面立法权利的人采取严厉的措施，这是完全能得到理解和说明的。对教宗制——在此对帝国政府也一样——是不可能妥协的：最高统治者不是教宗就是皇帝。

格列高利一世[4]在位期（590—603）的重要性必须在这

---

[4] Gregorius I是著名的教宗和神学家，常被称为"大格列高利"（Gregorius Magnus）。在教宗制的发展历史上，他起到了极为重要的作用。

种背景下来理解。在成为教宗之前,他是罗马教宗驻皇帝朝廷的使节。所以,他对王权-祭司方案在君士坦丁堡的顽强程度有亲身的体验和认识。他所得出的唯一明智结论是,对罗马教会来说,去抗议和对抗皇帝的政府是危险而鲁莽的。危险在于宪制上的严厉后果,而鲁莽在于没有任何可能性来改变帝国的政府方案。这不等于说格列高利就默认了它,恰恰相反——这是一种令人不满的处境,只是他无力改变而已。但格列高利在法学上的敏锐和远见在于,如果教宗只在皇帝的政府和权力所不及之处提出自己的政治理论,那么所有的困难都会消失。于是,格列高利转向了西方,开始了对高卢和英格兰的传教工作。确实,在这些地方他可以(也做到了)自如地树立教宗的政府观;无论如何,他得以强调了教宗制的首领职责,在宪制地位上不受任何问题的阻碍。为了使教宗的政府在中世纪变成现实,格列高利的现实主义是必要的先决条件。确实,完全有理由将他称为"欧洲之父"。西欧(拉丁的欧洲)就是这一步的结果;不但作为一种文化因素的西方形成了,还可以说西方强烈地具有了罗马亦即拉丁的特征。正是从那个他为之传教的地方,从欧洲最遥远的一角开始,北欧和中欧将由英格兰和苏格兰的传教士来完成基督教化。

格列高利一世并没有将任何惊人的新东西带入教宗的理论,只是用他的语言庄重的命令将那些(甚至早已很陈旧的)观念灌输给西欧具有接受力的荒土。对他来说,罗马教会就是整个"基督圣体亦即普世教会"的典范,这个圣体就是由承认罗马教会之母权与教宗之父权的各民族、各王国组成的。尤其值得表扬的是高卢的法兰克人,因为他们显示出了真正的正统信仰。特别重要的是,他对待西方诸国王和君士坦丁堡皇帝的方式形成了强烈的对比。[5]前者被称为"亲爱的儿子",而后者是"主上皇帝"——造成这种差别的原因在于,他不愿招来皇帝的怒火。他也从来没有对东方用过含义太过丰富、很危险的概念"元首"(*principatus*),然而在西方这个术语却被用得很频繁。不仅如此,在与西方各国王的通信里,他强调地上的权力是为天上的权力服务的,后者才是前者的模范——这清楚地显示了伪迪奥尼修斯的影响。(见上文第31页)格列高利以具有治理权威的语言规定了对违犯教宗教令和措施之人的制裁:绝罚(也就是逐出基督徒的有形联合体)是一种刑罚措施,在他看来同样适用于国王和教士。神职人员是传递教宗教令的喉舌,他们以这种方式充当着上帝教会的"耕耘者"。他还用君士坦丁在尼西亚会议上对主教们的讲话(这段虚构的讲话是格列高利从鲁菲努斯翻译的尤西比乌作品中得来的)来支持教宗的最高统治者职责——"你们就是诸神,是真正的上帝所封立的,我们是无权裁判诸神的"。格列高利同样强调普世教会内部的圣统等级和职务的区别,因为教会的稳定工作有赖于职责上的差异。这项原则将在中世纪盛期变得极为重要。无论如何,格列高利将基督徒的有形联合体称为"基督教共同体之社会"(*societas reipublicae christianae*),而它又是由圣彼得的继承人通过适当的下层公职人员来引导的。

  大格列高利对西欧产生了巨大的影响,原因之一就是实际上他的全部作品都被保存下来了。最重要的是,他在任上的通信被收入他的《实录》(*Registers*)并存入档案,被传给了教

---

[5] 在古代晚期的罗马人眼中,君士坦丁堡的皇帝和蛮族的国王具有截然不同的法律地位,完全不可同日而语。下面的分析并没有考虑到这一点。

宗派的后人。从此以后，教宗制就与西方保持着密切的联系，结果造就了纯日耳曼因素与纯基督教、罗马因素的混合。在蛮族入侵的动荡停息下来之后，更加有利的条件又促进了这一进程。如同西班牙和法兰西的情况，在意大利北部的伦巴德人中间，和平有序的局面出现了，这在相当大的程度上促进了教宗派政治意识形态的传播。东方和西方之间的鸿沟前所未有地加大了。一种新的文明成长起来，充满活力、充满自信、充满憧憬。这种文明既是罗马-拉丁的，也是日耳曼的，在那时它对东方高度成熟的文化只有很有限的敬意。拉丁语在西方变成了通用语（lingua franca），而在东方，希腊语仍然是官方的、通用的语言。通过格列高利派往远方的传教士所打开的无数条道路，罗马精神，尤其是罗马法，才牢固地扎根于西方。由于广大的群众缺乏文化，思想的传播在很大程度上是靠罗马礼仪的推行而实现的。在很多方面，宗教仪式取代了书面的解释。依靠这种方式，深刻的思想在仪式的动作和行为中得到了表现，每一样都传达着一种易于理解的象征意涵。那种礼仪完全是由罗马引导和激发起来的；为了解释那种仪式所表达的象征意义，反思性的思想将会得到激励和促进。

此外，拉丁化的《圣经》是关键性的工具，它极大地促进了对自上而下的神权政府论的接受。不知为何，这一点很少受到注意。不容置疑的是，"拉丁通俗本"发挥了极大的作用，开垦了西欧那肥沃却尚未得到开发的土地，使它得以接受纯罗马的观念。只要讲一点就足以说明《圣经》的潜在影响力了，它是唯一一种所有识字的人都很熟悉的书。拉丁《圣经》所传播到的西欧地区，恰好又是主要在罗马影响下的。尤其重要的是，统治者的中书人员从来没有学习过论述政治意识形态的专门著作，却在法律文书中表现出了一种非常明确的政府体制。如前文所述，在《圣经》中可以找出很多与公共治理直接有关的问题。事实上，拉丁《圣经》是最主要的因素之一，推动了罗马化、拉丁化的进程。需要强调的是，人们不仅认为拉丁形式的《圣经》包含着真理（truth），还相信终极真理（Truth）就存在于其中。上帝之言是用拉丁文写、拉丁语说的。毋需多少历史想象就能认识到，不断地接触一种深受神权与罗马-拉丁因素浸淫的样式，将会对执掌权柄者的思想产生多深的影响。还可以进一步说，拉丁《圣经》不只是将西方引向罗马的最重要因素，还促进了那些罗马法所推崇的观念在西方的传播和影响，这一点是尚未得到充分认识的。

  这些观点也能够解释西方和东方的不同性质。东方缺乏罗马-拉丁的因素；西方在根本上将《圣经》理解为一种法律文献。进一步说，在西欧，凡是在拉丁《圣经》所遇到的阻力（不论是物质上的还是地理上的）较小的地方，它的影响也就更大。这至少在一定程度上解释了，为何斯堪的纳维亚国家和北欧国家对自上而下的神权政府形式的接受要比南欧和西欧地区晚得多。我们还看到，罗马法在北欧的影响远不能与西欧和南欧相比。北欧接受拉丁《圣经》的时间比任何其他地方都更晚。这一点至少部分地解释了欧洲各部分之间的不同性质。进一步说，我们对那些政治问题的了解是依据于法律记录的，而它们本身就忠实地反映了罗马-拉丁影响的不同程度。法律记录最多、最集中的区域，就是最受拉丁《圣经》和罗马法的共同作用的地方；这种影响越微弱，法律文献也就越少。其结果是，举例来说，在斯堪的纳维亚，法律记录直到中世纪盛期才出现。所以很突出的是，在斯堪的纳维亚国家，自下而上的政府理论影响更长久，而在整个南欧和西欧自上而下的神权论都占据了主导。

Ⅱ 上帝恩典所立之国王

可能《圣经》中最吸引人的段子就是《约翰福音》中基督对彼拉多[6]讲的这些话了：

> 若不是从上头而赐给你的，你就毫无权力来办我。[7]

按字面的意思（权力来自上头），这段文本是与前文已提及的圣保罗的说法"没有权力不出于上帝"和"我成了何等人，是蒙神的恩典才成的"[8]有联系的，表达了中世纪王权的神权政府的内核。虽然这种政府的发展尚未受到明显、具体的教宗派的影响（到那时来说），在本质上教宗派和王权-神权派的立场是一致的。双方都认为，在一个恰当的以基督为中心的框架之内，任何对权力的权利、对统治权的权利、对职位的权利都是不可能成立的。杰拉斯一世曾经论及神给予皇帝的"封赐"（*beneficium*），而在王权-神权的政府形式之内，我们也找到了同样的观点，它并不是在教宗制的影响下才产生的。

实际上，根据材料来看，从较早的自下而上理论到自上而

---

[6] Pontius Pilatus 是罗马帝国驻犹太地区的"巡抚"（根据1961年发现的 Pilate Stone 上的铭文，他的正式官称不是过去以为的 procurator，而是 prefect），是判处耶稣十字架之刑的官员。
[7] 见《约翰福音》19：11，译文根据行文需要略有改动。
[8] 分别出自《罗马书》13：1与《哥林多前书》15：10。

下理论的变化,在意大利北部的伦巴德人那里就显出了端倪。从 6 世纪后期开始,伦巴德人的国王就开始自称为"上帝恩典所立之国王"(Rex Dei gratia)。此外还有旁证。在 7 世纪,盎格鲁-撒克逊人的国王们已经很熟悉国王之权力来自上帝的观点了,王权被当作上帝的赐予。从 8 世纪开始,这已经成为适用于西欧、南欧所有国王的标准说法了。这种称谓的意思似乎很清楚。尽管那时候的国王是由人民或其代表来选立的,但国王还是以这种说法明确地承认,王权是依靠于上帝所给予他的善意、恩惠和"恩典"的。根本性的要点在于,如此这般国王就切断了他与人民之间的紧密联系。因为人民并没有将权力授予国王,所以就不能以法律手段来夺走它,他们只不过是被交付给国王罢了。

将原初权力给予上帝,这导致了若干重要的后果。这种称谓确凿地表达出一种观点,国王对于统治权是没有权利可言的。没人有权利从别人那里要求一种善举,索求一种恩惠。这只不过是将圣保罗的理念转移到了公共政府那里。正如国王本人对于统治权没有权利可言,同样地人民也没有资格要求国王采取任何政治行动,把它当作一种权利。国王将职位和权利授予臣民,若非王家之恩典,他们就不能得到。这也显示了神权的政府形式。潜在的理念是:一切权力都是通过国王而来自上帝的,是国王将各部分的权力分配给了臣民们。这就是极其重要的让予原则的本质。按此原则,无论职位、职责、权利还是其他什么,臣民都是当作国王的让予、当作王家的恩惠而得到的。所以,当现在的女王[9]宣布,她"恩赐地"批准了这样那

---

[9] 指英国女王伊丽莎白二世。

样的任命,她其实都是在使用那种可以被清晰地追溯到7世纪的语言,清楚地表达了王家恩典的观念。

根据所谓的《马库尔夫规式》(Marculf Formulae),让予的原则在出现时是一种操作性的工具。《马库尔夫规式》是年代最早的历史记录之一,它使我们得以了解国王政府的基本概念。它是一本法兰克国王在7世纪时使用的中书手册,包含了许多令我们感兴趣的观念,与国王的恩典以及相应的让予原则都很有关系。它是日耳曼人的东西,至少在政治问题上表现了基督教观念以及拉丁《圣经》的影响。这本手册还清楚地表明,法兰克的中书机关是如何理解最高统治权,亦即国王的最高地位。重要的是"君王的意志",原因就在于他是神之恩惠的接受者。在任何意义上,国王都是上帝在地上的代理人。人民本身只是王家恩惠的接受者而已:人民臣服于(subjected to)国王的意志,因此按照这个词的字面意义,他们就是臣民(subjects);国王可以从臣民那里收回王家的恩典,在这种情况下臣民就失去了国王的恩宠,不能再得到任何的恩惠。我们应当牢记这种观念,因为国王的加冕仪式(尤其是膏立礼)会有力地以宗教仪式的形式来支持该观念。在下文中我们将会讨论这一点。有理由认为,根据这种假定,古已有之的抵抗权就不能成立了。臣民无权拒绝国王的命令,不论它被认为有多么不义和违法,因为国王就是上帝的代理人——圣保罗再次被用来否定正当抵抗权。(见《罗马书》13:2)

人民不再享有自主的、固有的权力,就在事实和理论上被上帝托付或交托给了国王的政府。因为人民不能管理自己的事务,所以才会有将王国之人民置于未成年人法律地位的学说,所以才会有那种令人侧目的王家惯例和学说,认为人民需要国王的"监护"(Munt)。中书机关所使用的数以千计的特许状和数十种规定汇编可以说明"监护"这种做法的存在。也就是说,"Munt"(拉丁文 mundium 或 mundeburdium;盎格鲁-撒克逊语 mund-bora)以一种生动的方式表达了监护的观念。这和父亲对儿子的监护性质相似,和监护人对受其监护者,甚至盎格鲁-撒克逊时期丈夫对妻子的监护没什么不同。(可以和德文的 Vor/mund 比较)据信,只有监护人才懂得应在何时去保护受监护者。不管怎样,监护人是对信托的利益负责的。而按照中世纪的观念,监护人掌握"Munt",是对受监护者具有管辖权的。支持着国王的监护权或盎格鲁-撒克逊人所谓的 mund-bora 的,正是这种观念;国王的监护意味着对于受监护臣民的管辖权(protectio trahit subjectionem[10])。不过,受监护者(或者说人民)的利益未必总是与国王的愿望相一致。受监护者亦即人民,完全可以表达自己的愿望、希冀和要求,只不过监护人亦即国王是不受约束的。查理曼的一位谋臣完全复述了5世纪的教宗西莱斯廷一世所说的话:"人民应受教导,不可一味跟随之。"在对人民的监护中,王权-神权的政府理念得到了充分的表现,原因在于人民(如同受监护者)是被托付给国王来照看的。最高统治权的概念再度登场了:国王处在外面,高踞于人民之上。当国王高踞于宝座之上,俯视周围众人的时候,其中的象征意义就得到了清楚而生动的体现。[这种最高统治权一直是以诸如"至高的国王陛下"(Your royal Highness)等措辞来表达的。和至上王权(Majesty)的概念一样,"Obrigkeit"或"Hoheitsgebiet"等等难以翻译的德文词都意指伟大

---

〔10〕 意为"监护导致服属"。

的、至高的，表达了同样的意识形态。]

早在7、8世纪的法律中，伦巴德人和西哥特人的国王所使用的术语就清楚地反映了王权政府的思想。监护（Munt）的概念也能够解释这一点。监护得以有效实施的工具是法律所提供的。借助法律，国王增进了受托之王国的福利与和平，还为有序的发展奠定了基础。法律是给予臣民或人民的，并不是他们制定的。这就可以理解，为何从8世纪以来法律主要变成了国王的法，为何国王的法取代了以前所通行的民俗法，也就是大众（人民）所决定的以习惯为主的法律。类似地，直到自下而上的理论被取代，王国中的主导性观念也是由人民自身来保障和平，也就是所谓的"人民和平"（Volksfriede）。在自上而下的政府形式得到采用以后，"人民和平"就让位给了国王所保障的和平，亦即所谓的"国王和平"（Königsfriede）。据称，神所交给国王的最高责任就是保持和平。通过实施监护与保持和平，主要依靠法律，国王完全是根据自己的识见、知识和理解来行事的；他独自对上帝负责，在王国中保持和平。于是君主制的观念就在相当大的程度上具有了实际意义。在8世纪，国王有效地解除了对自己的束缚，不再像他的先王们那样受到人民的约束：他明显地从人民当中解脱了出来。这是一种真正的颠覆。

在7、8世纪，在被交托给国王政府的人民当中，神职人员，尤其是主教们，也被包括在内。8世纪的法兰克王国为国王的君主制政府提供了良好的范例。召开并主持宗教会议的，批准会议的教令的，都是国王。同样重要的是，神职人员和（具有贵族身份的）平信徒同样可以参加当时的宗教会议。虽然没有任何证据可以证明法兰克的统治者已经对拜占庭的王权－祭司方案有所了解了，但同样值得注意的是，西方的实际

58

发展也走上了和东方的政府相同的方向。不同之处在于,在西方还没有理论化,没有自以为是的思辨,有的只是实践。

Ⅲ 罗马与法兰克观念的融合

到 8 世纪中叶为止,在法兰克人和教宗制之间还没有什么密切的关系。无论是对欧洲的历史来说,还是对政治思想的发展来说,在 753—754 年,教宗斯德望二世的法兰克王国之旅都具有决定性的影响。确实,在这次旅行之前不久,法兰克人的领袖丕平与教宗制建立了更密切的联系,带来了他自己所难以预见的后果。为了争取某种支持来发动反对国王希尔德里克三世[11]的政变,丕平询问教宗扎迦利:作为掌握实权的人,他能否被称为国王;而那个被称为国王的人,根本就没有任何权力。教宗的回答对丕平很偏袒,提供了有利的条件,以使徒的权威承认丕平为国王。虽然这个回答已经显露出了一种将对后来的教宗派极为有利的教宗意识形态,但它对随后发生的事件却没有太大的影响。斯德望之旅的目的是利用法兰克人对圣彼得及其职位的高度尊崇,使教宗制度从帝国宪制的框架中解脱出来,进而摆脱受帝国政府王权-祭司统治的结局。要求丕平援手的理由是所谓的伦巴德人对罗马的威胁。为了实现这个目的,所利用的工具是伪造的"君士坦丁赠礼"。

这里不需要介绍教宗制摆脱皇权体制的具体步骤,只要说明一下结果就够了:所谓的教宗国建立了,这个实体被剥出了

---

〔11〕 Childeric Ⅲ 是法兰克墨洛温王朝的末代国王,于 743—751 年在位。当时丕平是实际掌握政权的宫相(Mayor of the Palace)。

帝国的整体,由教宗自己来治理。它一直生存到1870年,现在被缩小成了梵蒂冈城国。丕平和他的儿子查理曼承诺保障教宗国的安全。用现代的术语来说,就是这个实体得到了公法的承认,虽然拜占庭并不承认。斯德望二世的行为和书信都忠实地反映了教宗派的政治意识形态。

该文献本身值得关注。"君士坦丁赠礼"虽然主要是针对君士坦丁堡的,但它所体现的基本原则也会对西方产生影响。现在一般认为,这件伪造品是在罗马教会的支持下产生的。它产生于教宗的档案馆,时间不晚于8世纪50年代初,肯定要早于教宗对法兰克人的访问。这一伪造对中世纪欧洲,尤其是对教宗制的影响是不容低估的。这件伪造品的内容是以前文提到过的《圣西尔维斯特故事》为依据的。它产生于5世纪后期,当时教宗与皇帝的政府观念首次发生了严重的碰撞。君士坦丁堡政府的基本观点是,君士坦丁堡是"新罗马",是帝国的首都,包括"旧罗马"在内的其他所有城市都应当从属于它。这是以卡尔西顿信经为依据的(见上文第37页),这个问题下面还会再谈。这样的话,问题就产生了:君士坦丁堡是怎样变成帝国的首都,并取代罗马的?不容置疑的是君士坦丁建设了这座新城,从罗马迁都到他自己的城市君士坦丁堡。《圣西尔维斯特故事》的作者所试图暗示的,并由"赠礼"的作者所明确提出的观点,是帝国政府从罗马到君士坦丁堡的转移得到了教宗西尔维斯特的赞成和同意。纯意识形态的术语诠释了历史的事实。

《圣西尔维斯特故事》告诉读者,君士坦丁已给予罗马教会以特权,承认罗马教会居罗马世界全体神职人员之首。它还以颇多笔墨描述了所谓的君士坦丁对基督教之皈依。作者以经常令人厌倦的详细程度来描述,君士坦丁如何在教宗面前屈身,如何解除自己的皇帝冠冕,以此说明他对过去恶行的深刻忏悔;他的忏悔到了痛哭流涕的地步,拖在地上的紫袍都打湿了。这是为了制造出一个看似真实的场面,其语言感性而浪漫,然而它在背后所包含的思想却很清楚。从来没有人怀疑君士坦丁在迁都之后还是皇帝。当《圣西尔维斯特故事》以相当翔实的笔墨描绘出他如何在教宗面前解除自己的皇帝仪仗(尤其是皇冠),问题就变得很明显了:是谁重新赋予他皇帝的仪仗?是谁重新为他戴上皇冠?《圣西尔维斯特故事》并没有回答,但"君士坦丁赠礼"的伪造者却提供了答案。

按照"赠礼"的故事,君士坦丁愿意"将皇帝的权力和光辉荣耀的地位交给罗马教会",将整套的皇帝仪仗,包括权标、节杖、宝球、御旗、紫袍、御用披肩等等,都交给了教宗。(君士坦丁还规定,"仿照我们的权力",教宗的马匹必须是白马,在举行仪式之外教宗平时的服装应当是白色的。)它们都变成了教宗的所有物。进而,为了显示君士坦丁的谦卑,他还充当了马夫,牵引教宗的马行进了一小段路。不止于此,皇宫都被赠予教宗作为其居所,整个罗马城、意大利的各个行省和整个西方都被赠予教宗。最后,君士坦丁想把皇冠戴在教宗头上,但值得注意的是,教宗拒绝戴上皇冠。但君士坦丁仍然命令,教宗应当使用皇帝的仪仗。按这个文献,教宗被称为基督的代牧,而这种称谓在那时候还不存在。在给予教宗的权力中,任命执政官和国老(patricians)[12]也包括在内。

---

[12] 从君士坦丁皇帝开始,"patrician"的地位大为提高,是那些政治地位崇高,甚至实际上掌控政权之重臣的头衔。这里姑且译为"国老"。

君士坦丁的"赠礼"在全面性和彻底性上已经无以复加。这样教宗就真正变成了东面的国王兼祭司的翻版：他成了教宗皇帝。虽然这种观念对后来的中世纪欧洲十分关键，但在当时影响还很小。对伪造者来说最重要的，是解释君士坦丁堡如何又为何变成了首都。虽然教宗不肯戴上皇冠，但依据这次赠礼，皇冠已经成了他的所有物。伪造者旨在表达这样的观念，既然没有人怀疑君士坦丁在迁都以后确实掌握着皇冠，那么，他就是在教宗的赞成和同意下才这样做的。如果教宗愿意这样，君士坦丁就能戴着皇冠：皇冠是教宗的，但他把皇冠借给了皇帝。进一步的意思是，由于教宗拒绝了皇冠（统治权的最高象征），皇冠就转移到了君士坦丁堡，所以后者就取得了首都的地位，因为帝国政府和统治权的象征都已经在那里了。很容易引申出来的观点是，在教宗的默许下，君士坦丁及其继承人才能掌握皇冠；只要教宗愿意，他就可以再次把皇冠转移回罗马。皇冠被置于教宗的支配之下。根据这件伪造品，真实的情况刚好与拜占庭的主张相反。

这份文献所反映的政治学说关系到统治权在罗马基督教世界内部的职责、作用和目标。在根本上，伪造者的真正动机是为了说明这一点。为了说明教宗派的政治学说，他必须求助于历史的事实，但是他以那样的方式利用了历史，使历史事实变成了教宗-基督教的统治权观念的工具。要使现代人的思想回到8世纪中叶可能是很难的。那时，教宗制已经切实体会到了拜占庭的王权-祭司方案的实际运作（它使教宗的一切首位权利都被剥夺了）；那时，以比喻和具体的方式来表达一种观念是很普遍的。不能忘记的是，君士坦丁堡的皇帝们特别强调了为他们所有的基督教；但从教宗的观点来看，这个样子的基督教就损害了最最关键的要旨——作为全体基督徒的神设治理机构,这就是教宗制之职责所在。在若干年前,皇帝立法规范并取缔了对偶像的崇拜。[13]他宣布皇帝具有如此行事的权利,因为他既是国王又是祭司。这正是教宗制所不能赞成的,它认为自己有权利来治理全体的基督徒。教宗坚持他们在基督教世界中的最高地位(最高统治权),皇冠就是这种最高统治权的象征。这解释了伪造者为何要说君士坦丁将皇冠交给了教宗。尽管东方的皇帝非常强调统治权的罗马性质(在拜占庭存在的整整一千年中),但教宗却认为罗马皇帝应当遵从罗马教会。若不如此,他就不再是罗马皇帝了,就变成了希腊的皇帝或国王。这正是他们在后来告知君士坦丁堡的皇帝的。在君士坦丁堡持有皇冠变成了教宗赠予的恩惠,而恩惠是可以收回的。如同其他任何恩惠一样,没有人对它具有权利。这一切正是圣保罗与杰拉斯的统治权理论,8世纪的象征手法将它包装了起来。

一言以蔽之,这就是使斯德望二世能够较为自信地接近法兰克人的条件。顺带说,这件伪造品的最早"副本"就源于8世纪,至今还保存在巴黎的国家图书馆里。它是从圣德尼修道院[14]得来的,在那次值得纪念的旅行中,斯德望二世曾在那里停留过一段时间。更重要的是,他的许多行为和言论都忠实地反映了这份文献的观点。只有凭着君士坦丁的赠予,整个地域划分才能得到合理的解释。教宗所要求的地盘是圣彼得的财产,是君士坦丁所赠予的。斯德望二世告诉丕平,不忠信的伦巴德人窃取了这块地盘。在这一点上,丕平身为基督教国王的

---

[13] 指拜占庭皇帝利奥三世于726年发起的圣像破坏运动(Iconoclasm)。
[14] 圣德尼修道院位于巴黎城郊,是为纪念法兰西的保护圣人圣德尼而建立的。在中世纪,该修道院与法兰西的王权存在密切的联系,绝大多数法王葬于此地。

身份，他对圣彼得的真心敬仰发挥了作用。作为基督教国王，他有义务保护那些不能充分地自卫的人，教会和修道院也包括在内。教宗在这里所表明的根本观点，就是那个早已有之的教宗派观点：罗马教会是其他所有教会之母，法兰克王国的那些教会同样包括在内。教宗清楚地向丕平说明了形势，如果不迫使伦巴德人归还圣彼得所有的地域，使其得以继续保有抢来的不义之财，圣彼得的教会，亦即丕平自有之教会的母教会就会完蛋。教宗对国王的根本要求在于，应该扩大王权保护责任的范围，将其从法兰克人的疆域扩大到罗马教会。正缘于丕平所接受的基督教王权观念，这些要求必定不会落空。

不过，为了确保这些要求得到实现，斯德望二世还运用了教宗制的另一项政治观念。它是明确地包括在"君士坦丁的赠礼"当中的，这就是任命丕平为罗马人的国老。这个概念预示了后来教宗制将世俗统治者视为辅助的学说。这项任命的重要性在于，一项由教宗给予的保护责任被加进了丕平的王权之中。到那时为止，丕平的王权已经包含了被称为监护（*Munt*）（见上文第56页）的自主性保护权，但国老的身份改变了保护的实质：在接到教宗的指令时，他就应当行动。一种保护是自主性的；而国老实施的保护类似于专门提供保护职责的公职人员。（可以对这两类保护进行比较粗糙的类比，一是监护人对儿童或精神病人的，一是警察的。前者应当接近于受监护者，但他有权决定受监护者的利益。如果他认为受监护者的愿望是不合理的，或违背其最大利益的，他就有权否决之。不同的是，警察只是在受召对付犯罪分子等场合下才采取行动；他们无权为我们的利益而干预我们的私事。在受召时提供帮助，这就是他们之所以存在的理由。）后者在史料中被称为 *ad-vocatus*

（受召者），也就是说，在受召时他才提供帮助。在任命丕平为国老时，教宗运用了一项关键的政府原则，他在伪造的"赠礼"中找到了依据。从教宗一方来看，这项任命第一次打破了国王的阵地。丕平自己不太清楚这个头衔的含义，也从没有使用过它，这里暂且不论；但丕平的儿子查理曼继位伊始就使用了这个头衔——这是一项前瞻性的措施，是执着的教宗派政策在那时就办成的。然而，丕平还是充当了保护者的角色，征服了伦巴德人，将征服的地域交给了圣彼得。也就是说，丕平将它（未来的教宗国）"还给"了"合法"的所有人。

754年，就在教宗与丕平相会之时，教宗还膏立了丕平。这里不打算回顾在此之前的膏立礼的历史。但在那时，它已经变成了一种习惯性的做法，无论是在西班牙的西哥特人、法兰克人还是盎格鲁-撒克逊人中间。这种观念渊源于《旧约》。其精神实质是借以在国王和上帝之间建立一种紧密的联系。它是一种可见的行为，将神的恩典给予国王。（参见下文第71、86页）需要指出的是，在罗马，膏立礼尚不为人所知。它显示出了一个在某种程度上是被精心安排出来的、由教宗来施行的计划。教宗还不断地强调，他就是上帝和国王之间的中间人。上帝通过他，也就是圣彼得的继任人，为一个明确的目的而膏立了丕平，这个目的就是使他成为罗马教会的专门保护人。（教宗派的记录一点也不提起圣卜尼法斯[15]早就膏立过丕平的事实，就当它从来没发生过一样。）在好几封写给丕平的信件中，教宗都重复了这个观点。在此教宗制利用了它最青睐的目

---

[15] 8世纪的德意志主教，在中欧日耳曼人中间大力传教，对他们皈依影响极大，故被尊为"德意志的使徒"。圣卜尼法斯与法兰克统治者关系密切。

的论论证。教宗说，国王已经由于这种膏立的行为而变得不同了，从此他已经献身于对教宗制的服务。所以，从意识形态的角度讲，身为一位公职人员，身为罗马人国老的责任已经被加诸丕平的王权之上，膏立的仪式已经使之成为神圣的责任。在许多信件中，教宗明确了丕平的职责，指出通过膏立礼丕平已经变成了罗马教会的粗壮臂膀，担负起使正义归于圣彼得的责任。确实，这也就是圣彼得"亲自"写给丕平的急切信件的主题。根据大量的教宗信件来理解，凭着教宗的膏立行为，丕平被设立为国王。无可争议的事实再次向谋划好的方案低头了。

尽管丕平按教宗的要求采取了行动，但没有证据表明他本人在多大程度上接受了教宗派的理论立场。然而显而易见的是，教宗制总是念念不忘地将自己的意识形态化记忆保存在档案馆和实录里。同样重要的是，教宗制在将其谋划好的蓝图变成现实的努力中所体现出来的进取心。在当时同样发挥了重要作用的是，教宗制在知识上的优势，尤其是它在政治方面的经验。不要忘记十分强烈的罗马法律环境。教宗制是在其中成长和发展起来的，在适应形势的过程中它掌握了许多能力和技艺。在评价教宗派的意识形态动机时，也不能忘记东西方的根本差异。像西方人那样的对圣彼得及其继承人的真心敬仰，在拜占庭是完全不存在的。对拜占庭来说，罗马是帝国的起源地，为此它值得关注。对西方来说，罗马却是相传的圣彼得逝世之地，是圣彼得继承人所之地，是两位使徒[16]所建立的整个基督教会的典范，因此，它是一个特别值得尊崇的地方。对"新罗马"拜占庭来说只是一项历史事实的东西，对"旧罗马"

---

〔16〕 指圣彼得和圣保罗。

和西方来说却属于教会和宗教的问题。除了这些因素，还可以加上由罗马推广起来的拉丁《圣经》以及完全法学化的《圣经》解释，这就很容易理解为何西方的政治思想具有如此强烈的教会性质了。但正因为它是非常教会的，政治思想就不可避免地受到罗马教会亦即教宗制的塑造和影响。

IV 欧洲的概念

由于这些方面的影响，到8世纪末，教宗制进一步运用了它自己的政治原则。这是托庇于教宗制和法兰克人之间在8世纪中叶的关系而实现的，其最终表现是教宗制希望彻底而永久性地摆脱拜占庭的体制。从教宗派的观点来看，丕平之子查理曼在800年圣诞节的加冕，使国老的理念得到了完全的实现。正如我们已经看到的那样，作为国老，丕平被当成了一位公职人员——一个职位被教宗加诸王权之上。凭着对查理曼的加冕，教宗将国老的职位转变为罗马的皇帝位。授予皇冠的资格很明显地来源于"君士坦丁的赠礼"，在"赠礼"中教宗允许拜占庭皇帝戴上皇冠。严格说来，它应当属于教宗。教宗利奥三世所做的，是将皇冠从拜占庭"重移"回罗马——这样他就完成了前代教宗斯德望二世所幸运地开启的政策。加冕礼是终极的、庄严的行为，使罗马重新变成了罗马帝国的中心。不能同时存在两位罗马皇帝，同时作为"世界之主"。[17] 对教宗制而言，基于前文所述的理由，东方的皇帝已经丧失了自称为罗

---

[17] 这种说法显然不符合罗马史的常识。自从3世纪戴克里先改革之后，多位奥古斯都和恺撒同时并立就成了罗马政治史上的常例。

马人皇帝的权利，降级到了区区一个希腊国王或皇帝的地位。在教宗制看来，罗马人皇帝必须是一位罗马人，也就是从属于罗马教会的人。换言之，基督教世界中的政府必须由罗马来领导和引领，这意味着对罗马教会亦即教宗制之首位地位的承认——这一点正是拜占庭所极力否认的。

促使教宗制如此行事的直接原因是，查理曼的统治显示出了一种真正的王权-祭司的方式。与拜占庭不同，查理曼所行使的这种王权并不以任何宏大的思辨体系或神学为基础，而是因为他就是神圣恩典的接收者（他自称为"上帝恩典所立之国王"，非常清楚地说明了这一点），神要求他领导王国，这是上帝所托付给他的。在欧洲政治思想的发展过程中，这是最有趣的特点之一：拜占庭和法兰克这两个起源不同的政府竟然形成了相同的统治权形式。教宗制竟会遇到它所力图驱除的同一种阻力，这确实是不祥之兆。在教宗利奥三世去雷根斯堡拜访查理曼时（799年），他才得知后者有一个在自己的行在亚琛建立"第二罗马"的计划。在亚琛，有一座查理曼的"圣宫"，还有一栋给教宗居住的名唤"拉特兰宫"[18]的建筑。从这个建设方案中，很容易清楚地看出一种拜占庭的东西，在那儿君士坦丁堡的牧首不过是皇帝家里的祭司长而已。没有什么比有形的建筑和可见的木石更能表现思想，更有影响，更加危险的了。促使教宗开始行动的另一个原因是君士坦丁堡的皇位是空悬的，这是因为伊琳娜[19]那个女人正占据着那里的皇位。

―――――――

[18] 拉特兰宫是教宗在罗马所有的建筑。
[19] Irene 在拜占庭皇帝利奥四世之后，一度掌握帝国统治权，自称皇帝。

查理曼并非对这一切一无所知。800年12月,由于教会需要他来对付某些罗马当地的对手,查理曼就到了罗马。查理曼之登基为帝已被探讨过,他愿意成为皇帝,这一点是不容置疑的。然而,他和教宗的分歧在于成为何种皇帝。如果只是当一位普通意义上的皇帝,那这只是一个头衔的问题。无论如何,盎格鲁-撒克逊的国王们也喜欢自称为皇帝,此外还有别的例子。一位皇帝只是一个发号施令的人而已,在实质上和国王并没有什么不同。完全可以说,皇帝就是增强版的国王。但是,利奥三世在圣诞节所导演的皇冠授予仪式(他戴在查理曼头上的是什么样的皇冠?这是从哪里得来的?罗马一带并没有现成的皇冠。研究尚未解答这个问题。)所创立的不只是一位皇帝,而是"罗马人皇帝"。那是一个专门的称谓。与古代的罗马皇帝位相似,它所表达的只有一种意思:对世界的最高统治权。利奥并没有提前和查理曼讨论过这一点。利奥的行为实际上使这个法兰克人变成了"罗马人皇帝",群众的欢呼拥戴说明了这一点,根据记载给予这位新加冕的皇帝的名分也是这个。对于这种皇帝位,查理曼是抵触的。他既没有想要,也没有答应接受普世的统治权,也就是罗马皇帝位。他的政治意图是在西方实现拜占庭在东方所做的一套。他想要看到的是一种对等的地位,一种与东方的共存。但如果他接受了教宗为他安排的职责,东方的皇帝就不再是"罗马人皇帝"了,他自己就必须扮演一个从没有想过的角色。教宗的计划失败了,因为查理曼拒绝了教宗指派给他的任务。但接下来的历史将会说明,这只不过暂时地遏制了教宗派政治原则的发展。

激励着查理曼的政治理念是成为"欧洲的领袖"(Rector

of Europe），在他身上欧洲的概念变成了现实。对他来说，欧洲就是拉丁基督教世界。他为之而努力，使之强大。从比利牛斯山直到易北河，这个实体（所谓的"欧洲王国"）是由他凭着上帝任命之君主的身份来统治的。在这个方案之中，教宗的责任就是为君主的成功而祈祷。查理曼只是一位法兰克君主而已，他并不理解那一整套棘手而（对他而言）艰涩的罗马皇权意识形态。他是一位现实主义者，以自主的方式统治着他的王国，具有罗马性质的基督教因素在其中发挥着关键性的作用。在他的设计中，欧洲与教会是相互等同的：它们共同构成了全体拉丁基督徒的有形联合体。查理曼在这些方面的主要谋臣阿尔昆[20]为此而立言，认为圣奥古斯丁所谓的"上帝之城"已经显现出来了。因此，查理曼表现为上帝在地上的代理人，表现为基督的代牧，他的决策就是上帝的——这一切都是与神权的自上而下立场相一致的。在诸多方面，他的欧洲政府都经典地表现了实际之中的神权君主：在有关仪式、信仰、圣事、修道的所有方面立法，任命主教和神职人员，召开宗教会议（它本身变成了一种咨议机构，其教令必须得到他的批准），诸如此类。在实践中，这个政府和拜占庭政府已经没多大区别了。唯一的不同在于，查理曼所接受的基督教信仰具有罗马的性质。这是因为他承认，解释信仰的任务是无可争议地属于教宗的。不过，在罗马所解释的信仰中，哪一项应当成为法律，进而变成统治的一部分，这就是他作为国王的任务了。这个重要

---

[20] Alcuin（Alcuinus，约735—804）是加洛林时期最有名的教育家、文学家与神学家。他在英格兰的文化中心约克受过良好的教育，后来深受查理曼的信任，主持宫廷学校，弘扬文化，规范书写方法，成为"加洛林文艺复兴"中的标志性人物。

的差别对后来的国王（以及皇帝）们极为关键。在查理曼的统治下，这个初现端倪的事物还很难得到充分的认识。可以说，承认罗马教会在训导上的首位是一项必需的条件，在此基础上教宗就能实现执法上的首位，亦即以法律的形式采取行动的权利。拜占庭的皇帝完全否定了罗马教会在训导上的首位，从而避免了这种困难；在中世纪之后，君主们更是彻底地与罗马教会相决裂，也同样避免了这一点。

将法兰克国王变为罗马人的皇帝，带来了深远、广泛的反响。这一点是在此后的几百年中展现出来的，但在查理曼的时代，还没有那么明显。站在他们自己的立场上，拜占庭人一直无法理解，一位所谓的皇帝怎能不是罗马人的皇帝。查理曼力陈他只是统治拉丁基督教世界的皇帝而已，但无论如何拜占庭人都不能真正地理解这种解释。更重要的是，由于强调了西方的"帝国"完全是拉丁基督徒的团体，东西方之间的鸿沟就大大地加深了。拜占庭清楚地认识到，欧洲的概念所带来的后果是，"希腊人"亦即东方的帝国就不再属于欧洲了。从文明史的角度来看，8、9世纪之交的时代具有极其重要的意义：欧洲被描绘成了罗马-拉丁文化的体现者，而它几乎完全是一个宗教意义上的概念；君士坦丁堡统治的帝国被认为是与欧洲相异的。在5世纪，纯属教会事务性质的争端酿成了第一次裂教，而现在它已经得到了固化和激化，在地域的角度上被理解成欧洲和外部世界之间的对立。这个大陆被分裂为拉丁和希腊两大部分，唯有前者才是欧洲。从此以后，西方的政府原则是在（在那时）十分强大的罗马影响下打造出来的，而东方仍然是希腊的，已经退出了欧洲的视野。在查理曼统治期之后的几十年内,这种罗马的影响是以某种具体的形式表现出来的。那些继承者恰恰走上了查理曼所拒绝的道路——他们接受了查理曼所不接受的教宗派观点,亦即西方的皇帝是罗马人的唯一合法皇帝。这就产生了一个很关键的问题:在东方与西方的两位皇帝中,哪一位才是真正的罗马人皇帝?直到 1204 年所谓的"十字军"征服了君士坦丁堡[21],这个问题才得到了最终的解答。

包括墨洛温王朝[22]在内,法兰克的国王们已经毫不自知地有力推动了罗马派政治思想的发展进程,帮助它走向了后来的完全胜利,从而帮助教会中的教士部分赢得了支配性的地位。国王膏立礼的意义正在于此,它是以《旧约》为范本的,对它的掌握体现了法兰克国王的谋臣们的本事。他们认为,《旧约》中的先知懂得神的意志,通过涂圣油设立了犹太人的国王。他们还认为,神的恩典以可见的方式被授给了接受圣油的人。与《旧约》一致,他们说国王是"主所膏立者"(Christus Domini)。按照《旧约》,查理曼确实被当成了新的大卫王,可以说是符合《旧约》的国王。国王自称是"上帝恩典所立之国王",膏立的宗教仪式为之提供了有力的支持。国王的外在身份是与人们相信的膏立礼所产生的内在效果相一致的,国王的一切都被上帝恩典的注入转变了,在他与上帝之间已经建立了一种有力的联系。这样,"王者之心已在我主手中"[23],而它被移用于公共政府,为国王提供了一种非常特殊的保护:"不可

---

[21] 指第四次十字军进攻君士坦丁堡的事件,参见原书第 96 页。
[22] 墨洛温王朝是法兰克人所建立的第一个王朝,结束于上文提及的希尔德里克三世。矮子丕平和查理曼开创了法兰克人的第二个王朝,即加洛林王朝。
[23] 出自《箴言》21:1,中文和合本作:"王的心在耶和华手中。"

难为我膏立的人"(《诗篇》105：15)，我们会在《圣经》中读到这句话。国王在臣民之前高高在上的地位就这样得到了《圣经》的承认。臣民伸手触摸国王的行为是近乎渎神的罪行。膏立礼完美地表达了神授王权的本质。王位和膏立都是可见的形式，显示出国王是怎样处于社会群体之外、高踞其上的，而这个社会正是神所托付给他的。

由于外在因素的阻碍，东方并不能消除800年圣诞节所发生之事的影响。尽管如此，直到12世纪后半叶，重新征服意大利的目标一直在拜占庭的政策中占有重要地位。在西方，对9世纪之初的教宗制来说，完全可以说这是以一位国王－祭司取代了另一位。查理曼的有效抵制暂时遏制了教宗派的推进。但教宗派的政策一向不乏实现其政治理念的进取心。9世纪的教宗制成功地做到了这一点，为后来的发展铺平了道路。5世纪对于教宗制的意义，正是9世纪对于欧洲的意义。

查理曼政府认识到了为神职人员提供适当教育的需要，这是一项深远的成就。所谓的"加洛林文艺复兴"得到了查理曼本人的大力支持，政府所推动的教育措施取得了非常有益的效果。然而，这种教育只是对神职人员尤其是主教阶层才有益，当时并没有采取或设计任何措施来给予平信徒以相应的教育。对我们来说这一点很重要，因为受过教育的神职人员将成为思想运动的承担者，而那场思想运动会决定9世纪的基本性质。一半是因为较高标准的教育唤醒了批判的精神，一半是因为"加洛林文艺复兴"打下的基础（拉丁和教父的著作复兴了），依然荒芜的西方就特别需要罗马－拉丁因素的滋养。接下来的一代人直接受益于查理曼在教育上的努力。他们将会提出各种思想、观点和理论，它们关系到基督教社会中的公共政府问题，将与实践中的政府体制[24]形成鲜明的对比。产生于9世纪中叶的大伪造，对国王加冕的仪式安排，此二者都出于早期文艺复兴之传人的手笔，而"加洛林文艺复兴"本身又在很大程度上是查理曼，这位"上帝恩典所立之国王"造成的。依靠教宗派和法兰克的主教们在后来的共同努力，中世纪政治思想才会具有很明显的教会性质。下面我们就可以概览一下9世纪的发展了。

---

〔24〕 指查理曼的体制。

第三章　加洛林以降之发展

I　政治思想的教会化

在9世纪以前,教宗制可能从未显出过这么强烈的进取心。我们还记得,在为查理曼加冕时,教宗利奥三世的意图尚未得到实现。作为法兰克人,查理曼并没有接受那一套罗马-教宗派的理念。除了这一点,加冕礼本身也缺乏任何的宗教仪式或教会的性质。虽然它是在一座教堂(圣彼得教堂)中举行的,却没有为国王-皇帝举行膏立礼,没有进行祈祷,没有做任何具有特定的宗教仪式意味的事情。它只不过是一种在教堂里举行的、人为编导出来的行为而已。利奥三世的继位者最清楚地看出了其中的不足。为了达到教宗派创造"罗马人皇帝"的目的,教宗斯德望四世(816—817年在位)再次访问了法兰克王国。当时查理曼的儿子路易一世已经即位,他的父皇在生前就已经模仿拜占庭的做法,使他成为共治的皇帝了。基于两个原因,816年斯德望四世和路易一世在兰斯的会晤是很有历史意义的。第一,这时教宗拿出了一顶据说是君士坦丁戴过的皇冠，并用它来为路易一世加冕。没有什么比拿出君士坦丁的皇冠更有意义、更有说服力的事情了——在 800 年时没有用它，这无疑是一个必须马上得到补救的缺陷。第二，与此同时，教宗膏立了路易一世，这样膏立和加冕就在同一场宗教仪式中结合了起来。在以后的任何加冕礼中，二者都构成了最基本的因素。虽然膏立是起源于法兰克人的（也有可能是盎格鲁－撒克逊人或西哥特人的），加冕礼的观念却是拜占庭的。

816 年的加冕以易于理解的象征手法表现了公共治理方面的基本概念。此刻膏立的象征意义被理解为，由于基督的恩典注入了国王，这样国王就变成了"基督的范型"（Type of Christ）或者说"基督的形象"（Figure of Christ）。实际上，在膏立主教和膏立国王之间只有一点根本性的差异，就是说国王（和皇帝）的膏立礼并不给予所谓的"不可消除性"，不需要按手，国王（和皇帝）并不会得到"灵魂治疗"的能力。在两种情况下，施行膏立仪式的恰当位置都是象征首领地位的头部。下文将会讲到皇帝的膏立是怎么施行的，它不是膏在头上，而是涂在两肩之间的后背上。

在 816 年，为了完成 800 年所未及之事，是教宗来到了法国。但七年以后，教宗就不必亲自跋涉了。那时路易一世的儿子罗塔尔一世在意大利[1]，他应邀在复活节访问罗马，被加冕为罗马人的皇帝。罗塔尔一世也被父皇立为共治皇帝了。教宗又一次掌握了主动。加冕礼是在圣彼得的主祭坛举行的，今后那里就成了皇帝加冕的规定地点。在这次加冕中又增加了一

---

[1] Lothar Ⅰ 从 818 年起被封为意大利国王。

些比较重要的细节，皇帝从教宗手中接受了一把剑。在8世纪也有类似的先例。在758年，教宗保罗一世（在前一年继承了斯德望二世）就赠给丕平一把剑。这把剑一直被理解为物质力量的象征，教宗授予剑不仅象征着皇帝已经从教宗那里得到了"力量"，还代表着皇帝有责任来保护教宗。所以这种象征很自然地具有了意识形态上的重要性。后来皇帝被说成是从教宗那里得到了实际权力。那样它的实际意义就与圣保罗所谓的"君王不是徒劳地佩剑"联系了起来。在这种语境中，可以说"他佩剑的理由"就是"施怒于作恶者"。[2] 至于何为恶者，何者当受惩治，这都由那些在基督教社会中有权决定的人说了算。这样皇帝的辅佐职责就得到了清楚的说明——在823年还没什么希望来实现这种观念，但教宗派的政治理念时常遥遥领先于实际的运用。剑的仪式清楚地传达了皇帝在惩恶的方面辅佐教宗的观念。后来，从11世纪开始，剑是从圣彼得的祭坛上（也就是放教宗披肩的地方）取下来的，意思明显就是剑（和教宗披肩一样）都直接来自圣彼得。按那时的人里昂的阿戈巴德[3]的说法，剑在9世纪的具体含义是"顺服诸蛮族，使其皈依信仰，为信众之王国开疆拓土"。（阿戈巴德认为古老的5世纪耶稣受难节祷词指的就是世俗统治者的剑。）

在823年，是教宗邀请了国王；而在850年，就是父皇来请求教宗将他的儿子（路易二世）加冕为罗马人皇帝了。这次

---

〔2〕见《罗马书》13：4。译文有改动。
〔3〕Agobard of Lyon是9世纪前期的里昂主教，是"加洛林文艺复兴"中的代表人物之一。

加冕和膏立是确立路易二世为皇帝的唯一一次宪制性行为，因为此前路易二世并没有被立为共治皇帝。和"君士坦丁的赠礼"很相似，皇帝（在加冕之前）在前面驭马，让教宗坐在马上行进了一箭之地。虽然这三次加冕[4]都为加冕礼增添了一些重要的细节，但查理曼加冕75年之后的那次加冕更有力地说明了教宗的主动地位。毋需发出任何邀请，毋需提出任何请求，教宗约翰八世传召了秃头查理——正如教宗所表明的那样，他是由教宗亲自传召、选立和确定的，是"凭着使徒宗座的特权"而成为罗马人皇帝的。[5]约翰八世宣称，天上的启示指点了这一选择；另一次他又说，皇帝"是吾等所求所愿，是上帝所召叫的"。在此我们又一次看到，以不寻常的方式，抽象的政治思想被转变成现实，而重要性有过之而无不及的是，查理曼的继承者们接受了教宗派的政治观点。9世纪教宗制的矢志不移和进取之心，在历史上是很难找到相似者的。可以看到，对一个政治机构来说，具有一份蓝图或者说是纲领是多么有利的事，只要该纲领的承担者能够坚定地追求它，只要它能够符合时代的情绪。只要我们想到教宗制的巧妙手腕——它总是能以神的命令、神的法律和传统来为每个步骤提供理由，并想到那时候的一切以基督为中心的情景，教宗制的前进就很容易理解了。

查理曼当作一项原则所坚定地拒绝的东西，亦即任何意

---

[4] 指816年教宗斯德望四世为路易一世的加冕，823年教宗帕斯卡一世为罗塔尔一世的加冕，850年教宗利奥四世为路易二世的加冕。
[5] 在皇帝路易二世去世后，他的两位叔父西法兰克王秃头查理（Charles the Bald）与东法兰克王日耳曼人路易争夺帝位。是在教宗约翰八世的支持下，秃头查理才得到了皇帝位。

义上的"罗马"皇帝位,在9世纪当中逐步变成了他的继承者们的政策。这样,他们就接受了教宗制的思想和立场。在后者看来,真正的"罗马"皇帝位只能来自教宗,而东方的皇帝只是希腊人的统治者而已——治理和统治的普世性归于真正的罗马人皇帝,而他是由教宗来加冕的。有很多证据可以说明,查理曼的继承者们已经完全接受了教宗派的论点。在这许多例子中,只要举一个就够了。路易二世在871年写给拜占庭皇帝[6]的信,经典地反映了潜藏在教宗派和西方皇权理念背后的意识形态。这封信不承认拜占庭人能被合法地称为罗马人皇帝,因为他并不是教宗所造就的;教宗不能立他为罗马人皇帝,这是由于他就不算罗马人,因为唯有承认教宗首位职责的人才是罗马人。拜占庭人只不过是希腊人的君王而已。进一步说,众所周知的是,希腊人都接受了错误的教义。这封信认为,真正的教义[与异端(这封信所用的词是"伪教义")相对的正统]只存在于西方;作为正统的维护者,教宗制有权授予最高的实际统治权,从而使其得到有效的保护和捍卫。路易二世毫不踌躇地告诉那位东方的竞争者,他已经从使徒宗座那里得到了统治的权威。这封信的重要性是不言而喻的。在一个很短的时期内,教宗派的意识形态已经变成了现实。在8世纪中叶,教宗还只是一位恳求者——不过一个多世纪以后,教宗的意识形态已经改变了欧洲的基本性质,那时的欧洲已经由教宗所创造的罗马人皇帝来统治了。

在从纯粹的政治意识形态变为实践的过程中,出现了许多对政府学说具有直接影响的文字表述。例如,对有学问的

---

[6] 指拜占庭马其顿王朝的开国皇帝巴西尔一世。

"藏书家"阿纳斯塔修斯[7]来说(约860年),教宗就是上帝的代牧,有权分配地上的权力,因为他就是天国的守门人。他非常清楚地论述了圣彼得的捆绑与束缚权力的全面性:教宗所封闭的,没有人可以重新开启。换言之,在基督教社会中,最高的管辖权亦即最高统治权是属于教宗的。尽管这种论述是在一定程度上依据于《圣经》的(如果没有断章取义的话),但重要的事实仍然在于,《圣经》的论述被直接运用到教宗身上了。这被恰当地称为教宗制对《圣经》的垄断(见E. 坎托罗维奇的研究[8]),在尼古拉一世(858—867年在位)身上表现得很明显。根据《诗篇》45:17—18[9],尼古拉一世认为,教宗被立为全地的君王。尼古拉一世还认为,教会所有的一切都在罗马教会身上得到了充分的体现,罗马教会是一切教会权力的典范。他重申了原来的教义,认为在地上没有人能够裁判教宗,全体基督徒都是教宗的臣民,他们的所有权力都是来自教宗的。最高的管辖权只归教宗所有,教宗的教令对每一个基督徒都有约束力。全体基督徒的有形联合体是以教宗为首的,服从于教宗的政府。它被尼古拉称为"全体信众的社会",是由教宗所给予的法律来引导的,因为只有教宗才是圣彼得的继承人。这位尼古拉一世还主张,在加冕礼上皇帝的统治权得到了"承认",因为他被给予了使用剑的权利。职责的目的论立刻就显现出来了。皇帝

---

〔7〕 即9世纪人Anastasius Bibliothecarius,他曾经负责管理罗马教会的书籍,发挥过较为重要的政治作用。
〔8〕 Ernst Kantorowicz(1895—1963)是德国著名的中世纪史家,曾在法兰克福、普林斯顿等大学任教,著有《国王的两个身体》等书。
〔9〕 和合本《诗篇》45:16:"你要立他们在全地作王。"

之所以得到剑,是"为了他的母亲,为了这个神圣的、使徒传承的教会的荣耀与和平"。至此,教宗决定了统治者拥有剑的理由。尼古拉在一封写给君士坦丁堡皇帝的信中问道,拜占庭人只懂得希腊文,根本就不识拉丁文,他们怎能成为罗马人皇帝呢!

对尼古拉一世来说,作为平信徒和神职人员的共同体,"全体信众的社会"就是一个单凭基督信仰结合起来的联合体。他说,如果允许这个信仰的纽带在某种情况下断裂的话,整个社会就会崩溃。根据这样的考虑,他给予君王们以详细的指导,论述了他们的责任。消除异端就是其中之一。国王们是教宗的臣民:他们不能裁判自己的主人,正如《圣经》所说,徒弟不能高过师傅(《马太福音》6:24,《路加福音》16:13)。尼古拉想要表达的原则,是神职人员免于世俗的、王权的裁判的权利,因为这条原则是从教宗制的功能论思路当中产生的。在"全体信众的社会"当中,教会的法律应当优先于君王的法律;世俗的法律被认为具有辅助性的性质,只要教会的法令没有特殊的规定,只要它们和教会法的原则没有任何矛盾。一言以蔽之,国王的法律必须与整个社会之所以存在的目的相符合,必须与罗马教会所阐发的信仰相一致。正如尼古拉一世所说,一切法律的功能都是为了实现社会的"有序性"。如果国王颁布了超出其管辖范围,甚至违背基督教社会之目的的法律,国王就不应当被服从——但这不算是真正的抵抗权,因为不服从的行为必须由那些有资格做决定的人来批准。正如我们现在所看到的那样,这完全符合国王加冕礼的宗旨。事实上,按尼古拉的观点,国王的暴政在性质上就像异端一样。对他来说(对他的许多继承者也一样),如果国王不尊重教宗的法律和教令，就等于是异端了，就是国王一方要背叛的明显信号。对于尼古拉，教宗就是最高统治者，因为他的教令是终极性的，是以"全能上帝的权威"而发出的。

尼古拉一世的继承者阿德里安二世（867—872年在位）也强调了这种理念。他专门论述了教宗的圣彼得地位，认为既然圣彼得是基督选立的，其继承人的教令也就具有和基督亲自发出的命令相等同的效力。阿德里安二世认为，既然正义是法律的基础，教宗的教令就要在相当大的程度上体现正义的理念。在格列高利七世那里，我们将会看到这种观念的成熟形态。教宗管辖权的全面性显然来自圣彼得的托付，教宗反复地说明了这一点："一切"的托付就等于"一切"。他认为自己有权命令贵族们在绝罚的压力下拿起武器，准备实施军事行为。阿德里安还认为，教宗有权将任何基督徒（包括国王在内）从"全体信众的社会"中排除出去，因为王国的稳定有赖于国王对基督教君王责任的履行。

只要简单地介绍一下这两位9世纪教宗的观点，教宗派政治意识形态得到具体实施的原因就很清楚了。他们的语言用了发号施令的统治者（gubernator）的口气，其命令被视为正义的体现。对教宗制来说很明显的是，只有那些有资格的人才能判断正义的具体内容。正如8世纪的教宗格列高利二世所说，只有那些具有"基督的判断和心灵"的人才能下这种判断。最根本性的是分工的原则。按这种原则，每一种职责的承担者，不论他是国王、皇帝还是主教，都必须遵循交托给他的职责范围。在这个问题上，阿德里安二世和格列高利一世都坚持，"每个人都必须遵循职位的要求"。应该说，这种观点也反映了社会的静态性。

II 大伪造

9世纪的思想发展完全是法兰克高级教士的成果。在很大程度上,法兰克的主教阶层成了教宗制的强有力支持者。虽然"加洛林文艺复兴"促进了礼仪、神学和哲学的发展,但对基督教社会中的政府问题非常感兴趣的,还得数高级教士。在查理曼去世以后,法兰克人频繁地召开宗教会议,这说明了主教阶层认识到自己是基督教社会中的领导者。在816年以后,不断召开的主教会议表达了它们的理论和教义,在相当程度上支持了教宗的教义,同时开始侵蚀和削弱王权神授的政府形式。与会者全都是主教;就算存在一个受过教育的平信徒阶层(事实上还没有),他们也无法表达自己的立场。进一步说,国王的谋臣们也全都是教士。因此,教会因素对政治思想的侵蚀是很容易理解的。

这些宗教会议表达了它们的观点,想方设法地来处理在教令中所谓的"基督教社会的正当秩序"问题。许多教令都坚持,在基督教社会中只有司祭才能判断那个结成社会的纽带,才能判断信仰。这样,为了运用这个根本原则,就出现了禁止在星期日做工,规范节日里的公私行为和处理婚姻问题的教令(有趣的是,826年,由教宗主持召开的罗马宗教会议还沿用了旧的教义,认为妻子的通奸行为可以为休妻和重娶提供有效的理由);而别的教令,例如829年巴黎会议发布的教令,规定国王具有"执行者"的职责,也就是说国王必须按平等和正义的要求来治理——虽然正义的内容不是由国王自己,而是由具有特殊资格的神职人员来决定的。与这种法律趋向相一致,7

世纪初的塞维尔的伊西多尔[10]的观点得到了援引。按伊西多尔的观点，国王的职责是辅助性的，因为他要用剑去支持司祭之言。国王执行性职责的主要内容由此可见。宗教会议还援引了君士坦丁在尼西亚会议上对主教们讲的话（不是真的）："上帝已给予你们裁判的权力，正如此我们要受你们的裁判，但你们不受任何人的裁判。"据此，就得出了神职人员不受王权控制的观点，因为国王只不过是上帝的执行者罢了。

教权思想的发展，还进一步表现在神职人员做出的绝罚等决定在公共领域中的效果。帕维亚宗教会议（850年）规定，受绝罚的个人丧失了承担军事任务或任何公职的权利，他的一切政治职位和地位都要被剥夺。不止于此，如果一个人违抗和不服从主教的命令，他就会被国王绳之以法，接下来就是受到绝罚。事实上，国王的政府十分支持这种教权的倾向，在很多方面国王的法律都补充了宗教会议的教令。即便那些单单触犯了教会法律的行为，诸如高利贷和蓄意拒交什一税，国王还是有权处以法律惩罚，没收其财产。重要的发展是，神职人员的立法成了国王政府本身的措施，反之则不能成立，因为国王的法令不能在神职人员的领域中发挥作用。变为成例以后，这种政治思想产生了非常强的影响。留下来的书面记录有力地强化了教会的记忆。这些观点极大地影响和塑造了当时的思想观点，造成了教权政府形式的强势。

受影响特别明显的，是在日耳曼因素影响下产生的所谓的专有教堂制（proprietary church）。按这种制度，土地的所有者

---

[10] Isidore of Seville（约560—636）是西班牙塞维尔的主教，是中世纪早期最著名的学者和神学家之一，常常被当作最后一位拉丁教父。

有权在那里建造教堂，这座教堂就是他的私人财产，因此他就有权任命为该教堂服务的神职人员。随着时间的发展，这种体制就会侵蚀所有主教和大主教的大教会。很容易理解，这种体制是在纯粹的农业社会中发展起来的。它具有很大的优势，因为在教士中有一些掌握基本的读写能力的，他们能够同时为领主处理各种各样的家内事务，包括为他的子女提供某种教育。但逐渐出现的问题是，换一种角度来看，这种体制会导致和拜占庭完全一样的结果，虽然造成这种发展的原因是迥然不同的。凭着这种体制，西方的国王和皇帝就能让对自己忠心耿耿的家内教士去掌管最富庶的主教区、修道院和各种教会职位。身为平信徒的领主能够相当有力地控制其任命。到11世纪，一整套主要来源于封建领域的宗教仪式已经产生，其中最典型的就是所谓的授职权，亦即平信徒领主将职位和利益授予神职人员。

在某些激进的作者笔下，这种体制受到了严厉的批判，瓦拉主教[11]对828—829年亚琛国会（Diet of Aachen）[12]的回忆说明了这一点，几年以后奥尔良的若纳斯[13]和里昂的阿戈巴德也这么认为。他们认为，教会是奉献给上帝的，所以不能变成任何法律交易的对象。教会应当完全脱离平信徒领主的控制，他们可以作为支持人和保护人，却不能支配教堂及其任职者。到12世纪，这一步真的实施了，那时平信徒对教堂的所有权变成了由平信徒领主享有的单纯的庇护或圣职荐任权。不过在9世

---

[11] 可能是Wala of Corbie，他是查理曼的堂弟，曾在Corbie修道院任院长，激烈批评王权对教会事务的干预。
[12] "Diet"（Reichstag）是中世纪的神圣罗马帝国不定期地召开的政治会议。
[13] Jonas of Orleans是9世纪前期的奥尔良主教、教会作家，曾在当时的法兰西教会中发挥过重要作用。

纪，这些观点同样还只是纲领式的宣传而已。

法兰克的神职人员做了各式各样的事。其中最刺激人的，可能就是9世纪40年代末、50年代初问世的一大批伪造品。它们中的一部分出自兰斯一带，另一部分出自美因茨及其附近。这些造假者的目的——考虑到其制作的程度，必定存在着完整的工作室——是利用古老的光环来支持教权的观点。和大多数中世纪的伪造品一样，在很多情况下他们并不凭空发明什么东西，而是以古代教令的面貌来包装一种已经广为接受的观点。教权原则的本质和教义从来都不是被发明出来的，被发明出来的是能够证明该教义的"官方性"教令或法律，它们被方便易用地"编集"在一卷文书当中。这些伪造品之所以广为流传，在一定程度上就是因为它们被收在一部十分易得的"参考书"当中，很容易被看到。在这样的三种东西中，和我们直接有关的只有一样，它就是"伪伊西多尔教令集"(*Pseudo-Isidore*)。"伪伊西多尔"自称是模仿了塞维尔的伊西多尔这位真实的历史人物[14]，假称收入了各种可信的"抄录"，包括各种自使徒教父以来的教宗与宗教会议文件。第二件重要的作品是"执事本笃集"(*Bebedictus Levita*)——无论这个名字还是这种作品都是伪造的——它产生于美因茨或其附近，目的和"伪伊西多尔"一样，是为了"编集"国王和皇帝的法令。作者总共至少"引用"了1721条法令和法律，其中只有不到400条是真的。第三件作品只是一部章节标题集，号称是教宗在785年

---

[14] 按原文自称，该文献集的编者是所谓的"Isidorus Mercator"，故后代学者将其称为"伪伊西多尔"。在伪造的过程中，编者利用了源于西班牙的真实文献集 *Hispana Gallica Augustodunensis*。

送给安吉尔兰主教的。[15]

在政治观念的发展过程中,"伪伊西多尔"具有很关键的意义。大部分基本的观念都包含在里面。所有内容都被简便地集中在两片硬书皮之间;出现了许许多多的抄本,直到14世纪还有。它对教宗制的影响尤其不容低估。尼古拉一世第一个利用了它,后来教宗制把这部集子当成了一个几乎取之不尽的宝库,用它来支持自己的论点。直到一个世纪以前,这件伪造品的全部内容才被整理出来。直到4世纪的西尔维斯特一世为止,所有的教宗教令都被编造出来了。值得注意的是,开启全书的教宗"教令"是克莱门一世写给耶路撒冷的雅各的信。(见上文第23页)不必惊讶的是,伪造者并没有完全准确地保持这封信的内容,他们禁不住诱惑又添加了一些东西(在现代本子中是密密麻麻的十页),充分地发挥了对圣彼得的捆绑与束缚权力的想象能力。许多冗长的"教令"专门强调了教宗管辖权的广泛性,还有严格的社会等级有序化,以及对国王(或皇帝)地位的相应贬低。对伪造者来说,尤其重要的是神职人员要免除世俗的控制,所以才有了教宗要运用所谓的"更高理由"(*causae maiores*)的观点。后来在建立教宗对主教和都主教的控制时,这个观点起了很大的作用。另一个反复出现并在后来很有市场的论点是,在没有得到教宗召集或批准的情况下,任何宗教会议都不得发布具有约束性的教令。(可以理解,"君士坦丁的赠礼"被放在很重要的位置上)就教宗制而言,"伪伊西多尔"最大限度表达了君主制的论调。这种非历史的、一眼就会被读者看出来的胡言乱语并没有被识破,考虑

---

[15] 即教宗阿德里安一世给梅斯主教安吉尔兰的 *Capitula Angilramni*。

到当时的历史感还很弱,这是不足为奇的。正是这种采用"古代"材料的形式,亦即教宗教令的法令形式,使这些伪造品具有了一种权威性,使得后代人很难看出这部作品的真本质。除了《圣经》,"伪伊西多尔"就是教宗制曾经使用过的最有用的文献了。罗马和兰斯汇合成了一条宽阔的河流。不足为奇的是,"伪伊西多尔"中的这么多简练语句都进入了后来的教会法汇编。这样,依靠一部部的汇编,"旧"的法律带来了新的生机,以这种手段增强了它的权威。伪造者们利用相当高超的知识手段,促进了一种政治方案的实现,它将在中世纪(甚至以后)留下自己的烙印。

Ⅲ 国王加冕礼中的政治理念

国王加冕仪式采用的结构、礼仪、象征和祷文都忠实地反映了9世纪观念中强烈的教士性质。直到9世纪,西欧才出现了这样的事情,它很好地说明了中世纪王权的结构。加冕仪式是9世纪神职人员(更恰当地说是主教系统)的努力造成的。不过,是国王们自己支持了神权的政府形式,从而使主教能够造出这种仪式,正是它创造了神权的国王。国王和主教一起工作,加冕的仪式一直都是主教制最维护的特权。每一个姿态、每一种象征、每一段祷文都具有很精练的含义,所以有时加冕仪式要比长篇的学术论著更说明问题。最重要的祷文都产生于9世纪,很多一直流传下来,英国的加冕礼至今还在使用它们。

虽然加冕仪式还没有引起政治思想史家的注意,但很明显的是,粗略的浏览就足以说明,它们显示出了很鲜明的教义。

这里只重点讨论其中的一两种。既然国王们迫切希望强调自己的神权政府，自称"上帝*恩典所立*之国王"，那么，膏立仪式的宗教礼仪化发展就很自然了。这种发展的集中表现是，主教将圣油置于国王的头上，以可见的方式授予恩典。同时念的祷文说明了都主教的中介功能：膏立在那时被当作圣事，而只有主教才能有效地施行圣事。无须详细解释主教在膏立之中心礼仪行为中的关键作用。唯有那种行为才造就了国王。9世纪前期所谓的"弗赖辛祝词"（Benedictional of Freising）就收录了最早的祷文。该祷文也说明了膏立的目的。其目的是使接受仪式的"国王*置于人民之上*，我主上帝将人民给予你，*旨在治理*和*统治*他们"。膏立不仅是为了将国王和其他的凡人区分开来，还是为了说明其统治权的合法性，因为它是神所许可的。这样，国王就变成了"主所膏立者"。直到12世纪，膏立礼才从圣事（sacrament）被降格为圣事性行为（sacramental）——当时已经很明显，膏立的圣事性质给国王带来了无可比拟的优势。然而，9世纪的教义认为，施行的主教所给予的恩惠是可以撤销：膏立并不具有不可撤销的性质，这就是国王和主教膏立礼之间的根本差别。

通过膏立礼，国王被"置于"（如祷文所说）人民之上。意思很清楚：上帝恩典的授予和人民毫无关系，正如许多祷文所说，人民是交托给国王的。国王在人民之外，高踞其上。前述之抽象措辞在加冕仪式中得到了具体的表现。进一步说，祷文强调了人民的较低地位，指出人民是服属于国王政府的："服属于你的人民"（*populus tibi subjectus*）或者说"服属之人民"（*populus subditus*）。在这里我们见到了这个神权政府体制的基本概念，它就是英语中的"臣民"（sub/ject）、德语中的

"臣属"（Unter/tan）。作为下位者，臣民在上位的国王之前是没有权利可言的。还可以引用其他许多祷文来说明，人民对国王的服属是一个中心性特征。当然，他们可以要求恩惠，他们可以提出补偿、建议等要求，但他们却没有权利来实现之。在加冕仪式中，这种抽象的理论得到了具体的表现。国王的政府被行使于人民之*上*；国王不是人民中的一分子。王位也表现了这一点，其高高在上的位置就是为了说明国王的"高踞"位置。正在出现的背叛国王的观念也反映了这一点，它被形象地称为"高级"叛逆（'high' treason）。国王的"尊上"（majestas）称呼虽然源于罗马晚期，却同样表现了他的"上位"地位。在王国里，他确实比其他任何人都"更高"（major）。

　　国王加冕礼非常清楚地表达了他的"上位"（*superioritas*），也就是他的最高统治权。正如其他许多祷文所说，他在王国里是"最高"的。在这一点上，国王和主教的目的是同样的：国王的最高统治权，国王的"至尊权"，只是对平信徒而言的，在加冕祷文中他们被称为"平民"（*plebs*）。加冕仪式的结构是被仔细地设计出来的，它排除了国王对神职人员（尤其是主教）行使最高统治者权利的任何可能性。强调国王具有直面"人民"的最高统治地位，这就明确地支持了国王将自己和人民区分开来的目标。

　　在这种语境中，主教制和王权使用了同样的语言。在事实和理论两方面，国王都通过加冕仪式变成了"教内人员"（*persona ecclesiastica*）；他得到了施行之主教的认可，被纳入了神职人员的结构。（关于教宗将皇帝视为神职人员，参看下文第109页）这一点的关键意义在于，在平信徒和神职人员之间画下了一条作区分的粗线。抽象的教义早就充分地论述了这条界限，但它现在才在加冕的公共行为中得到了显示。可以说，国王发现自己被拉入了教士的阵营。国王越是强调自己的神权职责，主教制和他的联系就越密切。无论他们说国王是怎么治理和统治的，也不可能巧言辩解，得出国王能统治神职人员的观点。

的确，正如加冕礼的祷文所说明的，国王有责任规定法律，但这种法不能与神法相矛盾，只有主教才有权解释神法。在860年，兰斯大主教辛克马[16]得意地告诉国王[17]："我当上兰斯大主教没有靠你，但你在王国中的统治是靠我们主教选立的，条件是你得遵守法律。"尽管一直存在着某种选立国王的做法，但没有记载表明在加冕仪式之前要有任何形式的选立，就连暗示也没有。相反的是，祷文非常清楚地说明，"是我们（指主教）选立了"国王。看起来不存在任何先进行的选立。辛克马的说法如实地反映了加冕祷文的要旨。（关于选立的含义，参见下文第135页）加冕祷文又一次坚决地强调了国王与主教各自的职责：后者治疗灵魂，而前者是"基督的斗士"（athleta Christi）和"上帝的耕夫"（cultor Dei）。我们又见到了伊西多尔式的旧观点得到了实际应用：国王的责任就是持剑，为司祭的话撑腰。国王要发挥斗士的作用，令作恶者"恐惧"。

在作为国王臣民的人民和神职人员（尤其是主教）之间有一条巨大的缝隙。虽然在早期这对国王有一定的好处，但不能怀疑的是，在中世纪盛期国王常常陷入与教会人员的斗争，那

---

[16] Hincmar曾任兰斯大主教，是加洛林时期的重要教会人物和政治人物。
[17] 指洛林国王Lothair Ⅱ。当时他抛弃了原配的王后，引发了长期难以解决的道德与政治问题。

时他完全可能希望撤销神权统治所建立的联系。这条缝隙也大大加深了国王与人民、人民与国王的疏离。无论如何，去控制国王的一切尝试都被神权的论点击败了：人民没有任何的权力；反过来说，他们就像未成年人一样被托付给了政府。在根本上，这种观点解释了为何在神权政府中国王的暴虐是一个无法解决的问题。在评价加冕仪式时，不能忘记的是，加冕的那天是中世纪国王的在位期开始实际计算的起点。在加冕以前他只是"公爵"或"王子"而已，所以才会有从加冕那天起，而不是从继位那天起来计算国王在位期的做法。实际上，加冕仪式以非常有力的方式体现了政治学说的各种相关特征：让予的原则，服属的以及相应的臣民必须服从的原则，给予法律（而不是制定法律）的原则，最后还有国王最高统治权的观念。可能没有任何一种中世纪因素像加冕仪式一样强调了人民的"卑下性"。加冕礼的基本结构是起源于9世纪的。它十分适合该世纪的强烈教会性质。它在整个中世纪时期不断得到应用，变成了神权王权的有力支持因素，同时也阻止了人民从王权的监护中解放出来。

值得注意的是"伪伊西多尔"和加冕礼所反映之思想的相互影响，许多宗教会议都体现了这一点。例如，916年霍亥纳尔泰姆会议（Council of Hohenaltheim）的教令就很熟练地将某些"伪伊西多尔"的基本原则与那些国王加冕礼中的东西结合了起来。会议强调了社会的严格等级秩序化，这就向国王[18]

---

[18] 911年，加洛林王室的东法兰克一支无后，法兰克尼亚公爵康拉德一世（Conrad I）被选为国王。在各路强大诸侯的挑战下，在Hohenaltheim宗教会议上他试图利用教会的力量来巩固自己的地位。

伸出了保护的援手，防止国王的地位受到公爵们的挑战。针对国王政府的叛乱（我们不关心实际情况）被定性为神的敌人，因为他们反叛了"主所膏立者"。进一步说，他们以为自己是很有资格的，他们利用了神法的至高性，裁判了若干被认为是在反抗国王的平信徒诸侯。他们宣称，任何造成国王死亡，或威胁其生命，或以一切方式参与反国王图谋的人，都应当受到法律惩罚并永受谴责。

虽然这种宣言在当时有一定的直接效果，但总体上这种纲领性的东西并没有得到实施。在10世纪，我们所看到的是现实与意识形态之间的巨大张力。不用怀疑的是，主教制极大地依赖于国王，其程度超出了他们自己的意愿。他们缺乏手段、协作和必要的权威支持。实际上这些正是他们自己的纲领所要求的，那就是统一领导的政策。在要求充分地自我实现的教士权力面前，专有教堂制是最有力的障碍，但国王仍然面临着危险。不论在实践中国王能在多大程度上控制高级神职人员，那种相当成熟的意识形态所发挥的效果都是不能否定的。在国王那边，没有人拥有足够的思想武器来建立某种王权的、平信徒的论点。除此以外，难道国王对政府神权形式的强调没有使自己落入教士一方的手中吗？除了这种考虑，还要想到高级神职人员毕竟在文化上有优势得多，也要比那些想单凭自己的力量来建立政治理论的平信徒更有条件。神职人员拥有一个为国王所缺乏的纲领。基督教的观念具有压倒性的力量，造就了神权的王权制度，而这种王权又为有文化的主教制对它进行干预打开了大门。国王确实摆脱了将其先辈与人民束缚起来的纽带，但更强大的纽带将他与那些传递上帝恩典的人束缚了起来，使他变成了"主之膏立者"。一旦完全成熟的教宗派意识形态开始发挥作用了,古代的杰拉斯论点就会得到具体而明确的应用。国王们是否履行了神的托付,到最后审判的时候教宗将要做出总结。在中世纪,政治思想的发展在很大程度上是由祭司一方主导的:工具、文献和材料都是由他们来支配的。还有哪些人能具有类似的有利条件呢?

Ⅳ 西方帝国的意识形态

10世纪的实际历史形势并不是由思想的发展决定的。欧洲还没有摆脱维京人和马扎尔人(匈牙利人)入侵的影响。法兰克帝国衰落了,分解成了若干个强弱不等的部分;同时由于歉收等方面的影响,经济形势也处于大衰退之中;西欧明显的不稳定容易促进地方主义力量的发展,在当时看不到任何建设性的纲领和思想。很明显,在这样的形势下任何意义上的思想发展都不能发生。在德意志,亨利一世(919—936年在位)[19]的有力统治带来了秩序。不容忽视的是,在西方所有的国王中只有他明确地拒绝了膏立礼。很明显的是,在继位时这位原先的萨克森公爵已经认识到,在教会首领所施行的膏立礼背后,潜藏着严重的恶果。(当时的编年史家威都金特[20]以国王的谦虚来解释他的拒绝)他以一位文书负责自己的中书机关达五年之久,这更加清楚地显示了他的政治观念——中书一直都是高级教士的训练场,也是国王挑选主教人选的储备库。他的宫廷里

---

[19] 即奥托王朝的第一代国王"捕鸟者亨利"。
[20] 指10世纪的萨克森编年史家 Widukind of Corvey,并非在8世纪末率领萨克森人反抗查理曼,后来被称颂为民族英雄的 Widukind。

也没有王家礼拜堂。这位国王的统治逆转了原先的趋势，也就是王权的教会化。但在那时这个目标是不可能实现的——这位国王的统治在事实上也说明，没有高级神职人员的积极配合，它就不可能成功。后来亨利自己也被迫改变了自己的政治原则。

亨利一世的例子很重要。它有力地说明，没有教会圣统制的参与，10 世纪的国王就不可能长期维持有序的统治。他的儿子奥托一世（936—973 年在位）的统治是一个重要的转折点。教宗制发现，现在的形势又类似于两百年之前了。奥托证明自己是将欧洲从马扎尔人的威胁中拯救出来的救世主。他付出长期的努力，在德意志建立了和平，还以征服为手段，在 951 年成为意大利的国王。教宗约翰十二世要求奥托的援手，抵抗卷土重来的伦巴德军队的威胁。不过，使他的请求变得特别有意思的，还是颇具威胁的拜占庭图谋：意大利的南部，阿普里亚和卡拉布里亚等地，都是拜占庭的土地，都是由拜占庭皇帝的官吏治理的。在 10 世纪 50 年代，拜占庭又在试图向北推进了。虽然当时教宗制正处于衰落当中，它还是清楚地意识到了帝国军队对自己的威胁。约翰十二世抛给奥托一世的诱饵就是皇冠——也就是说，承认他是一位罗马皇帝，所以他当然不能忍受拜占庭的任何再征服。而拜占庭一方还没有放弃过——也从来没有放弃过——罗马帝国合法体现者的身份；它的恢复罗马的主张也是不难理解的。

962 年的圣烛节，奥托庄严地加冕了。罗马帝国在西方的重生开始了教宗制和德意志在随后几个世纪里的紧密结合（我们并不关心这个特点），也为许多重要政治观念的发展揭开了序曲。在政治方面，最直接的影响是罗马教会几乎变成了德意志的专有教会。相应地,当选的教宗必须向皇帝的使节宣誓,后者负责判断候任教宗者是否胜任其职位。这是一种得到实施的君主制原则,因为只有君主才有权判断一个职位的候任者是否胜任。这也解释了专有教堂制在德意志的广泛扩张,那时它已经包括了全部重要的主教区和都主教区。新即位的皇帝有充分的理由将这种原则应用于教宗制本身,因为有充分的证据说明,为他加冕的教宗约翰十二世是很不称职的。这份被称为963年12月6日《奥托授权》(*Ottonianum*)的著名文件体现了这样的安排。它为日耳曼人对教宗实施的严格的君主制控制提供了宪制上的基础,一直到1059年为止。在这个时期有25位教宗,其中至少有12位是由皇帝直接任命的,有5位是由皇帝罢免的。

　　西方罗马皇帝位的观念是教宗制的思想产物,为了理解中世纪的西方罗马皇权[21],这是一个很基本的事实。对罗马皇帝的创造是教宗制借以成功地摆脱东方的工具。(见上文第64页以降)在接下来的时期里,这种原意始终存在。自从奥托一世以来,西方的皇帝们都把自己当作罗马恺撒的正宗继承人,将(古代)罗马的普世观念赋予皇帝位——我们记得,皇帝被称为"世界之主"——结果,他们对罗马皇帝位的理解是与教宗完全相同的,这就与查理曼形成了鲜明的对比。这一点在9世纪就已经露出了端倪(见上文第64页以降),但从此以后,这种观念才具有了实际的意义。拜占庭皇帝被降格为希腊国王。在西方的皇帝看来,希腊国王对罗马皇帝位的要求是希腊人的傲慢和狂妄的结果。但西方观点的预设是,教宗为他们

---

[21] 指中世纪的神圣罗马帝国皇权。

加了冕——没有教宗就不能，也不会出现西方的罗马皇帝。在西方皇帝的形成过程中，教宗发挥了建构性的作用。这与拜占庭的做法形成了尖锐的对比。在拜占庭，牧首在加冕礼中的作用只是宣告一下事实而已。换言之，西方的预设是教宗的罗马皇权意识形态得到接受，因此，教宗派罗马皇权意识形态的基础——"君士坦丁的赠礼"（需要指出，在奥托一世加冕时，约翰十二世为奥托而拿出了一份专门用来粉饰的伪造品。参见下文第98页），也就间接地得到了接受。进一步说，作为罗马恺撒真正、公认的继承人（如果只考虑历史标准，不考虑教宗派的意识形态标准），东方的皇帝总是自主的、被正确地理解为自我做主的统治者（Autokrator）——这个特征正是西方的皇帝所欠缺的：他是教宗所造就的（后来也会被教宗罢免）。教宗总是利用一种目的论的论证，说皇帝是为特殊的目的而产生的，就是捍卫整个基督教世界的典范，即罗马教会。皇帝是教宗制的粗壮臂膀，而教宗制将自身理解为一种普世性的政治机构。有名的日月之喻就以比喻的方式反映了这种政治观念（根据这种比喻，月亮从太阳那里得到它的光，太阳代表教宗，而月亮就是皇帝）。

在这个世纪里，无论教宗制的实际权威多么弱，奥托一世的继承者们都非常需要皇帝的加冕礼。毋需强调的是，延续下来的这种做法只会强化教宗派的意识形态。正是在这个基础上，到后来的12世纪，教宗制才能提出古代的杰拉斯观念，认为皇帝的统治权来自神的善举、神的封赐（*divinum beneficium*），其外在表现就是"宗座恩惠"。让予的原则因此就传递到了最显赫的世俗统治者身上。凭着身为神、人之中间人的职责，教宗将这种"神的善举"传递给了皇帝。日耳曼人试图反对这条基本的教宗派原则，认为德意志国王是"罗马人国王"而非日耳曼人的国王，他根据自己对意大利所行使的王权，对皇帝位具有一种权利，而教宗有义务来授予之。当遇到考验时，就很容易发现这种主张是毫无历史或意识形态的基础的。在罗马人皇帝的形成过程中，教宗制一直都在宣传某种重要理念，它直接关系到基督教社会中的政府问题：罗马人皇帝的概念是为教宗服务的，它是一种工具，旨在创造一位具有普世意义的帮手。他就是受召者（advocatus），执行教宗纲领的粗壮臂膀。因此，皇帝也被称为"罗马教会的特殊儿子"。

对德意志国王来说，罗马皇帝位概念的吸引力是不言而喻的。当然，由教宗来加冕为罗马皇帝，并没有为他的王权增加任何实际的权利。但是，这个头衔所带来的，不只是一种普通的地位、较高的位置或所谓的威望——中世纪的国王并没有感性或浪漫到那种地步——而是一种普世性统治权的证明。实际上它意味着，东方的皇帝不是一个竞争对手，而是一个敌手。教宗派对拜占庭的敌视就这样传递给了西方的皇帝。实际上，在与拜占庭相对的意义上，教宗制和它的造物，也就是西方的皇帝，并没有什么区别。那种对立只有一个目的：不是将拜占庭降低到彻底地依附于西方的地步，就是消灭它。10 到 13 世纪的时期说明，西方的皇帝们使用了各种的手段来将西方的皇权意识形态转变为现实。皇子与拜占庭公主之间的婚姻就是这样一种手段；主动的军事行动，例如腓特烈二世在 12 世纪的行动，也是一种手段。在 11 到 13 世纪，他们还向包括俄罗斯在内的东方派遣传教士（所谓的日耳曼殖民计划），来削弱拜占庭影响下的边缘地区。还通过数额巨大的经济勒索来削弱"东方"的力量（12 世纪末）。最后，同样重要的是日耳曼人在 12 世纪获得了西西里,它在至关重要的地中海提供了一块跳板。腓特烈一世之子亨利六世首次占据了西西里,他对拜占庭采取了进攻性的政策,见证了拜占庭现在所面临的致命危险:她已经受到了包围。[22]在根本上,十字军的观念是压制拜占庭的又一种手段。[23]正如十字军运动的创造者教宗格列高利七世[24]在1074年(东西方正式分裂[25]二十年之后)所公开说的,罗马教会与君士坦丁堡教会这两大教会之间的联合,就是那次(未能实现的)十字军的目标。1204年,君士坦丁堡终于落入了"十字军"的掌握,这时英诺森三世就能够呐喊说,君士坦丁堡教会现在向母亲罗马教会回归了。[26]从5世纪到13世纪初,对教宗制来说,所欠缺的就是拜占庭对其首位地位的承认;而且,正如我们所见(见上文第49页),君士坦丁堡的帝国政府对那种地位的否认,导致了最严重的后果。教宗制发现,唯有创造出西方的皇帝,才能有效地在现实政府中实现其

---

[22] 腓特烈一世(即腓特烈·巴巴罗萨,于1152—1190年在位)、亨利六世(1190—1197年在位)和腓特烈二世(1215—1250年在位)都是霍亨施陶芬王朝的德意志国王、神圣罗马帝国皇帝。
[23] 援助拜占庭并团结东方的教会是发动十字军运动的直接原因之一,为了突出自己的论点,作者片面地忽略了明显的史实。
[24] 在1071年的曼奇克特(Manzikert)战役之后,拜占庭帝国受到了塞尔柱突厥人的严重威胁。格列高利七世曾经策划过支援拜占庭的远征,但未能成功。历史上的第一次十字军是教宗乌尔班二世于1095年发起的。
[25] 针对1054年的东西方教会大裂教而言。
[26] 指第四次十字军(于1202年从威尼斯起兵)背弃了进攻埃及穆斯林的原定目标,反而攻占了基督徒的城市Zara(今克罗地亚城市扎达尔)和君士坦丁堡的历史事件。作者未能指出的是,虽然第四次十字军是英诺森三世发起的,但Zara和君士坦丁堡事件的直接原因是威尼斯人的物质利益和企图复国的拜占庭王子阿列克修斯的引诱;英诺森三世本人曾经以绝罚为手段来反对,但未能见效。应该说,支持对君士坦丁堡的进攻与乐于见到东西方教会的合一,这是两个不同的问题。

首位和管辖的地位。相应地，对西方的皇帝来说，所欠缺的则是拜占庭对其作为（唯一）罗马恺撒之地位的承认。无论是为了理解教宗派"政治"观念的发展，还是为了理解西方的皇权"政治"观念，拜占庭都是关键。纯粹的意识形态决定了历史事件的路径，而那种意识形态正是从罗马人皇帝是唯一"世界之主"的观念中产生出来的。

但是，由于西方的皇帝只是教宗为特殊目的而创造出来的一个人格化概念，皇帝就不具备所有一切能在外在方面显示其最高统治者身份的东西。所以，从10世纪后期开始，西方就开始采用典型拜占庭式的徽章、仪式、象征、习惯、名称、职务等等，这一切都是"那边"的东西。很明显，罗马皇帝的法律（查士丁尼的法律书）也开始变成西方皇帝的法律。对那些法律书的采用，主要是在奥托三世[27]在位期间，也就是10世纪末开始的。在不过几十年的时间内，整部《查士丁尼法典》就充分地得到了采用。西方皇帝的法律融入了《法典》。君主统治的措施在罗马"世界"，亦即罗马-基督教世界内的表现越来越明显了。在11世纪的一段时间里，西方的皇帝将教宗的称号"天主众仆之仆"（servus servorum Dei）与"罗马人皇帝"的称号结合起来，从而强调了他具有王权-祭司性质的君主地位。这个称号所突出的政治理念在对教宗的任命（和免职）中，在其他许多方面，都得到了具体的体现。奥托三世已经对"君士坦丁的赠礼"的本质很清楚了，将君主制的理念变成了现实。（通过执事约翰[28]，奥托三世已经了解了"赠礼"

---

[27] 奥托王朝的德意志国王与神圣罗马帝国皇帝，于983—1002年在位。
[28] 可能就是威尼斯最早的编年史家 John the Deacon of Venice。

的伪造性质。在奥托之祖父在罗马的加冕礼上[29]，是约翰制作了"赠礼"的伪饰品。后来这位约翰与教宗约翰十二世发生了矛盾，在964年以前被教宗斩断了手指，因此得到了"断指的执事约翰"这个诨名。他逃到了奥托的宫廷里，揭发了"赠礼"的秘密。据我所知，这是中世纪期间"赠礼"的伪造性质第一次，也是最后一次被讲出来。上文所涉及的文件被保存在教宗档案馆里，直到19世纪才为外界知悉。）1001年，他对那种"想象的虚构"置之不理，径直运用自己的权威，将若干地区送给了圣彼得，也就是继承他的教宗（西尔维斯特二世）。对"君士坦丁的赠礼"的撤销，其意义在于教宗变成了现任皇帝的受益人，皇帝出于"他的慷慨"而赠予教宗。正如奥托所说，教宗是"罗马世界中的首席都主教"。在这个文件中，被称为"皇城"（*urbs regia*）的是罗马，而不是君士坦丁堡。因此，如奥托所称，罗马是"世界之首"。受到刺痛的，除了拜占庭还有教宗制。那时教宗制已经衰落了，下降到了在本质上和君士坦丁堡牧首没什么区别的地位。构成悖论的是，这正是教宗派所创造的罗马帝国意识形态造成的。

正因为皇帝们是基督教君主，他们的政府才殷切地关注已经很有必要的教会制度改革问题。凭借专有教堂制，不管怎样，教会已经处于他们的控制之下。11世纪前半叶，是皇帝的政府所推行的改革的年代。皇帝自己对神职组织的净化实际上变成了政府行为。这才有了通过授职来进行的教士任命，其数量确实是数以百计的。对教士职位、对国王与皇帝之封赐的授予，在授职时同时得到了体现。没有什么办法更能体现君

---

[29] 指奥托一世在962年的加冕。

主的职责了。完全可以假设这样一个问题：如果日耳曼人没有变成罗马帝国意识形态的囚徒，罗马教宗制会面临怎样的命运呢？这个假设性的问题还可以被用在丕平和查理曼在8世纪的干预上面。他们并不是罗马皇帝，但却关心对圣彼得继承人权利的侵犯，所以才会进行干预。

唯有对司祭之"首领"，也就是教宗本身进行改革，才能完成对教士的再造或者说是改革。因此，为了施展身为最高统治者的能力，在基督教社会中实现君主制政府的理念，皇帝亨利三世[30]（1039—1056年在位）采取了激烈的措施，除掉了教宗并以自己的人选取而代之。[31]这些人的才干确实与那些被取代的大为不同。现在那些执掌罗马教宗制的人，将许多来自阿尔卑斯山以北，来自法兰西和德意志的有识教士召到了罗马。以这样或那样的方式，这些人对那些被视为理所当然的观念表达了深刻的怀疑，那些观念为当时世俗统治者的政治意识形态提供了基础。这些人是狂热的教权分子，他们在罗马教会中占据了有实权的位置，他们不懈地追求着自己的纲领。亨利三世的猝然逝世为他们提供了良好的条件，使他们有机会在不到二十年的时间里逆转形势。正是这些人使教宗－教权派的政府体制臻于成熟。

---

〔30〕 萨利克王朝的德意志国王与神圣罗马皇帝。
〔31〕 在1045—1046年，罗马出现了本笃九世、西尔维斯特三世、格列高利六世三位教宗相争的混乱局面。亨利三世以皇帝的权威同时否定了三者，另外任命德意志人克莱门二世为教宗。在1048年和1049年，亨利三世又支持另两位德意志人达马苏斯二世和利奥九世为教宗。

第四章　成熟期的教权理论

I　主要特点

这里需要说明一下教权意识形态的本质。根据这种学说,作为圣彼得的继承人(见上文第25页以降),教宗有权、有责任来领导信众的团体,亦即教会。教宗如此行事的手段,是凭其最高执法职责而颁布的法律。它具有普世的效力,涉及事关基督教社会之根本利益和结构的方方面面。显然,从教权理论的观点来看,唯有教宗才有权判断该团体之利益何在,又有哪些事实、情况、行为和情境系其根本关切。他是"常设法官"(judge ordinary),号称拥有专门的知识,懂得在何时需要立法。教宗的职责如同真正的君主,治理着托付给他的团体。这种理论的另一个根本特征是机构的层层等级,以此确保整个团体的所谓的有序、顺畅的工作。当每个人都能各司其职时,这种秩序就得到了维持。主教们有他们的特殊职责,国王也是如此。一旦国王或主教干涉或妨碍了另一方的职责,秩序就受到了破坏,失序随之产生。对职责行为的限制是教权论的特点。

换言之，分工的原则（the principle of division of labor）是这种理论中的根本性结构因素。最高的指挥控制、最高的权威（主权）仍然属于教宗。他处于信众团体之外，高踞其上，如"舵手"般发号施令，就像一个"统治者"（gubernator）。

考虑这种理论时，需要注意的是表达神职人员与平信徒之关系的象征手法。经常使用的比喻是灵魂与肉体。灵肉之喻被反反复复地使用，以说明平信徒和教士的地位高低不同，说明正如灵魂管着肉体，教士也同样管着平信徒。其结果是，正如11世纪中叶的安贝尔枢机[1]所论，国王是教士的粗壮臂膀，而教士才是整个教会的眼睛，知道自己该做什么。在解释这一对照时，我们不能被单纯的比喻误导。灵与肉的隐喻手法想表达的是，因为基督信仰是整个教会的牢固纽带，因为对信仰的解释是教士的工作，所以作为社会的外在规范者，法律本身也要以信仰为基础。在因果关系上，信仰和法律是密切联系的。这个比喻中的"灵魂"正是正当与法的纯粹理念，是纯洁无瑕的基督教正当生活的理念。信仰对法律或立法行为的要求，只能由那些有眼力的教士来辨别。也可以说，既然每一种法都是为了体现正义的观念，既然正义是基督教信仰的根本要素，这个比喻中的"灵魂"也就是基督教的正义观念。毋庸置疑的是，这种观点就是中世纪的"法治"，显示了法律至上的观念。可以说，信众的团体只能由基于（基督教）正义的法律联结起来。这种正义一方面外在地显示了信仰，另一方面也反映了目的论的观点，因为法律是信众团体得以实现其目的之恰当工

---

〔1〕即 Humbert of Silva Candida（约1000—1061），11世纪的神学家，促进了利奥九世和格列高利七世的教会改革。

具。简言之，法律是灵魂，治理着基督徒组成的身体。中世纪的法律主义，尤其是政府的教权形式，就这样找到了现成的解释。经常有人说，只有借助法律，一个公共集体才能生存、发展并达到目的。[在此基础上很容易将统治者理解为"活的法"(*lex animata*)。当然，这整套观念只存在于自下而上的政府理论当中，"君王的意志"在其中构成了法律的实质性成分。可以说，正是这种意志，将生命注入或赋予了社会有机体。实际上这种观念起源于希腊，在那时统治者被当作 *nomos empsychos*，*lex animata* 是对它的字面翻译。]在教权理论中，国王服属于祭司的治理，其基本理念是国王没有足够的能力来规定那些事关基督教社会根本结构的法律。在根本上，这种灵与肉的论点只是表达了以法律来治理公共集体和社会有机体的理念。

结果是，在格列高利七世在位期以来（1073—1085）才臻于成熟的教权意识形态也给予法律以特别强调。事实上，这位教宗竟然以教条的形式来主张，是"法的纪律"使国王们走上了得救之路。无论如何，神将王国托付给他们，因此他们更应当显示出自己是"爱慕正义者"(*amatores justitiae*)，而作为基督教信仰的一部分，正义只能由罗马教会来解释，相应地它也被称为"正义之座"。国王的义务是服从教宗的命令，他是教宗的一个子民，所有基督徒在任何情况下都是其子民。主要凭着积累下来的知识和学识，凭对加冕礼的解释，目的论论证就得到了最准确的表达：上帝将公共领域中的权力赐予国王的目的是惩恶。如果恶不存在，物质之剑的权力就毫无用武之地了。据此，教宗要求依法施行"普世之治"(*regimen universale*)，毋需有事、人之分。圣彼得的权力是全面的，没有一个人、一件事能逃避教宗的管辖。例如，格列高利七世就以堪为师表的清晰口吻宣扬道：

> 如果圣座有权裁判精神事务，那为何不能裁判世俗事务呢？

在另一个场合他又说：

> 如果圣彼得的教座决定和裁判属于天上的事务，它就更应当决定和裁判地上的、世俗的。

从教宗派的角度来说，教宗确实承担着非常沉重的负担，不仅有精神性的任务，还有世俗的事务，他自以为要对在其控制和掌管下的信众团体负责。显然，教宗的政治权力与国王尤其相关，因为他们掌握着执行教宗命令与教令的手段。进一步说，出于上述的道理，国王也是"教内人员"，惩恶也是他的职务。正如教宗们所反复强调的那样，王国与国王的灵魂都处于他们的权力之中。不过，发展起来以后的教权派纲领也承认，只有当信众团体的基本和根本利益需要教宗进行干预时，教宗的管辖权才能施行。英诺森三世（1198—1216年在位）以他惯有的简练语言，极好地表达了这个原则。他认为，封建事务本身是与教宗的管辖权无关的，只有在涉及罪的问题时，它才能充分地展开。"以罪之理由"（*ratione peccati*）[2]是表达至高的教宗权力的专门术语。事实上，判断何时牵涉到罪的裁判，也正是

---

〔2〕 这里所谓的"罪"是信仰、道德上的概念，不是刑法意义上的犯罪。

教宗自己。

同时，垄断《圣经》的过程（见上文第78页）也在疾步前进。教宗以《耶利米书》第1章第10节中的话自道："我今日立你在列邦列国之上……"，因为在英诺森三世看来，这就是教宗的"特殊权力"（这是该术语的首次出现）。这不过是清楚地表达了君主制的原则而已。这位英诺森三世还宣扬说，他虽然低于上帝，但却高于凡人，这就把教宗派观点的本质最清楚地暴露出来了，也就是教宗高踞信众团体之上的至高地位和最高统治权。正是凭着"至高"的地位，作为教宗的统治者制定法律。12世纪的发展导向了以教宗为"基督代牧"（the vicar of Christ）的概念，这只不过是强调了这种观点。教宗的基督代牧权本身对教宗的职权并无影响。他的权力并没有增加。基督代牧权的概念所强调的是，据称为圣彼得所有的代牧权力是来自基督的。以继承的方式，这些权力被传给教宗来行使。这个概念深思熟虑地明确了教宗的职责，结果使一些本来只是就基督而言的《圣经》文句被直接用到了教宗身上。例如，《马太福音》中的话"所有的权柄都赐给我了"〔3〕。教宗的基督代牧权显示出，教宗是天地之间的连接点。因此，英诺森三世才说，他的教令也就是基督本人的命令。而英诺森四世（1243—1254年在位〔4〕）认为，教宗表现了基督的"有形存在"。与这种理论非常一致的是，教宗的政府被视为一种真正的君主制（monarchatus）。正如教会法学家所论，他手上的"天国的钥匙"已经变成了"法律的钥匙"。格列高利九世（1227—1241

---

〔3〕《圣经》原文见《马太福音》28：18。
〔4〕作者原文作"1245—1254年"，应系笔误。

年在位）就这样简洁地表述了这种君主制理论：

> 当基督升天以后，他在人间留下了一位代牧，因此所有想当基督徒的人都应当服从于这位代牧的治理。

根据上帝是地上万物之创造者的观点，英诺森四世提出了这样的主张：每一个受造的人（不止基督徒）都是教宗的子民（根据教会法学家的学说，教宗"在法律上"，而不是"在事实上"成为普世的君主）。的确，教宗对所有人的肉体和灵魂均拥有——至少是号称拥有——最高统治者的身份，如那位格列高利九世所论。在他之前，英诺森三世也表达过相似的理论，他认为俗世的君王只对肉体拥有权力，而司祭的权力遍及天上、地上，还包括了灵魂。

因为教宗是信众团体的君主，他就主张他的法律和所有人、所有事都息息相关。就算能够在精神和世俗事务之间划出界限，对教宗的政治意识形态来说，这种区别也没有实际意义。既然教宗治下的信众团体的目的在于彼世，任何所谓世俗的东西都要服从于那精神的目的。圣彼得早已讲得足够清楚，精神的要优于和高于凡俗的、可见的、有形的或者说是世俗的。通过垄断的过程，教宗制将圣保罗的观点据为己有。前面已经引用过格列高利七世的一些论述，但12、13世纪的别的教宗们也发表过很多类似的观点。对当时那些不那么巧言令色的人来说，那些教宗的实际统治已经干预到了一些完全可谓纯粹世俗的事务。在根本上，教宗派立场的立足点在于，基督教占据完全的人及其所有的活动，不将其分割为不同的部分。这种观点会导向"极权"的政府体制。如果世俗事务能被排除在教宗权力之外——我们将会看到,王权一派的反对观点正是如此主张的——它就不仅和圣彼得的无所不包的捆绑与束缚的权力相矛盾了,还违背了基督教的本质,至少在教宗制看来是如此。在教宗派的政府设计中,无论世俗的事务还是世俗的统治者都不能拥有自主的、独立的、自生的地位。一切都只是实现目的之手段而已。教宗是君主般的最高统治者,处于信众团体之外,高踞其上。(或许需要说明,教宗不属于教会本身,处在信众团体之外,高踞其上的观点只是就其作为治理者的身份而言的。根据所谓的教宗私人身份学说,作为一名基督徒,他当然是教会的一个成员,需要有自己的告解司祭。)这个团体是同一的(根据圣保罗的说法,"我们在基督里成为一身"[5]),不可分割。一言以蔽之,身体的统一要求政府的统一。在教宗的君主制之中,在认为他作为"监督人"(*speculator*)要对与团体福祉有重大关系的一切事务负责的理论中,这就得以显明了。

正确地理解的话,君主制的观点也解释了教宗的行为和教令不对任何人负责的原因。我们已经讲到,"教宗不受任何人裁判"的原理以中世纪的方式表达了他的最高统治权。(见上文第29页,关于国王的同样理论,见下文第132页)教宗是上诉的最终仲裁者和法官;为教廷的裁决而上诉于宗教会议的做法会遭到异端嫌疑的指控。但他的充分权力完全是以法律的形式来理解的。他的权力与无所不能的神权无关。反教宗的指控,"教宗若是基督代牧,他为何不能展现奇迹?"——这主要是14世纪初的法兰西人提出的——真的是不得要领。教宗

---

[5] 见《罗马书》12:5。

从未主张圣彼得的权力具有法律权力以外的其他含义,它并不预设任何"神圣的"或如同神一般大能的权力。教宗君主制经典地表达了自上而下的政府理论。将可强制性效力给予教宗法律的实质性要素是教宗的意志。它运用了古代的"君王意志"(*voluntas principis*)的原则,将可强制性给予了法律。既然法律是给予臣民的,他们就有服从的义务。格列高利七世规定,只有毫无二心地接受教宗教令的人才是真正的天主教徒。

利奥一世(见上文第26页)清楚地阐述了教宗本人和教宗职务的区别。可能还没有任何体制拥有过这么有用的政府学说。这样一来,每个教宗的人格、品性和行为都被推至幕后。在前台受瞩目的,是职务和源于该职务的法律或教令。教令或法律的有效性一点也不依赖于教宗的人身。一切针对教宗个人行为的指控,都会被(也确实被)斥为不相干的事情。最终,教宗的君主地位还表现在,他有充分的自由来改变前任所颁布的任何法律。没有一个教宗能够约束他的继任者(正如现在的议会不能约束下一届议会),这一点可能是最能说明教宗作为君主的最高统治者身份的。潜在的理念是,在职责上每个教宗均不继承其前任,而是直接地继承了圣彼得,毋需任何的中介者。在教宗身上,圣彼得的权力延续着(当然,对教宗的主教地位来说,俗世的继承还是必需的)。圣彼得地位和职务在教宗身上的直接延续在根本上解释了,为何中世纪的教宗是如此谨慎,不肯承认他的前任曾经犯过错误。因为那样的承认差不多就是说,被授予基督代牧权的圣彼得本人也犯过错。

任何一种君主制政府形式的施行,都需要对下属公职人员的牢固控制。对于教宗君主制,这就意味着对主教制的控制。没有这种控制,国王和教宗都不能有效地实施政府权力。因

107

此，在"授职权之争"期间（其主要阶段发生在格列高利七世在位期间），在教宗制和国王，尤其是德意志国王之间发生了激烈的冲突。在政治亦即执法的意义上，主教对教宗的服属是分步进行的。开始是为主教职务向教宗宣誓，接着是按规矩拜见教宗，最后是非常重要的对主教的授衔，"得上帝与使徒圣座恩典之主教"（*episcopus Dei et apostolicae sedis gratia*）。为了实现这种重要的控制，就要对教宗与主教之间所存在的（或被认为存在的）宪制性关系做出清楚的论述。同样地，这项工作需要很长的时间来完成。虽然在表面上它开始于格列高利七世在位期间，但在一定的程度上，也可以说"伪伊西多尔"的伪造就已经是一种预示了。它达到高峰时的观点是，主教从教宗那里得到了治理教区的权力，但这种论点并不涉及主教施行圣事的身份。因此，教宗对主教的罢免或停职，是就后者被撤销或停止的治理权力而言的。他依然是主教，只是不能继续治理教区了。这种观点受到了主教方面的极力抵制，因为主教们强调说，他们的圣事职务是与教宗相同的。进一步说，他们可以求助于对《马太福音》第18章第18节的解释（教宗则依靠《马太福音》第16章第18节）（见上文第22页），所以非常不愿意承认教宗派的立场。主教派的观点并没有被消灭，但在12世纪以后受到了压制，在14世纪后期又以宗教会议至上论的样子出现了。而教宗派的立场是主教的治理权力来自教宗，他拥有充分的权力，而主教们只不过是分享了一些而已。

同样地，教宗派的政府纲领在逻辑上也必须要求对世俗的统治者实施控制。对于罗马人皇帝和其他国王而言，这种控制是根本不同的。教宗派意识形态坚持认为，德意志国王对帝国的皇冠并无权利，它只不过是"使徒宗座的恩惠"而已。（见上文第 95 页）到 12 世纪后期，所谓的"帝国的转移"理论已经发展起来。按它说来，是教宗将皇冠从"希腊人"[6]那里转给了日耳曼人。这其实只是为了以历史的方式来解释"君士坦丁的赠礼"。英诺森三世经典地表述了教宗派的帝国学说。他主张，由于没有人对一项恩惠具有自己的权利，德意志国王对皇帝位也没有什么权利。国王必须得到教宗的批准，还要经过确认和加冕。英诺森三世认为，如果有人对皇帝位拥有权利的话，教宗就毫无选择了，实际上就不得不给异端分子、暴君和低能者这样的人加冕了。在教宗给他加冕之前，他不是罗马人的皇帝，而只是一个候任者。教宗派学说所始终坚持的，是他有权检查国王对于皇帝位的胜任性，因为国王就是教宗制的臂膀。

不止于此，从 9 世纪开始，教宗制还尽了很大的努力来提炼它的政府理念，在皇帝的加冕仪式中体现它。正式的（也是最中世纪的）皇帝加冕仪式是英诺森三世制定的，他准确而高超地将教宗派的理论融入了加冕的仪式象征系统。完全抽象的思想再次在具体而易于理解的方式和行为中得到了体现。每一种象征物——指环、剑、节杖、宝球、冠冕——都伴随着祈祷的文本而授予，以防意义被混淆。实际上，皇帝的膏立在礼仪上要比国王的膏立低一个层次：因为它所使用的不是圣油，而是一种较低级的油；它不是膏在头上的（如同国王的仪式那样），而是膏在肩胛和右臂（这是国王用来挥剑的）之间。另一个显著的特点是受选的皇帝对教宗的宣誓，许以忠诚、保护和捍卫的诺言。同样重要的是，受选的皇帝被教宗变成了神职

---

[6] 指操希腊语的拜占庭人。

人员——他有权穿戴教士的外衣、法袍和法冠。总的来说，英诺森三世制定的皇帝加冕仪式结合了拜占庭和西方的王权特征。

但最显著的特点是没有任何的皇帝即位仪式，根本就不存在皇帝的御座。可能在这一点上，中世纪教宗制最清楚地表达了对皇帝职责的看法：皇帝是一位（尊崇的）公职人员，从没有一位公职人员有过即位于御座的荣誉。加冕仪式也说明，作为教宗之公职人员或助手，皇帝所享有的普世性权力是来自上帝的——教宗从未违背过这条圣保罗的原则——但教宗才是上帝和成为皇帝的国王之间的中介。皇帝并没有自主的权力。英诺森三世反复地极力强调，如果皇帝确实拥有这种自主权力的话，他们就毋需恳求教宗的恩惠了。不过，这位英诺森三世同样坚持，他不想干预在国王层面上的德意志王位选举——但他却同时宣称德意志的诸侯们是从教宗那里得到了选举国王的权利。主要针对帝位问题，英诺森三世反复地说，他同时具有麦基洗德（在《旧约》中兼具国王和祭司身份的人物）[7]那般的君王和祭司的权力。这样，在创造皇帝时教宗的双重权力得到了最充分的体现。如格列高利九世所论，皇帝的"特殊造就者"（*factor proprius*），亦即使其产生者，就是教宗。

在很大程度上，英诺森三世的论点要归功于明谷的伯纳德[8]。早在几十年前，他就将很有教权取向的"双剑"理论引入了讨论。这种理论据说源于《路加福音》第22章第38节，曾在另一种意义上被查理曼的谋臣阿尔昆以及皇帝亨利

---

[7] 见《创世记》14：18-20,《希伯来书》6：20-7：15。
[8] 明谷的伯纳德（Bernard of Clairvaux，或译为"克莱沃的伯纳德"，1090—1153）是中世纪最著名的圣人之一。他出生于法兰西，是西多会的领袖，在"12世纪文艺复兴"中是保守派的重要代表，后被封为教会的圣师。

四世[9]利用过（见下文第 137 页）。但根据圣伯纳德的学说，教宗同时拥有精神之剑、世俗（物质）之剑这两把剑，一把代表教宗作为祭司的强制权力，另一把代表作为君王的强制权力。在加冕时，教宗将物质之剑给予皇帝，于是可谓皇帝是在教宗的命令下（ad nutum）[10]使用这把剑的。这种双剑说是为了说明，皇帝拥有的现实强制权力是来自教宗的，或者更恰当地说，是通过教宗的中介来自上帝的。古代的伊西多尔理论（见上文第 81 页以降）被披上了比喻的外衣。格列高利九世明确地说，主基督将两把剑给予教宗，一把由教宗自己保留和使用，另一把则被他送了出去。或者说，正如他的继任者英诺森四世所强调的，物质之剑的权力潜在地属于教宗，但实际上属于皇帝。这种双剑之喻只是对皇帝而言的。可以说，13 世纪末，卜尼法斯八世在《一圣》诏书（Unam sanctam）[11]中的主张只是实际形势造成的勉强说法，因为他将这个比喻用到了从未加冕过、也从来不想加冕为皇帝的人[12]身上，这就引人注目地延伸了一个意味深长的比喻。不过，值得注意的是英诺森三世、英诺森四世、格列高利九世等教宗的相关教令，它们被恰如其分地编入了官方的教会法典，列在了"论尊上与服从"的标题之下。考虑到"尊上"一词的（中世纪）含义，也就是最高统治权和臣民的相应服从，这样的做法是很重要的。

在 14 世纪，虽然教宗派对帝国的观点，在逻辑上引向了在

---

〔9〕 萨利克王朝的著名君主，为德意志国王（1056—1105 年在位）和神圣罗马帝国皇帝，在授职权之争中与教宗格列高利七世进行了尖锐的斗争。
〔10〕 意为"在他的点头下"。
〔11〕 关于 Unam sanctam，详见原书第 114—115 页、第 156—158 页。实际上，Unam sanctam 颁布于 1302 年，此处或为作者笔误。
〔12〕 指当时加佩王朝的法兰西国王腓力四世（1285—1314 年在位）。

皇位虚悬时期将教宗当作临时管理者与帝国代理人的观点，但没有任何一种理论能使教宗制紧紧地控制住"普通"的国王。不同于皇帝，国王很少由教宗来加冕，至少在理论上，教宗一点也不能干预国王的选立。针对皇帝而发展起来的论点很难应用到国王身上。然而，英诺森三世认为，他有权"以罪之理由"来干预纯属王权性质的事务，或者介入"对某些原因的审查"（*certis causis inspectis*）。这种英诺森式的立场明显地反映了教宗派政府原则的潜在理念。也就是说，在他看来，当整个基督教共同体的福祉需要其干预时，他就应当出手，因为教宗是它的"监督人"。"公共利益"（*utilitas publica*）的理念，亦即对公共福利及福祉的关切，对教宗派意识形态来说是始终存在的。实际上，它被英诺森三世提升到了政府原则的程度。根据这种理念，私人利益必须服从于公共利益的要求。在绝大多数情况下，在国王与教宗之间没有摩擦。但这并不说明，根据教宗派的理论，教宗制就对国王没有管辖权，因为在界限比较模糊的案件和争执中（通常它们才是关键性的），是教宗在要求更高的权力。换言之，分工的原则对教宗与国王的关系是完全适用的。

"上帝恩典所立之国王"是国王的观点，它本身也为教宗派的理论开了方便之门。根据过去的杰拉斯观点，教宗有权判断国王是如何履行对他们的托付的。根据教宗派的观点，如果国王滥用了对他们的托付，教宗自己就应当采取行动，或是彻底地除掉国王，或是以教会纪律来谴责他。胜任或有益性的原则尤其有用。格列高利七世极力坚持实施这项原则，这也是德意志国王亨利四世[13]第一次被停止王权（在1076

---

〔13〕直到1084年，亨利四世才正式加冕为神圣罗马帝国皇帝。

年），又在四年后被最终罢黜的理由之一。[14] 当教宗得出结论，认为有问题的国王已经不适合他的职务，这时就应该发出罢黜国王的教令。格列高利七世又清楚地说明了这一点。不仅罢免国王成了教宗的权利和职责，有时就连选立国王也成了他的权利和职责。例如，英诺森三世在将约安尼察（Joannitza）扶上保加利亚王位时就宣布说，他"希望保障保加利亚王国在精神和世俗方面的福祉"。无论如何，国王是"教内人员"，这种认识导致了教宗派学说的出现，帮助了它的实施。罢黜国王是教宗所能采取的终极措施，但对国王的绝罚是有不同的标准的。国王之所以被绝罚，主要并不是因为他的无能，而是因为他成了罗马教会的逆子。然而，绝罚的效果却同样严厉，因为在教义上已经发展出了这种观点（后来还变成了法律），认为受绝罚的人被感染了一种传染病，所以没有人可以和他交往或接触。相应地，如果只有直接的家人才能和他接触的话，这样的国王就当然不能管理政府了。罢黜影响到了国王实施统治的名分；而绝罚将他排除出了基督徒的社会团体。

就其在基督教社会中的君主职责而言，教宗进一步要求了各种能为其所用的权利：宣布国王之间的条约无效；废除

---

[14] 由于授职权之争的激化，德意志国王亨利四世于1076年1月召开Worms宗教会议，宣布罢黜教宗格列高利七世；同年2月，格列高利七世以绝罚报复国王。迫于不利的政治形势，1077年1月，亨利四世在卡诺莎向教宗悔罪。1080年3月，教宗支持与亨利争夺王位的Rudolph of Swabia，再次绝罚亨利并罢黜其王位；同年6月，亨利又召集Brixen宗教会议，宣布罢黜格列高利并另立新教宗（史称对立教宗克莱门三世）。1084年3月，亨利四世在罗马加冕为神圣罗马帝国皇帝。1085年5月，格列高利七世在意大利南部的Salerno去世。

世俗的法律，例如《大宪章》[15]和后来的13世纪德意志法律书《萨克森明镜》(*The Mirror of the Saxons*)[16]；以教会的名义审查不义的过路费和过河费；命令国王发兵支持其他的国王，或者对付异教徒和异端分子；准许合法地占有在军事征服中获取的土地；迫使交战的双方停止敌对行动并媾和；以禁令（interdict）或绝罚来迫使一国之民不服从其国王；诸如此类。正如格列高利七世在罢黜国王亨利四世时所言，教宗拥有充分的权力，只要情况需要，就能够夺走王国、帝国、公国，甚至所有人的一切所有（*possessiones omnium hominum*）。在一定程度上，这种观点的依据是私有权来自上帝恩典的论点：由于所有者已经证明自己配不上神的恩惠，教宗就可以认为自己有权剥夺其财产。

为了公益的要求，为了维护整个基督教社会的团结，也因为教宗制有责任防止对信仰的侵蚀，在13世纪初产生了这样一种教义（它在该世纪中叶成为法律），即应当建立特殊的司法程序来处置对信仰的背离。格列高利九世和英诺森四世所建立的宗教裁判体制就是一种审查那些反抗教宗法律者的机制。这种体制的机理与政治思想的发展没有关系。与其相关的有：（1）作为一种犯罪行为，异端被（英诺森三世）视为冒犯上帝尊严的严重背叛，它违背了教宗所规定的信仰，因此应当受到适当、严厉的制裁，包括没收其后人的财产，即便未出世的婴

---

[15] *Magna Carta* 是英格兰的封建贵族于1215年逼迫英王约翰签署的宪制性文件，对国王的权利做出了限制，在英国宪政史上具有非常重要的意义。见原书第149页以降。

[16] 在国内，高仰光先生已经对它进行了深入的研究，见其《〈萨克森明镜〉研究》，北京大学出版社2008年版。

儿也不能免除；（2）世俗统治者有责任消除其领土内的异端分子，如果世俗统治者玩忽职守，他自己就应该被定为异端，教宗就可以解除其臣民的效忠，其王国应由正统的天主教君王来占有。事实上这就是第四次拉特兰大公会议（1215 年）的规定。在中世纪的后期甚至更晚的时期内，它一直是基本的教令。

在这些措施背后的政治意识形态尽管是现代读者很难理解的，却的确体现了很多按后来的标准能被称为"政治"的概念、原则和问题。不能忘记的是，从历史的角度来看，诸如主权、法律、臣民、服从之类的概念完全是在教会学的框架中发展出来的。直到 13 世纪晚期，教会学和政治学才变成两个不同的思想领域。到那时，所有这些概念才会变成政治学这门新科学的研究工具。教宗制的不合时宜表现在，直到教宗派的政治思想在实际应用上早已成为明日黄花，它才严肃地以精炼简洁的形式来表达其政治学说。

卜尼法斯八世在 1302 年发布的《一圣》教令（Unam sanctam）[17]有力而简洁地总结了教宗派的教义，攒集了各种各样的材料，巧妙地将其融为一体。他广泛地运用了按教宗派观点来解释的《圣经》，西普里安、伪狄奥尼修斯、圣伯纳德、圣维克多的休[18]、托马斯·阿奎那等人的著作。虽然《一圣》没有提出任何新观点，但其重要性在于，它在一个迟来的

---

[17] 在教宗文件的分类中，*Unam sanctam* 属于所谓的"教宗诏书"（Papal bull），这种文件是用教宗的圆形封铅封住的。在此处，作者笼统地将其称为"教令"（decree）。该诏书的历史背景是卜尼法斯八世与法王腓力四世之间的斗争，请参看原书第 156 页以降。

[18] Hugh of Saint Victor 是 12 世纪前期有名的神学家和神秘主义者，因身为巴黎圣维克多修道院的修士而得其名号。是圣维克多派的主要代表人物之一。

时刻总结了教宗派的政治思想。卜尼法斯八世的出发点是古代的观念,即教会不可分割和教会之外无拯救(最初这是西普里安的观点,在一个世纪之前又受到了英诺森三世的强调)。一位主、一种信仰和一个洗礼表现了整一的原则(它源于奥古斯丁式的观念)。按照卜尼法斯八世的观点,教宗的君主制政府就立足于这一原则:教会只有一个头。具有两个头的身体就是怪物,教会的头就是基督本人,在地上就是基督的代牧[早在13世纪初,英格兰的教会法学家阿兰(Alan)就已经提出这一点了]。不论希腊人和其他人说过什么,所有的基督徒都只能是"基督的群羊",所以都服属于教宗(这是托马斯·阿奎那的论点,他在《驳希腊人之谬》[19]中做了解释)。但是,根据分工的原则,在教宗所拥有的两把剑中,只有一把是由他来运用的,另一把是由国王们(不只是属于皇帝的)"按照教宗的命令和默许"来使用的(对伯纳德的观点做了引申)。(索尔兹伯里的约翰的理论也和卜尼法斯八世没什么不同。在12世纪中叶,他说象征着强制权力的剑是君王所运用的,因为神职人员是不能流血的,所以他们必须将剑授予君王。尽管如此,后者仍然服属于神职人员。对约翰来说,在一定的意义上君王只不过是"执刑人"而已。)在对教会圣统等级的阐发中,卜尼法斯八世借鉴了伪狄奥尼修斯的观点,进而主张下位者必须由上位者或"最高权力"来治理。"最高权力"指的是最高统治者,所有人都要服属于他。在数十年之前,杰出的教会法学家枢机苏萨的亨利(奥斯蒂亚)[20]就已经非常清楚地表达过这种

---

[19] 即 *Opusculum contra errores Graecorum*。

[20] Henry of Susa(约1200—1271),13世纪意大利的教会法学家,于1261年成为奥斯蒂亚的枢机,故号为"Hostiensis"(Ostia 的拉丁形式)。

观点。他认为，既然教宗要对法律负责，国王的职责就是实施教宗之法律。这位枢机说，为了基督教社会的顺畅运作，王权必须要顺从和服从于以教宗的"尊上"地位所颁布的法律。按照圣维克多的休的样式（他假定了《圣经》的权威：nam testante scriptura[21]），卜尼法斯八世本人说过，精神权力必须设立王权（明显是指加冕仪式），王权在任何时候都要服属于教宗（这源于格列高利七世）。所以，任何抵制教宗法律的人都是在抵制神的权力本身——这里运用了圣保罗的观点（《罗马书》13：4）。卜尼法斯八世的结论是，为了得到拯救，每个凡人都必须服属于罗马教宗。[需要指出的是，在16世纪初第五次拉特兰大公会议重颁的《一圣》中，所谓的"每个凡人"（every human creature）被删除了，取而代之的是"每个基督徒"（every Christian）。]

II 政治文献的出现

对教宗派政治思想的解释，不论其繁简，都不可能不提及那么多支持着教宗派观点、为教宗制提供弹药的作品。格列高利七世在位期间的授职权之争导致了一种新文体的产生，它就是所谓的宣传册。只有记牢两点，才能明了其重要性。第一，在根本上，授职权之争所关切的对象已经远远超出了身为平信徒的领主或国王对主教和神职人员的授职问题。只有认识到，他们是要以一种完全思辨、抽象的思维方式来取代传统的事物秩序，你大概才能充分体会到斗争的意义。在教会内首当其冲

---

[21] 意为"以《圣经》为证"。

的部分是平信徒。考虑到教士和平信徒之间的潜在张力，斗争的激烈性就更容易理解了。无论如何，有许多古老的证据指出，"平信徒对神职人员有一种根深蒂固的仇恨"。在当时的教会法汇编中，很容易看到这样的证据。非常清楚的是，授职权之争，尤其是格列高利七世的突兀宣告[22]已经表明，平信徒将变成神职人员的服属者，任何平信徒皆不得指控神职人员。授职权之争所引发的问题牵涉到了整个社会与公共生活的根本，因为有人想要摆脱习惯和传统的生活方式。历史地说，格列高利是在应用古代、传统的教会理念，尤其是教宗派的东西。在20世纪，要把握甚至设想这种思想性的剧变（抛开社会性一面不谈）是相当难的。这种应用表现为一场革命。由于问题的本质如此重要，它们就在教宗派和反教宗的一方都激发了重要的文字活动。这种文献的意义在于，在欧洲历史上，平信徒（意大利人）第一次拿起了笔，开始了写作。在11世纪80年代进行写作的拉文纳的彼得·克拉苏斯[23]就是一个例子。可以说，斗争中的深刻问题将平信徒卷进去了。他们来自拉文纳大学，此后不到三十年，其他平信徒又建立了博洛尼亚大学，在整个中世纪，它都是各种法律研究的堡垒。

第二，这种文字作品是现在所谓的宣传册子。当然了，区别在于那些书和册子都是学术性的作品，会非常全面地检查并恰当地引用论争双方的观点。它们第一次科学地研究了教权派

---

[22] 作者指的大概是所谓的 *Dictatus papae*。传统观点将其归于格列高利七世名下，但晚近的研究已经质疑了这种说法，并指出它并非教宗派所提出的宣言，在11世纪它的流传范围和影响力都是有限的。

[23] Peter Crassus of Ravenna 是11世纪的法学家，在授职权之争中是支持皇帝一派的代表人物之一。

的体系所依据的概念：权威的来源，其本质、范围和局限；法律、正当的概念，以及立法之权威和限度。尤为重要的是这些作品对某些专门问题的目的论探讨，例如宣誓的约束性（因为格列高利解除了主教和诸侯对国王的宣誓，这就尤其要紧了）以及教宗宣布宣誓无效的权利，王权的神权性质，诸如此类。在这些文献中，历史本身被用来论证或驳斥某种特定的观点。这种文字活动的目标是创造和影响公共舆论——这是那个时代的一项特殊成就。虽然所针对的公众仍然是弱小的少数派，但它确实有了一定作用。在整体上，这些为数众多的册子（其中只有一部分被编辑出版）的思想和学术水平是非常高的。很自然，代表平信徒一方的很少，而教士一方的作品在不同程度上支持了教宗派，虽然教会方面在某些特定的问题上也有疑虑。有一些主教和教士持有主教派的观点（见上文第108页），加入了反教宗派的阵营，这也是可以理解的。

  授职权之争在思想上的酝酿，使多种的知识活动达到了高潮。大学的兴起和这种斗争的问题有密切的联系，对博洛尼亚大学来说尤其如此。起初它是一所为平信徒办的、平信徒的大学，主要从事罗马法的研究。直到12世纪的40年代，博洛尼亚才开始科学地研究教会的法律，亦即教会法，而且其研究者也是教士，而不是平信徒。学术的法律倾向之所以很明显，原因很简单。从摇篮时开始，中世纪的政治思想就一直是在法学、法律的框架中进行的。通过对教宗派教义的不断重复，教宗说明了法律是如何应用于基督教社会之中的。所以，对这种法律主义的反应也具有法律的形式。前文提到过的彼得·克拉苏斯开始了对罗马法的探讨，因为它是能够用来攻击教宗派政治思想的最合适工具。重要的是，罗马法研究变成了平信徒的事情，因为只有以其为基础，才能攻击教宗派思想的法律外壳。不可否认的是，相对于这种目标来说，罗马法的基础还不是很强大，因为《查士丁尼法典》的取向也是很神权的。不过，它起码也是世俗统治者的作品，包含着世俗的罗马智慧。教会方面在前代所取得的巨大领先，对刚刚起步的平信徒学术来说还是太强大了。教权派的体系可以仰仗过去的长期发展；它不仅成熟了，还得到了应用。历史和事实对平信徒一方是有利的，但总的来说，他们使用的是同样的语言、同样的《圣经》、同样的教父、同样的寓意和概念，而他们的对手已经能很娴熟地运用这些东西了。毕竟，为了摆脱人民，王权借助了神权的理论，付出了高昂的代价。平信徒一方所需要的，是一套与基督中心论的前提迥然不同的理念。凭借另一套神权性质的法律（罗马法在很大程度上如此）来对付教权的论点，这是难以办到的。无疑，中世纪大学里的民法学家，亦即罗马法学家，确实写出了对后世的政治思想很有用的优秀法学著作，但在12、13世纪，他们还不能对付地位稳固的教权的政府体系：他们还缺乏这样做的手段。

另一方面，教会法学家，或者说在博洛尼亚教书和研究的教会法学者，具有巨大的影响力。可以说，他们是教权体系的技术专家。政府需要对法律和基本法学原则的知识，而博洛尼亚的教会法学派为教宗制提供了训练良好的人员。自格兰西的《教会法汇要》(*Decretum*)问世以后（约1140年）[24]，教宗制一直可以依仗一流的法律专家，他们的技艺和能力为教会法的

---

[24] 对于格兰西的教会法，北京大学彭小瑜先生已经做了细致而深刻的诠释，请参阅他的《教会法研究——历史与理论》，商务印书馆2003年版。

形成做出了巨大的贡献。从此以后，教宗中的绝大多数都是法律专家，他们不是博洛尼亚（或者其他大学）的法律教授，就是以其他方式在法律上很有名的人。接下来的两个世纪，是伟大的法学家-教宗的世纪。他们的法律作品，所谓的教宗教令书信（decretal letters），将抽象的教宗派教义变成了简练的法律语言，也就是教宗君主的法律。数以千计的教宗教令书信被编纂成书。起先它是非官方性质的，从英诺森三世开始就变成了官方性的法律书，在体系和结构上都和查士丁尼的法律著作有些相似。罗马法研究一直都是有水平的教会法研究的先决条件，但在这两套法律之间仍有巨大的差别。教会法与罗马法的不同在于，前者包含着活的法，以当时的理念为基础、以社会的当前需求为重点的法：只要有需求，教宗的笔就能一笔勾销任何一条教宗的法律，这是教宗的最高统治者地位造成的。另一方面，罗马法有着巨大的劣势，早在它被法典化的时候就已经是"历史上"的东西了。很多重要的中世纪法律，罗马法都没有涉及。例如，它连什么叫封建制度都不知道。只有适应了当时的迫切要求，罗马法才会成为活的法。学罗马法的在国王和皇帝的中书机关任职，而学教会法的进入了高级的教会管理部门，有时甚至能够上升到教会职务的顶端。[25]是教会法学家为教宗制提供了法学的装备和储备。

　　授职权之争的大问题不仅提供了法律上的刺激，还激发了其他的知识活动。并不是每个人都能认识到，所谓的"12世纪文艺复兴"实际上是授职权之争这场剧变造成的。法学研究关注的主要是将抽象的思想变成具体的法律，例如正当、适当的

---

〔25〕 指如同英诺森三世那般成为教宗。

权威等问题，从而以不同的方式实现法律背后的正义；对这些基本问题的哲学、神学研究也在迅速地发展，虽然到12世纪时它们还没有进入大学的课堂。共同的兴趣和对象存在着，但各个知识分支都受困于其体系所显示出来的种种矛盾。必须记住，所有学科的知识都是在将近一千年的时间里积累起来的，但基于明显的原因，那套知识包含着迥然不同、自相矛盾的观点和说法，法学、哲学和神学都面临着这个问题。又一次，实际问题造成了所谓的辩证法这种研究方法的产生。为了答复一位主教的疑问，告诉他应当如何对待矛盾性的论述，教宗乌尔班二世提出了建议（1088年）。这就为辩证法的产生准备了条件。教宗说，应当将那些具有永久性质的论述和那些针对具体的时间、地点和相关人员的迫切需要而提出的论述和文本区分开来，后者是可以变易的。他的基本观点是，作为上帝的造物，人类的心灵是一致的，在根本性问题上不可能自相矛盾。矛盾是表面上的，不是真正的。依据时间、地点和人的不同而找出差别，正是这种思想方法导致了经院方法或者说辩证法的产生。没有它，中世纪的学术就不可能形成。在法律中也能看出这种研究方法的影响——格兰西就把他的作品称为《不和谐教规之整合》[26]（*Concordia discordantium canonum*），这就表明了他希望将歧义的、矛盾性的教规调和起来的想法。在神学和哲学中也能见到类似的影响。阿贝拉尔[27]在当时写的《是与否》（*Sic et Non*）就是格兰西在哲学上的对应物。由于政治思

---

[26] 这是彭小瑜先生的译法，见《教会法研究》，第69—70页。
[27] Peter Abelard（1079—1142）是12世纪最著名的经院神学家、哲学家和逻辑学家之一。

想的应用,那些在 11 世纪末被唤醒的力量,终于造就了平常所谓的 12 世纪人文主义。

索尔兹伯里的约翰[28]就是 12 世纪中叶的人文主义的一个例子。对于那时的焦点问题,他有许多中肯的见解。如果只是走马观花地看一下他的主要观点,就有可能误以为,他只是那时候的又一个文人罢了,是教宗-教权派观点的铁杆支持者。离他不远就是那些教会法学家了,他们的评注、文章和大全都在讲同样的问题。此外,还有很多非法学出身的作者,比如明谷的圣伯纳德、圣维克多的休、洪诺留[29](有时叫作奥顿的,有时叫作奥格斯堡的)、莱希斯贝格的格霍[30]和其他一串名字,更别提圣安瑟伦[31]和吉尔伯特·克里斯平[32]等杰出的思想家了。但索尔兹伯里的约翰的观点是值得我们做一番简短的概括的。他的主要著作《论政府原理》(*Policraticus*)在 16 世纪以前一直很有影响,这也是我们要讨论他的原因之一。这部书的作者的名字很快就被人遗忘了,人们曾以书的名字来称呼它的

---

[28] John of Salisbury(约 1115—1180)是 12 世纪著名的神学家和哲学家,也是整个中世纪最重要的政治思想家之一。在托马斯·贝克特与亨利二世的斗争中,他发挥了一定的作用。后曾任法兰西 Chartres 的主教。因生于英格兰的 Salisbury 附近而得其名号。

[29] Honorius Augustodunensis 是 12 世纪前期的一位知名神学家和作家,但今人对其生平知之甚少。对于所谓的 "Augustodunensis",曾有多种理解:或谓勃艮第的 Autun(今属法国),或谓德意志的 Augsburg,或谓今瑞士巴塞尔附近的 Augst,或以为实乃 "Augustinensis" 之误(如此则指英格兰坎特伯雷的圣奥古斯丁修院)。

[30] Gerhoh of Reichersberg 是 12 世纪德意志有名的神学家。

[31] Anselm of Canterbury(约 1033—1109)是中世纪最著名的神学家、哲学家之一,被视为经院神学的主要奠基人之一。曾任英格兰坎特伯雷大主教,后被尊为教会的圣师。

[32] Gilbert Crispin(约 1055—1117)曾受教于安瑟伦,后为威斯敏斯特修道院院长,是知名的基督教作家。

作者。除了考虑到他的影响，他的现实感、开阔视野和古典知识也值得一提。他还是托马斯·贝克特[33]在反抗英王亨利二世[34]时的见证者之一。在那时教权派论点已经发展成形了，而那场斗争在很多方面都牵涉到了其中的基本要素。

浸淫于古代的、罗马的文化因子，索尔兹伯里的约翰提出了无所不包的"基督教共和国"（Respublica christiana）的概念。他将这个概念与"拉丁世界"等同起来。对他来说，后者就是全体基督徒有形、可见的联合体。在他的思想体系中，灵魂治理肉体是很根本的观念，所以他毫不犹豫地将这种比喻应用到了公共政府上面。这一点可以有力地说明，为何索尔兹伯里的约翰极力坚持法律是使基督教共和国结合起来的力量。（见上文第 101 页）由此他主张，君王在制定法律时应当听取神职人员的意见，因为在他看来，唯有神职人员才有能力判断法律的本质。对他来说，法律就是一种以基督教信仰为基础的行为规范，除了神职人员就没有人能够判断，对法律措施的建议是否符合信仰。他以古典的形式表达了目的论的原则："法律的全部功用是宗教的、神圣的。"法律是政府的载体，是对一个有组织团体的权威性引导和指导。他的共和国是基督教性质的。约翰没有把"政治"和"宗教"分开。

统一性的理念要求基督教的社会有机体有一个统一的头。对约翰来说，它就是教宗。他居于各民族、各国家之上，任何人、任何事都处在他的裁判之下。教宗的法律要求无条件的

---

[33] Thomas Becket 曾任坎特伯雷大主教，为维护教会权利而与英王斗争，于 1170 年殉教。
[34] 亨利二世 1154—1189 年在位，是奠定金雀花王朝的著名君王。除英格兰之外，他还统治过法兰西西部安茹、诺曼底、阿奎丹等地的大片土地。

服从。如前文所述（见上文第 115 页注），他认为，君王从祭司手中得到了持剑的权力，而更高的权威仍在神职人员手中。所以在某种意义上，约翰说君王可以被比作"刽子手"，因为他的一项主要任务就是惩恶——我们知道这本来就是圣保罗和伊西多尔的教义。因此，统治者是神设立的，只有他是为实现这个目标而进行统治的，他才是"神的形象"。他还说，"国王的意志"——在神权的政府形式中它是法律的实质——"依赖于上帝的律法"，因为法律是作为"上帝的赐予"和"神意之形象"而成为法律的。对约翰来说，法律必须体现正义的观念，而正义完全是一个基督教的概念，只有那些具有特殊资格的人才能理解其内容。（在 13 世纪，林肯的格罗塞特[35]非常清楚地论述了其中的大部分观念。）约翰认为，暴君是对基督教国王的颠倒，因为他的统治完全与基督教君王所应有的方式相反：他变成了"魔鬼的形象"。由于他是基督徒人民的祸害，臣民就可以杀掉他；但在别的地方，约翰又主张要为暴君的改悔而祈祷。诛暴君和祈祷，这两种办法都清楚地反映了神权性国王给约翰这样的有才识之士所带来的困扰。只要国王是法律的来源，只要法律的强制性源于"君王的意志"，就没有任何宪制性的有效手段能够以法律的方式来除掉暴君。要诉诸暴力或祈祷，就是不太情愿地招认了神权性王权的缺陷。（在下一个世纪，在讨论暴君问题时，托马斯·阿奎那也遇到了同样的困难。）

在好几封书信里，圣保罗都以人体的比喻来解释他的观

---

[35] Robert Grosseteste（约 1175—1253）是著名的经院哲学家和神学家，曾任英格兰林肯的主教。

念。这个比喻说明，人体各部分之间具有紧密的关系，都处在"我主之灵"的引导下。身体的各个部分都有特殊的功能，但每个部分都不是为自我，而是为整个身体而存在的。这种整体性的功能主义体现了分工的原则，它是以统一的目标为基础的，只能以目的论的方式来解释。对社会的器官论理解在中世纪很有影响，它在索尔兹伯里的约翰身上更是登峰造极。于是，自上而下的政府理论的运转就得到了解释，这正是因为社会有机体的"灵魂"就是君王。约翰使器官论达到了逻辑上的最终结论：作为君王的咨议机构，元老院就是心脏，而社会有机体的眼、耳、舌代表着法官和行省总督等等，农民就像社会之足，胃被比作国库，因为国库喂养着官吏，诸如此类。但是，必须明确地指出，在他的体系中，没有任何地方主张臣民有反对君王的任何权利。约翰坚持，君王的责任就是看顾他的臣民，其中"较为软弱"的成员（圣保罗，《哥林多前书》12：22）更应当受到关注；虽然臣民也应当向君王表达他们的愿望和建议，但这些东西离赋予臣民任何自主的权利还远着呢。在概念上，臣民的观念就排除了在政治学意义上具有权利（以及义务）的可能。

如上文所说，在12世纪有很多人阐述过教权的政府论，索尔兹伯里的约翰只是其中之一。在这一章结束之前，最好还应当提一下13世纪晚期作品中的一个范例，它代表了发达的教权意识形态。在好几个方面，罗马的吉尔斯（Egidius Romanus）[36]

---

[36] 又称埃吉狄乌斯·科朗纳（Egidius Colonna，约1243—1316），有名的神学家与哲学家，曾为奥古斯丁会总会长、Bourges大主教。在法王腓力四世少年时，吉尔斯曾任其教师。后被尊为圣师。他所开创的学派被称为"The Aegidian school"。

都值得关注。他的册子《论教会权力》[37]是在教宗与法王的激烈斗争[38]达到高峰时写成的;他受过良好的教会法和哲学的训练,写过一些重要的哲学、神学作品;他是奥古斯丁会[39]的杰出成员,早先当过法王腓力四世的老师;他的书非常好地反映了教宗派的学说。

吉尔斯的书旨在说明教宗具有对整个世界,对任何人、任何事的主权(在此被称为至尊权),因此君王(与教士并无不同)也是教宗的子民;进一步说,根据其权力的充分性,所有的祭司权力和王权都属于教宗。若非服属于他,就不能合法地行使任何权力。这些论述本身谈不上新,但这本书的特点在于它为了得出这些结论而采用的论证方法。他的中心思想是"主上权"(*dominium*)。它指的不是财产,而是治理权(governance)或领有权(lordship)。他说,这个术语源于"主"(*dominus*),指的是一人对另一人的上位性,"主上权"这个抽象的观念在理论上表达了这种*上位-下位*的关系。在该术语的狭义中,"领有权"可以表现为财产的形式,指东西属于领主;在更加宽泛的形式上,它指一人对另一人的人身服属。在后一种意义上,可以用来指政治权威。在两种意义上,根本都在于权力的行使是合法的,也就是说,存在着一种行使权力的权利。

对吉尔斯来说,对那种治理权或领有权的权利,只能通过上帝恩典的工作而得到,而恩典是在圣事(尤其是洗礼)中

---

[37] 拉丁书名为 *De potestate ecclesiastica*。
[38] 指卜尼法斯八世与腓力四世的斗争。
[39] 13世纪中期,意大利北部的若干按"奥古斯丁修道规章"修行的修道团体进行合并,成立了组织合一的奥古斯丁会,后来又改为托钵修会。

发生效果的。所以相应的结论就应运而生了，无信仰者既不能拥有合法的财产，也不能拥有合法的权威：他们所据有的东西要么是不正义的，要么是篡夺而来。治理权或领有权不能单凭继承（单纯属肉的*生育*）或征服而得到，而只能通过恩典在*重生*，亦即洗礼的新生时所发挥的效果而得到。所以，对无信仰者的权力属于基督徒，尤其是教宗。在这里，吉尔斯是以前代的英诺森四世为样式的。英诺森四世主张，所有的造物都服属于"造物主的代牧"。吉尔斯说，上帝创造的万物都服属于上帝，所以上帝在地上的代牧（除了某些限制）也具有神圣的、属于天上的权力。["正如上帝对一切造物的治理，教宗或者说上帝的代牧，也以同样的方式行使对教会和信众的治理。"他还说："所有人、所有财物都处于教会的治理之下（sub dominio），因为整个世界以及生活于其中的所有人都属于教会。"（《论教会权力》2.11）]除此以外，受绝罚的人不能拥有对其财物的合法所有权。吉尔斯将圣彼得的捆绑与束缚权力作为这种最高权威的基础。

根据这样的论证，吉尔斯主张教宗必须"设立地上的权力"。由此产生了转移王国、撤除国王等权利。古代的最高权威原则和相应的分工原则，都在教宗所具有的最高"主上权"之中得到了表达。教宗并不直接处理俗世事务，但以地上权力为中介，"首位和最高的权威"亦即主权依然属于教宗。"（靠地上的权力）治理人民的技艺在现实中就是依据教会权力的处置来管理物质利益的技艺。"对吉尔斯来说，双剑理论说明，必须区分权力本身和对权力的行使或使用。权力（亦即领有权）是唯有教宗才拥有的，是永远有益的、善的（在吉尔斯看来），因为它是来自上帝的；但权力在君王手中的行使有可能是善的，也有可能是恶的，所以才需要引导和指引君王来正当地使用权力。吉尔斯认为祭司的权力"为尊"（*major*），而国王的权力"为卑"（*minor*）。可以理解，这只不过是以中世纪的方式表达了对最高统治权的看法。在某种意义上，对他来说教宗才是真正的"权力之源"；既然没有更完美的权力了，教宗的权力就可以被称为"属于天上"的。

> 正如上帝管理（*administrat*）有形的万物，准许它们进行正常的运动，上帝的代牧也以同样的方式管理（*debet administrare*）地上的、俗世的权力，准许它们正常地履行职务。

尽管吉尔斯建议，从法律可靠的角度来看，教宗最好是沿用早先的教宗决定，但他提出的原则还是，教宗能像上帝一样抛开法律，只要形势需要。他说，在行使奇迹时，自然本性的律法有时也会被上帝抛开；类似地，作为上帝的代牧，教宗也有权、有责任抛开实存的法律，并且超越它。不能定下僵化的规则：吉尔斯认为，教宗的管辖权是灵活的、可变通的（*flexibilis et casualis*）。罗马的吉尔斯这般表达了普世主权的概念：

> 物质性的、俗世的东西被交托给了地上的权力，通过对该职务的履行，就可以直接地处置它们；但就最重要的治理权而言，有权利对于一切俗世事务、对于整个世界而行使的首位和最高权威，就被交托给了精神权力。尽管这不是事实上（*de facto*）的情况，因为并非每个人都服从福音。

对于这种教权的观点，我们只不过是概括性地讲了一下。这种观点解释了教宗派对法律的信念。将被引向最终目标的信众团体不只是一个神秘的、圣事性质的团体。它提出了明确的尘世要求，因为基督徒在另一个世界中的生命取决于他们在今生今世中的生活。如果基督徒的有形联合体只被当作一个神秘性团体的话，就毋需设置法律、法官和组织了。但由于这个团体被当成了一个机体性的、需要治理的团体，就需要有法律来规定它的道路——起码这就是教宗制的立场。作为一个以治理性为主的机构，教宗制坚持了对其法律的遵循，就像其他的治理性机构一样。

教宗-教权派的体系所极力阐明的（在一定程度上对别的神权政府也适用）是法律和信仰之间的明显关系。对教宗政府之制度与绩效的信赖（在现世和彼世都有效）带来了法律，相应地法律又规范了信仰本身及其各个观点。臣民无权争论或质疑法律和命令的对与错——他只要服从就行了。正如格列高利一世在6世纪末所说（也是经常被重复的），不管它是不是正义的，上位者的决定对信众都有约束性。以一种很有趣的方式，这一教义被视为是在体现人必须服从上帝而非凡人的观点。在上位者被认为是在以上帝本身的方式来行事的时候，这就更显得特别了。

对职位和人的区分必然会使这套教权派的观念具有弹性。英诺森三世说，通过法律而发出约束性指令的不是凡人，而是神本身；卜尼法斯八世也主张（运用了《箴言》8：15[40]），"依靠使徒宗座，君王才能统治……国王才能治理"。这些论述都

---

[40] 中文和合本作："帝王藉我坐国位。君王藉我定公平。"

反映了这种非人格化的、客观的观点。教宗在职位上的圣彼得地位，也就是教宗作为基督代牧而拥有的基督的权力，使得人们不再考虑他作为人的本性。法律的强制性在于，它来源于教宗的职位，而不是他的人身。正因为教宗制是一种政府体制，它对法律和执法权力的依靠是不言而喻的。如果一个政府的措施和法令要依赖于制定法律者的主观性和人格性，也就是说要取决于立法的教宗在道德上的善恶的话，就没有一个政府能够有序地存在了。

就逻辑推理的法则而言的，在其发挥作用的框架内，要想有效地攻击这种政府体系是很难的。实际的历史进程会说明这一点。但是，一些和教宗派政治观念巨厦所依靠之前提无甚关系的思想发生了渗透，产生了影响。结果，传统的、客观的、去人格化的职位观就被人格化的、主观的、人情化的观点取代了——当这一切发生的时候，作为一种治理机构的教宗制就要面临权威和地位的下降了。到了那时候[41]，人们就不再相信神授的教宗制度，不再相信教宗具有掌管天上钥匙的职责，有权开启和关闭通往乐园之门[42]（正如格列高利九世在一个值得注意的场合中所言），也不再相信教宗具有居于神人中途的职责，而是信赖于《圣经》，也就是信赖于个人解释《圣经》的能力了。当那个阶段来到的时候，教宗-教权派的统治也就去日无多了。与其说信仰本身变了，不如说信仰所指的内容变了。在教权的体系中，最关键的是作为政府机构的教宗制度。到后

---

［41］ 指16世纪的宗教改革时期。
［42］ 根据正统教义，在最后审判之后，义人将会进入天国。鉴于天国与乐园代表着两个不同的时空、两种不同的秩序，二者是不可混淆的。在此作者粗糙地置换了这两个概念。

来，最关键的就变成了《圣经》，一部完全能够由个人来诠释的《圣经》。[43]其结果就是臣民的解放，后者从教会特殊成员的监护中得到了释放。在前一种情况下，信仰受到了可见、客观、外在之职位的引导；在后一种情况下，它表现为一种不可见的、主观的、内在的，直接通过《圣经》与上帝相结合的联合。

---

[43] 值得注意的是，在此作者直截了当地表达了非常新教的《圣经》观与教会学。

第五章　神权王权与封建王权

I　君权神授的实质

在前面几章里，神权性王权的本质和特点已经表现得很突出了。在观念上说，它深深地植根于普遍盛行的神权中心的、教会性的态度。我们已经谈到了神权性王权在7至8世纪的出现。在那时，原先须受人民约束的国王开始将自身与他们分离开来，不再顾及国王最初的领袖地位本该归于他们。国王采用了"上帝恩典所立之国王"这种称谓，以一种可见的、容易理解的形式开始了这种分离。国王的权利根据不再是人民的意愿了，而是上帝。国王依据上帝恩典而统治的观点源于基督教观念本身的影响；更确切地说，就是来源于圣保罗的教义"我成了何等人，是蒙神的恩典才成的"[1]。我们已经指出了这种神权性王权（随着时间的推移它会把神授的恩典变成神授的权利）的主要特征，其中最重要的是它的结构，包括自上而下的政府

---

[1] 见《哥林多前书》15：10。

形式和国王作为最高统治者的相应职责。(见上文第53页以降,第85页以降)

在中世纪,与教会的政府相比,国王的政府只不过是停留在实践当中的事。在8至11世纪,从没有出现过任何王权派的作者。也就是说,在教权派论点取得重大进展,将一切可用的作品和教义据为己有,并建立起宏大的意识形态巨厦的时期里,国王的政府就没有写出一部言之成理的王权派观点的著作。反过来说,王权论的主要特征实际上是由教会人员建立起来的。想想加冕仪式好了,它完全是主教们努力的结果。事后回顾,十分荒唐的是,国王们充分而毫无保留地支持了它。在绝大多数情况下,就算不绝对的话,国王的中书人员也都来自神职人员。在正式的代表国王的文件、法令、特许状等东西里面,他们是口衔天宪的。不过,如果仔细检查的话,国王的心思和他们自己的心思也是很难区分开的。在教宗文件的开头,常常能发现对教宗观点的长篇解释。这些解释是包括在法律文件中,具有法律效力的。但在王室文件的开头,对国王观点的解释不但少见,而且篇幅短小,在绝大多数情况下只不过是对某种神权派常识的叙述而已。问题在于,王权一方并没有教会一方所拥有的那种纲领性的蓝图。有"天然"的职责去提出王权派蓝图的是有文化的平信徒,但他们还没有产生呢。固然可以坚持《圣经》的地位,可以强调神权性王权的《圣经》背景,可以指出国王给予教会集体和个人的大量的(如果不是数目无穷的话)赠予,但是,是谁更有权来给予《圣经》以可靠的解释呢?是不通文墨的国王还是巧言善辩的教宗呢?

进一步说,在11世纪以前,主要依靠专有教堂制的实施,国王在实际上严格控制着神职人员尤其是主教系统,但同样令人吃惊的是，从来没有人为这种体制做过意识形态性的辩护。当攻击出现时，实践的做法受到了一种高度发达的理论的挑战，已经不再可能在教义上为这种体制辩护了，因为从来就没有这样的学说。无论在多大程度上王权-神权的政府形式只是一件停留在实践当中的，缺乏深入宗教论证的事，在一种严密地组织、整合出来的教义面前，它都是软弱无力的。有可能，最能表现这种形势的，就是教宗[2]在授职权之争期间对德意志国王亨利四世之抗议的回答——国王的抗议是非常容易理解的。国王抗议道，他的所作所为完全符合前代国王的做法，他的统治是以祖先的习俗为基础的。对此教宗回答说："主从未讲'我就是习俗'；主所说的是'我是真理'[3]。"无论历史应当怎样发展，在直面唯教宗所知之"真理"时，所有的事实都变得无足轻重了。

  国王的神权政府所显示出来的（在这一点上教会的教义也是支持的），是国王对臣民的最高统治权。（关于这种讲法的条件，见上文第88页）这种最高统治权的结构是与教宗完全相同的。国王处于人民之外，高踞其上，神将人民交托给了他的政府。结果是，没有任何的法庭、机构和手段能够使国王对其统治措施和行为负责。他居于法律之上。"一切令状皆不可违背国王"；"国王永无谬误"。索尔兹伯里的约翰在处理这个问题时所遇到的困难，我们已经见过了。还应当指出的是，直到如今英国女王还被称为"最高统治者"，这就很清楚地反映了中世纪的神权观念。在另一方面，无论作为臣民的人民拥有

---

〔2〕 指格列高利七世。
〔3〕 见《约翰福音》14：6："耶稣说，我就是道路、真理、生命。若不藉着我，没有人能到父那里去。"在下一句中作者运用了偷梁换柱式的修辞手法。

什么权利，占有什么职位，行使什么职责，它们都是国王的让予或者说是王家的恩典（让予的原则）。正如上帝将权力让予或赠予国王，国王也将权利和权力让予或赠予臣民。詹姆斯一世[4]的说法早在中世纪就可以成立了，而且还可以比在后来实际讲出来时更有分量：

> 在事关*自由*问题时，吾等不可以耐心容忍臣民对吾等使用反对君主之言语，除非他们承认，它是先王们以*恩典和恩惠*而赠予他们的。

正如我们已经讲到的，一旦走上了这条路，就没有什么能阻碍他们将"监护"（*Munt*）或最高监护权的观念用在王权论上了。结果是，人民本身被当成了未成年人。（上文第56页以下）必须指出的是，他们认为人民没有资格，不能参与法律的制定。法律的实质性要素不是同意，而是君王的意志。凭着上帝的任命，国王有权宣布法律，臣民则必须服从。有时，靠着臣民的效忠宣誓，这种对国王法律的服从还会得到程度相当大的增强，服从的责任会庄严地得到强化。前面已经提到，人民可以提出建议，可以恳求国王的措施。很明显，出于实际的利己考虑，无视它们是不明智的。但是在神权的王权框架内，没有法律手段能够强迫国王采取行动。一切都属于国王的恩典或者让予。难道加冕的祷文没有讲清楚吗？国王是"上帝与人民之间的中间人"。神权性国王的政府是绝对的，当然我们必须马上

---

[4] 斯图亚特王朝的有名君主，于1567—1625年为苏格兰国王，号为詹姆斯六世；于1603—1625年为英格兰与爱尔兰国王，号为詹姆斯一世。他坚持君权神授的政治理念，与议会展开了斗争。

补充说，这并不等于统治的专断性；当然，国王也不能肆意地抛开上帝的律法。

写于英王亨利二世时期的《财政署对话集》(Dialogue of the Exchequer)提出了一种广为接受的学说。它说道，没有任何人能认为自己可以抵挡国王为和平之善而发出的法令。在具体的情况下，究竟什么才是"和平之善"，这只有国王才最为了解，因为只有国王才要负责维持和促进和平（国王之和平）。人民没有资格知道，什么才是他们的最大利益，什么才有利于和平之善。在下一个世纪中，我们还从法王路易九世[5]那里得到了证据。他说，由于国王拥有充分的权力（这明显是从教宗那里借用来的），他的治理就是不受限制的（即 liberum regimen，"自由统治"）。所谓的"不受限制"，指的是不受人的法律、人的力量的限制。在这个方面，liberum regimen 正是国王所体现的最高统治权概念。在作为立法者的职责中，神权性的国王的确处于法律之外，高踞其上。他在王位上的高踞就在象征性地告诉大家，他自己就成其为一个等级。

神权性王权的弱点是明显的。除了国王与人民之间的必然疏离，又出现了另一个重要的问题。按照职分，国王认为他处于上帝的律法之下，他的司法决定和命令并不违背神之法律。可以说，这样他的软肋就经常暴露了出来，容易受到那些在职分上有权解释上帝意志和神之法律的人的干预。有时他们的干预并不一定能奏效，但这取决于主导的形势和人的因素，而不是教义的规定。国王的神权政府所显示的自主地位在加冕仪式

---

[5] 卡佩王朝的有名君主（1226—1270年在位），以宗教虔诚著称，被天主教会封为圣人，故称"圣路易"。是第七、八两次十字军东征的主要统帅，于1270年在突尼斯兵败身亡。

中受到了相当大的削弱，正是加冕仪式使他成了国王。设计者们千方百计地说明，国王通过主教们的中介而受到了上帝对其王权的恩典：膏立国王的圣事（或圣事性行为）是由他们来施行的。正是在国王成为"主所膏立者"的行为中，作为传递上帝恩典的中介，主教表明自己是上帝意志的中间人，把他们自己夹在了上帝与国王之间。在神权的框架内，教会管辖国王的理论可能性始终存在。在11世纪，亨利四世反复地要求和抗议，他是"主所膏立者"，是不受教会的管辖的：也正是利用这一论点，格列高利七世剥夺了王权，绝罚了他。进一步说，在授予剑，也就是物质力量之象征的时候，主教的中介作用得到了强调。授予仪式上的祷文明确了这种授予的含义。根据国王在实际加冕时所用的规式，也可以看出类似的意思。仪式上的祷文（随着时间的推移已经得到了很多的补充）没有忘记对于国王职责的目的论观点：祷文反复强调，为了保卫神圣的教会，国王才得到了王权。国王变成了教内人员，这是利弊相生的。当国王经常是一种风险性的行当，如果还没得职业病的话。

在这种语境中，中世纪王位选举的重要性就很突出了。按照严格的理论，中世纪的王位选举和现代意义上的选举不是一回事。选择一位国王的结果是，已经存在的国王职位被指定给了他。对于职位本身，选举人是无可奈何的：既不能修正也不能改变这个职位的实质、范围和本性，也没有任何方式来影响它。王权的职位并不来自"选举人"的赐予（正如教宗的职位不是进行选举的枢机们的赐予，主教的职位也不是进行选举的教区教士的赐予，等等）。这也说明，为何选举人不能合法地收回国王的职位，因为王位本来就不是他们所授予的。职位是神圣的,可以说是来自天上的。没有任何权力是通过选举而授予当选者的——他不是凭这个而成为国王的。"选举"表明,当选的候任者已经被指定为胜任王权职位的人,这个职位是他在加冕(更准确地说是膏立)时才得到的。在理论上,选举人将职位的候任者推出来,由负责行使职权的教会圣统在加冕时授予职位。正因为如此,实际上我们在加冕祷文中所读到的是,主教们在加冕仪式上"选举"了国王。所以,正式以国王之身份来行事的时间不是从"选举"的时候开始,而是从加冕的时候开始的(也就是说,国王在位期是从加冕时开始算起的),这不只是一种单纯的小伎俩。这种做法一直延续到13世纪。

  将选举当作指定人选的观点,还解释了引入世袭王权的长期努力。很明显,即便只是指定人选,它也为阴谋、诡计和交易留下了足够的空间。同样明显的是,在"选举"和加冕的宪制性行为之间有一个相当长的时间间隔。所以必须记住,在国王逝世时,国王的和平,亦即一切正义的源泉、一切法律的来源,也就停止了。无法回避的问题是:在王位虚悬时,权力何在?给出的回答是,国王的职位和权力回到了它的来源之处,它又被返还给了神。国王的逝世造成了一个真空,直到继位者受膏立,它才会得到填补。为了缩短国王逝世和膏立之间的间隔期,也是为了保障政府在某种形式上的连续性,世袭王权的理念一直都很受重视。不过,出于某些与政治思想之发展无关的原因,世袭的理念经常是难以实施的。[6]

---

[6] 在此作者没有明确地指出,至少在法、英等国,王位的传承一般都是由血缘的继承关系决定的;即便在德意志国王与神圣罗马帝国皇帝的传承中,固然选举能发挥较大的作用,但血缘因素仍然常常起到决定性作用。

Ⅱ 对该论点的维护

授职权之争的动荡带来了一系列的作品,它们站在王权派一方,企图反驳教宗派的观点。王权派所攻击的目标是教宗权力的充分性,它是以教宗派对《马太福音》文句的解释为依据的。(见上文第22页)那样的解释企图将教宗君主制的论点,亦即教宗对国王和皇帝的最高统治权变为现实。这种实现普世最高统治权(用格列高利七世的说法就是 *regimen universale*,即"普世之治")的企图注定会受到国王们的抵制。那么,王权一方是如何反应的呢?王权派观点是以什么样的论据来对付教权派的冲击的呢?在此国王的神权地位就暴露出了它的弱点。国王的意识形态地位被独特地纳入了中世纪的基督中心论观点,但这一点也使国王很难有效地抵制教权派,因为他们很专业地垄断了对《圣经》的解释,垄断了与上帝和神的恩典有关的一切东西。在此我们只能很简短地概括一下他们所提出的观点。

教宗-教权派政府对国王之最高统治者地位的攻击具有破坏性。在现代,这可能是不容易理解的,因为我们的思维方法已经和中世纪盛期非常不同了。不管怎样,现代已经接受了一种概念,它会令那种性质的斗争难以发生。如果是以那种形式的话,就肯定不会发生。那时候还没有这种现代的概念——国家作为自足的、自主的公民法律团体的概念。这一点正是王权派求之而不得的,因为他们还缺乏建立这种概念的装备和工具。那时候的概念是王国(*regnum*)与祭司(*sacerdotium*),但二者都是同一个团体亦即教会的组成部分。类似于蒸汽机和电力尚付阙如,在中世纪盛期的思想中并没有国家的概念。由于教会是由神职人员和平信徒组成的，相对地教宗－教权派的立场就很容易实现它的原则：重要的只是教会；位于教会之巅的就是圣彼得的继承人和基督的代牧；正是基督亲自建立了教会，而王国只是它的一部分而已。这种教会概念就使王权派很难在教宗面前维护和主张国王的最高统治权了。

受教权派举措影响最直接的是德意志国王。亨利四世并没有进行一场国家对教会的战争，这早就是老生常谈了。如果他能够这么做的话，那么他的地位就还会有利得多，这种斗争多半也不会发生了。刚好相反的是，他是在当时唯一可能的基础上进行的，也就是在王权与祭司的层面上进行的。王权一方所反对的，是教宗的君主式最高统治权主张。亨利四世及其追随者相信，这种主张不是以《圣经》或任何教义为基础的，而是会导致教宗对权力的篡夺。因此，王权一方提出了这样的观点：在教宗和国王身上，基督为基督徒共同体建立了二重的治理权威。为了支持这种政府二重性的新论点，他们引入了双剑之喻。当然，需要指出的是，这种亨利式的比喻是与明谷的伯纳德在几十年后所提出的双剑说完全不同的。（见上文第110页）我们还不如直接引用一下亨利四世在1076年3月的重要论述：

> 没有征得上帝的许可，他（格列高利七世）就自己篡夺了王国和祭司职，蔑视了上帝的神圣命令。在根本上，上帝的命令是，它们（也就是王国和祭司职）应当作为两样东西，由两双手来掌握，而不是由一双手来把持。在基督受难时，救世主亲自宣示，这就是双剑具有象征性的恰当含义。当有人对主说，"主啊，请看！这里有两把剑"，

138

第五章　神权王权与封建王权

他的回答是:"够了。"[7]这就是说,二重性之存在是恰当的,教会之中应当有一把属灵之剑,一把属肉之剑,所有的恶都可以由它们来解决。

在根本上,以二重性的概念作为反对教宗的万灵药,它所反映的是对最高权威的划分,也就是对君主制概念本身的分割。根据反教宗派的二重论点,可以说,教宗单一、完整的最高统治权就被一分为二了。很明显,这样一来传统的王权君主制概念本身也会被一分为二。虽然到那时为止,在实际上,国王还能据理要求在王国中的真正的最高统治权,但到这时他就已经承认了,教宗也具有某种最高统治权,它是针对所谓的精神事务的,而国王就只要求对俗世事务的最高统治权了。

之所以引入这种二重性,是为了反对教权意识形态的膨胀。很清楚,这种二重性充分地显示出,这是一场维护现状的保卫战。二重性理论的基本理由是,俗世本身是自主的。正因为如此,国王本身也就是自主的,既然他也认为他自身的工作就在于俗世方面。这是不是可行,是不是实际,这里就不讨论了。很突出的问题是,在一个充满基督中心论的环境里,用来将"俗世"与"精神"区分开来的标准究竟是什么?最重要的是,由谁来划分这条界限?在接下来的年代里,那些最聪明的人曾经千方百计地去寻找一种将二者相互区分开来的标准,结果却一无所获。这也是因为教宗管辖的范围变得更广泛了:一些和"精神"事务的关系十分牵强的事,也不再被当作"俗

---

[7] 见《路加福音》22: 38。

世"的。例如，由于婚礼的关系[8]，事关嫁妆的问题也有了精神性的道理。王权一方将自主性赋予"俗世"的做法当然反映了一种思想的进步，但鉴于当时的思想气氛，赋予这种自主性就足以摧毁对世俗、可见、有形事物，亦即俗世的圣保罗式看法吗？实际上，格列高利式的最高统治权要求正是以这种看法为基础的。基于这种想法，教宗才能说什么"以罪之理由"，说什么"基于对某些原因的审查"（certis causis inspectis）[9]，才能行使他的权力。

不过，亨利四世最先提出的王权二重性理论还是具有很大吸引力的。11世纪后期的宣传家们发现了它，还试图支持它。典型的例子是《论维护教会团结》这本册子的作者。他攻击了教宗-教权派提出的源于圣彼得的充分权力理论。他认为，教宗派的论点依赖于对《马太福音》文本的错误解释，基督对圣彼得的委托并不是全面性的。捆绑与束缚的权力"只关系到那些能被捆绑，适于被释放的东西"。但这位作者并没有具体地规定，哪些东西是应当由教宗来捆绑和束缚的。很明显，他在心里想的是怎么制约教宗的管辖权力。在他看来，教宗不能以对圣彼得的委托为基础，来颁布事关国王的法律。教宗所能做的，只是告诫、劝说和建议国王，无论如何都不能以法律的形式来发布具有约束性的指令。进一步说，任何教宗均无权绝罚或罢黜国王，因为"他没有上级，不受任何人的裁判"。这位作者主张，教宗不顾其在本质上有限的权力，擅自将本来不属于他的职责归于己有，所以他何啻于加倍、三倍地使用了剑

---

[8] 婚礼是天主教会的七大圣事之一。
[9] 在此，原作者对所谓的"certis causis inspectis"一语的译法与原页码第111页处略有不同。中译本考虑了原作者的英译。

（参《以西结书》21：14[10]），而是多倍地增加了剑。在这位作者看来，教宗行使最高统治者的权力，会带来无数的危害，造成恶事、丑行甚至是内战。教宗颁布了本来不归他管的法律，这就篡夺了国王的权力，就变成了教会之团结的破坏者。因此，这位作者提出了政府的二重形式。虽然他一点也没有触及圣彼得权力之本质这个最关键的问题，但在王权阵营中，他已经为限制圣彼得的君主制出力甚多了。

企图限制教宗的立法权力，从而使教宗君主制去世俗化（de-mundanizing），也就是企图为国王的君主制寻求一个自主性的基础，尽管现在它已经被限制在了"俗世"事务的范围内。寻求这个基础，也就是寻求国家的观念。当时的作者们手段有限，尚不能发现它。他们所需要的，是一个与整体上的基督中心论观念体系毫无关系的基础。直到13世纪，这种愿望才会得到实现。到那时，"上帝恩典所立"的国王也就去日无多了。不管这是不是构成了悖论，事实确实在于，正是对君权神授的坚持，使得中世纪的基督教国王在面对教会权力时遇到了巨大的麻烦。

政府的二重性论点也提出了基督二重代牧权的概念。在霍亨施陶芬王朝的官方政治意识形态中，我们见到了这种符合逻辑的发展。在12世纪，皇帝腓特烈一世就是一个例证。他认为，基督既是国王又是司祭。基督作为国王的职责由皇帝来代为行使，而他作为司祭的职责属于教宗。进一步说，教宗只是基督在司祭方面的代牧，所以他就无权颁布法律。我们又一次

---

[10] 中文和合本作："人子啊，你要拍掌预言。我耶和华要使这刀，就是致死伤的刀，一连三次加倍刺人……"

发现，这种观点的支持者的目标就是对教宗政府的去世俗化。正如腓特烈一世所说，"皇帝的神圣法律和先人的善良习俗"是统治帝国的唯一基础，教宗无权干预国王或皇帝的统治。正当的统治权威不属于教宗，他可以劝诫皇帝，却无权使皇帝或帝国服属于教宗的法律和权力。在反教宗派的作品之中，在二重性纲领的支持者对教宗制所发起的正式攻击中，教宗派对统治权的坚持就是根子所在——唯有依靠法律，才能实施统治。

作为一种范式，罗马法为否定教宗的立法职能提供了一个基础，最起码在帝国范围内是这样的。从11世纪后期开始，它就成了反对教宗制的王权与皇权意识形态的储备库。在11世纪80年代，在授职权之争期间，上文曾经提到过的拉文纳的彼得·克拉苏斯还在写作。实际上，是他首先利用了罗马法，尤其是《查士丁尼法典》，来支持王权一方。实际上，彼得·克拉苏斯将罗马法变成了政治之学的一部分。他认为，格列高利七世的过错就在于，他抛开了皇帝的神圣法律，将立法者的职责占为己有，认识不到这是与教宗制的概念毫无关系的。彼得·克拉苏斯认为皇帝的"神圣"法律体现了神圣的正义，实际上格列高利对它是不尊重的。不过，使这本册子特别吸引人的，还是他对于神职人员与平信徒的明确区分。对于前者，彼得·克拉苏斯承认他们应当受到教宗的治理，教宗是他们的立法者；但后者只能由皇帝的法律来统治。他说，世上存在着"两套法律"，其一适用于教士，其一适用于平信徒。他建构出一种二重性的政府，它不是以"俗世"和"精神"事务来区分的，而是将民法作为以平信徒为主的法律，而教会法只是教士的法律而已。不过，由于民法是上帝通过皇帝的代言而发布的，所以神职人员也必须服从它。正因为肆意地蔑视民法，教宗制才变成了扰乱和平的因素。

可能是受主教和教士的封建地位[11]的影响，为了使国王保持君主的最高统治权，有一批作者集中地讨论了物质性的财产，例如封给主教的田庄。这些作者的目的是将教会职位与教会财产区分开来。不要忘记，斗争中的一大关键就是主教和教士的授职，国王（或平信徒领主）将教士的职位与财产授给他们。职位和封赐是由国王授予的。那时这批作者企图反对教宗在物质财产方面的政治权力，这些财产被非常引人注目地称为王家权利（regalian rights）。根据身为国王的职责，它们属于国王所有，与他的王权不可分割。所以，这些王家权利被认为是不可剥夺的。也就是说，在任何情况下，国王均无权放弃之。虽然这批作者承认国王无权授予教会职位，但他们仍然极力坚持，王家权利完全属于国王，教士在领有它们期间只拥有对利益的使用权。在1111年2月，王家权利被规定如下[12]：

> 城市、公爵领、边疆领（markgravates）、伯爵领、造币厂、过路费、关税、市场、百户法庭（hundredcourts）、庄园、军士和堡垒。

---

[11] 主要指地方教会、修道院和高级教士依据当时的封建原则从世俗领主那里获得封赐，从而使神职人员自身发生变质，成为封建体系中的一分子，不再能够单纯地以基督教价值观为最高准则。问题在于，在封建理念与基督教信仰的理念之间存在着诸多的不一致，二者之间的内在张力是引发教会与国家矛盾的根本原因。

[12] 应为萨利克王朝的德意志国王和神圣罗马帝国皇帝亨利五世（1098—1125年在位）与教宗帕斯卡二世达成的暂时妥协的一部分。这次妥协是亨利五世靠武力威胁而实现的，在当时的环境下并无可操作性，事后也并未得到实施。

即便教士被授予了这些权利，国王仍然是所有者。所以，国王的最高统治权依赖于这些物质财产。这种观点最初是在 11 世纪由费拉拉的圭多（Guido of Ferrara）提出的。它不仅是一种非常实际的观点，还能够为政治思想提供一个具有建设性的基础——从这种观点中，完全能够发现国家概念的某种胚胎。由于这种理论具有务实性，在终结授职权之争的许多协定[13]中，它都得到了采纳。

在整体上，虽然王权派的宣传家和官方的立场一样，对教宗－教权派的意识形态提出了尖锐的批评，但他们的逻辑却从来不像对手那般连贯。部分原因在于神权性王权本身，还有部分原因在于教宗与国王之争的性质本身。这种斗争完全集中在纯粹的思想领域中，几乎可以说它就是教宗制搞出来的东西；在中世纪，教宗制又是和基督教观念本身结合在一起的。没有任何组织或机构具有像教宗制这么久远的记忆：在其意识形态库里，在实录和档案馆里，没有任何政治行为或论点是找不出"辩解理由"的——还不如说，只要想要，就没有得不到的。一度，德意志国王不得不忍受教宗－教权派的攻击，但当时他们连都城都没有[14]，更别提有序的档案了。国王的真正力量的确在于"旧有的习俗"，旧有的做法，旧有的实践，它们都是在缺乏意识形态性支持和论证的情况下发展起来的。但是，这种优势一不小心就会变成软肋，只要有人提出一个令人尴尬的问题就够了："是谁这么说

---

[13] 其中最重要的是 1107 年的伦敦政教协定（Concordat of London）以及 1122 年的沃尔姆斯政教协定（Concordat of Worms）。

[14] 与中世纪的法、英等王国不同，神圣罗马帝国并没有正式的首都，就连所谓的"国会"（Reichstag/Diet）也没有固定的召开地点。

的?"我们还记得,在为传统和习俗而争论时,教宗对国王的有力回答。[15]在意识形态化的斗争中,重要的是意识形态,而不是习俗。直到直面对手的意识形态之时,王权一方才开始为其职责而进行争辩和理论。

很明显,皇帝一方要比国王一方更加不利。对于西方的罗马人皇帝,其起源和实际的历史都说明,他是教宗派构思出来的产物。(见上文第93页以降)他既成于教宗,也败于教宗。从9世纪以来,教宗制就为罗马皇帝位建立了一座相当严密的意识形态大厦,还力图使其主要政治因素在加冕仪式中得以体现。但同样的情况又发生了,皇帝一方却没有发展出相应的意识形态。直面成熟的教宗派意识形态、丰富的意识形态武库和历史先例,此外还有清楚明白的仪式象征系统,皇帝一方完全只能在由教宗选定和安排的场地上来论辩。无论是在实际还是在理论上,这块场地都出于教宗自己的手笔。以12、13世纪霍亨施陶芬王朝官方、半官方的陈述为依据,皇帝一方认为:(1)根据对德意志国王的选举,诸侯们就认可了国王的罗马皇帝位;(2)由教宗施行的加冕礼只是一种形式,它的作用是宣告而不是设立。这样,皇帝的立场就是:德意志国王有权利得到教宗的加冕。新的术语"皇帝资格"(*imperatura*)就表达了这个意思。它是凭着被选举为"罗马人国王"而具有的,所以,德意志的诸侯们有权利要求教宗来为皇帝施行加冕礼。这就否定了教宗派的观点,授予皇冠不是"使徒宗座的恩惠"和善举。他们甚至走到了这一步,说教宗的立场是"闻所未闻的

---

[15] 指前引格列高利七世所论:"主从未讲'我就是习俗';主所说的是'我是真理'。"

放肆之举"(这是霍亨施陶芬一方在 1199 年和 1201 年[16]讲给英诺森三世听的)——因为已没有居于上位的裁判官能够裁断已当选的候任者了。假若他们承认教宗在皇位选举和帝国事务上的裁判官地位,他们就反而助长了教宗对权力的篡夺,而这是他们极力反对的。他们认为,这样的干预会造成冲突,因为那样的话教宗就会"陷入世俗事务"。直到 1338 年帝国的法律(*Licet Juris*)被通过[17],这种霍亨施陶芬式的观点才变成了法律。根据这项法律,无须经过教宗的先行审查和批准,单凭对德意志国王的选举,就能使他成为罗马人的皇帝。但是,当这条法律通过时,帝国早在半个多世纪之前就丧失了重要性[18];那时教宗也迁到了阿维尼翁[19],不在罗马了。

维护皇帝之权利和职责的宣传作品极少,这是 12、13 世纪的又一个显著特征。意大利各大学里的民法学家们确实是平信徒,但他们面对着一个相对有限的公众。不管怎样,这个群体已经融入了自上而下的政府论。虽然他们提出了一些在后来显得极有意义的论点,但在当时,那些论点还是很难实施的。以罗马法中的"王权法"(*lex regia*)为根据的论点,就是

---

[16] 当时的霍亨施陶芬君主是腓特烈一世之子菲利普(Philip of Swabia)。在其兄亨利六世于 1197 年逝世后,他被选立为德意志国王(1198—1208 年在位),与韦尔夫王朝的奥托四世(Otto Ⅳ)争夺皇帝位,为时多年。奥托四世曾经得到过教宗英诺森三世的支持。
[17] 在 1338 年的法兰克福国会上通过。
[18] 腓特烈二世于 1250 年逝世后,其子康拉德四世仅将霍亨施陶芬王朝的皇权维持到了 1254 年。从 1254 年霍亨施陶芬王朝的终结,直到 1273 年哈布斯堡王朝的鲁道夫一世登上王位为止,出现了一个长约 20 年的政治混乱时期,史称"大空位"(The Great Interregnum)。从此神圣罗马帝国明显走向衰落,皇权本身也大为削弱。
[19] 在 1309—1377 年,教廷驻于阿维尼翁(今属法国,但在 1290—1348 年属于西西里王国,在 1348—1791 年属于教宗国),史称教廷之"阿维尼翁之囚"。

一例。根据该法，罗马人民曾经拥有过全部权力，但后来他们将其转让给了皇帝。情况还是这样，尽管"王权法"可以为建立自下而上的政府理论而服务（后来就是那样），但鉴于中世纪罗马人皇帝的实际形成过程，它是很难使任何人信服的。尽管如此，正是以"王权法"为基础，有人提出了这样的观点：由负责选举国王（将会成为罗马人皇帝）的七大德意志诸侯来代表日耳曼人的利益（依据某种奇怪的转换，日耳曼人取代了"王权法"里的罗马人民）。在霍亨施陶芬王朝中最有才略的君主是腓特烈二世。他的立场就说明，在反击教权派教宗格列高利九世和英诺森四世（1239—1245年在位）的攻击时，皇帝一方是多么理屈词穷。在维内的彼得和苏埃萨的达代乌斯[20]的得力辅佐下，腓特烈二世激昂地向整个基督教世界呼吁，控告教宗颠倒正义、滥用权力，要求教宗接受大公会议的审判。他认为，大公会议代表着整个教会，教宗的权力是来自大公会议的。换言之，在涉及教宗的时候，皇帝一方采用了自下而上的政府理论；但与此同时，皇帝还清楚地表明，他自己则无须对任何人负责，因为皇帝的权力直接来自上帝——自上而下的理论只是对他才适用。看来这种论证反映出，在教权派意识形态的操纵下，皇帝一方已陷入了一种极其困难的处境。

Ⅲ 英格兰的王权与宪政主义

如果说，是否能够导向宪政方向的发展是检验任何政府

---

[20] Peter de Vinea（Pietro della Vigna）与 Thaddaeus of Suessa（Taddeo da Suessa）都是腓特烈二世手下的重要大臣。

理论的标准,那么神权-自上而下的政府理论就是通不过检验的。如果统治者(不论他是教宗、国王还是皇帝)自成一个等级,在每个方面都是最高统治者,高踞于法律之上;如果与此同时,社会群体中的成员只是其臣民,不能参与政府、参与法律的制定,只能像接受"上帝的赐予"那样通过国王之口来接受法律,那么任何头脑都不可能设计出一种宪政的方案,使臣民能够限制统治者的君主意志的实施。在那种意识形态以内,在概念上就根本不可能通过对最高统治者的控制、调节和检查来限制统治者的职能。从发展的角度来看,公平地说,神权的论点可以说是徒劳无果的。它本身在概念上的僵化和顽固,使它不可能朝着宪政主义的方向发展。这一条恰恰就是检验任何"政治"理论的标准——它是否能够被塑造为一种宪政的形式。一旦统治者自成等级的职能定型了,任何的发展就都到头了。唯一的出路就只有革命了。不论神权理论打造得多么有逻辑、无瑕疵、有美感,它都是一种不顾人的因素的论点,而人的因素必定会影响到实际的统治。按照神权理论,好像政府是完全在概念和抽象的范围内,而不是在人类社会的范围内运动的,所以不用管人类社会在现实中的具体情况,不用管纷繁复杂的完全符合人性本身的欲望、意志和偏见。神权-自上而下的理论企图将现实变为单纯的概念。

中世纪对君权神授的补救是国王作为封建封君而具有的职责。国王很难不将神权和封建这两种职责结合在一起,罕有例外。我们刚才对中世纪王权的探讨有一个重要的欠缺,那就是在讲"国王"时没有指出,中世纪的国王同时体现着神权统治者和封建封君的职责。到目前为止,我们讨论的是神权性的国王,但实际地说,尤其是从"政治"理论发展的角度来说,封建的一面要更为重要。国王的封建职责是与神权的职责刚好相反的，就此而言中世纪国王是一种具有两面性的存在：就神权的职责而言，是他的意志创造了法律，他对法律的实施是不受限制的、独立的；但就封建的职责而言，封建的总封臣[21]对国王之法律或含蓄或直接的赞同才是根本性的因素。由于这一点，只有与封建契约中的另一方进行磋商并达成协议，国王才能实施行动。在国王和封臣（简略地说就是贵族们）之间的封建联系在实际上是一种契约。只有恰当地理解了这一点，封建王权在根本上的特殊性才会显现出来。在这种职能中，国王并不处于社会群体之外，也不居于其上，他在任何方面都是其中的一分子；因此，在这种结构内，并没有多少余地来像至高无上的统治者一般实现君王的意志。看来，中世纪国王的两面性是很值得注意的，这是一种非常彻底的两面性：无论是在中世纪历史还是中世纪思想中，人们都经常碰到一种基本的矛盾，就连王权这么关键的制度也不能例外。

亨利·梅因爵士[22]早就指出，封建社会是按契约法来治理的。确实，13世纪中叶的英王法官亨利·布莱克顿[23]就十分清晰地指出，封建契约在封君和封臣之间建立了一种法律纽带。这种纽带不仅使国王被视为封建团体当中的一分子，还在事关涉及契约双方之举措时，使赞同的行动成为可能。规范双方利益之法律，是国王和贵族之间的相互协定。契约的本质在

---

[21] 所谓的 tenants-in-chief，就是直接从英王领有土地的封臣。
[22] Henry Maine（1822—1888）是19世纪著名的法律史家，是英国历史法学派的主要代表人物之一，著有《古代法》等书。
[23] Henry Bracton 是13世纪英格兰的著名法学家，曾在英王亨利三世时长期担任法官，并担任过神职人员。其著作《英格兰的法律与习俗》（*De Legibus et Consuetudinibus Angliae*）是中世纪和英国法律史上的经典之作。

于，双方都必须对它发挥一定的作用：为了维护契约，双方之存在都是（至今仍是）必要的。进一步的后果是，如果一方未能按契约来行事的话（例如有不忠的行为），契约就是有可能被取消或拒绝的（所谓 *diffidatio*）。这些特征都不适用于神权性的王权。根据其本质，国王和社会群体之间的契约就不能存在，因为后者是上帝所托付给国王的。神权性王权真正要担忧的，只是对已经变成了暴君的国王的抵抗。而封建王权防止了那个难题：封建法本身已经为这种可能性做了准备。王权的封建一面具有非常突出的内在力量、韧性和适应力，同时也表现出了灵活性和可塑性。它是自然成长起来的，是时代需要的产物，能应时而变，总能考虑到既定的实际形势。它与神权性王权的反差是非常惊人的。一边是一种非常实际的安排，另一边则是思辨和理论，越来越依赖于不断积累起来的第一原则、教义和权威。

实际上，封建的一面使国王变得人性化了，但直接的历史意义在于，封建政府在实践中成了一个重要的思想预报器和孵化器。今后，具有理论性的人民论或自下而上的政府理论都会在封建政府的基础上发展出来。在此时，在王权的封建职责之中，作为政府载体的法律是通过建议和赞同而制定的。这样，合作就会导向团队的配合。法律是国王和贵族共同努力的成果。与此同时，不难理解的是，每一位意识到这种两难（双重的职责使他陷入了这种两难）的国王都会试图缩小封建的职责，同时强调他的神权性地位，因为在神权性职责中，国王是自由而不受限制的。实际上究竟是哪一面占上风，这主要不是取决于理论，而是取决于形势中的实际情况和条件。总的来看，应当这么讲，国王越是有维护神权性的职责的手腕，贵族越是没有鼓吹和维护自身权利的警惕心，国王就越能行使神权性的权力，甚至能时不时地弄出突出的成果来。进一步说，国王越强调神权性的职责，宪政主义就越不可能发展出来。从神权的据点通往宪政主义的道路上，插着革命的路标，沾满了血迹。从封建的据点通往宪政主义的道路，却是以论辩和妥协，也就是进化为特点的。这至少在一定程度上解释了英国和法国在宪政上的不同发展道路。

英格兰自 13 世纪初以来的发展反映了国王封建职责的增强，同时其神权性职责有所削弱。国王约翰[24]不及前代的先王们[25]（尤其是亨利二世），缺乏能力、手腕和资源，无法削弱对国王的封建约束。神权性王权的机制是微妙的，但约翰对它的运用太拙劣了，结果引发了贵族们的对抗，甚至发展为公然的敌对。问题主要不在于他以神权国王的身份置法律于不顾（当时又没有能够让他来承担责任的法庭），而在于他的统治方式，沉重的苛捐杂税、巧取豪夺和不法行径，诸如此类。使对抗走向公开化的，是他对君主权力的透支，而不是错置。此外，诺曼底之丧失、教会的禁令[26]和布汶战役[27]的失败也都是雪上

---

[24] 金雀花王朝的君主，亨利二世之子，于 1199—1216 年在位。他的诨名是"无地约翰"（John Lackland），这是因为他小时候看上去没机会继承多少领地。"失土王约翰"是不妥当的译法。
[25] 指金雀花王朝的前两代君主：约翰的父王亨利二世和其兄"狮心王"理查一世（1189—1199 年在位）。
[26] 由于约翰对教会权利的侵犯，教宗英诺森三世于 1208 年禁止全英格兰教会举行宗教活动，次年又绝罚了约翰。参见原书第 112—113 页。
[27] 所谓的"The Battle of Bouvines"发生于 1214 年。在此次战役中，法王腓力·奥古斯都（即腓力二世，于 1180—1223 年在位）的军队击败了神圣罗马帝国皇帝奥托四世率领的联军。此后，英王再也无力阻止加佩王朝的崛起，法王则得以收回金雀花王朝在欧洲大陆上所占的大片领地，法兰西的王权大为加强。Bouvines 位于今法国里尔附近。

加霜的。约翰的确向那个时代的人说明了神权性政府所能实际达到的地步，但在本质上，是"主所膏立者"的地位和强大的教义背景削弱了他。另一方面，贵族们也没有办法将他们的思想变成学理性的书卷。一种13世纪初的史料，所谓的《英格兰的法律》(*Leges Anglorum*)就指出，国王不应当依靠罗马法（有越来越多的迹象表明它变得更重要了），而是应当依靠"不列颠的法律"，"应当在贵族的助力下选择法律"。这位不知名的作者所想强调的，是国王的统治应当弱化神权性的基础，而强化封建的根据。无论是在理论上还是在事实上，能够限制国王的唯一手段就是国王封建职责所提供的工具。在很大的程度上，《大宪章》(*Magna Carta*)就是实施封建政府原则的结果：1215年之春，可能就是使国王回归封建模式的最后一次机遇了。

《大宪章》第39章一直被视为最具根本性意义的章节之一，事实的确如此。这项条款的基本要素可以被追溯到德意志国王康拉德二世[28]颁布于1036年的一项封建法律，但该条款本身是按照当时的紧急情况而做出的。

> 不经过由相当地位者组成的、合法的法庭，不根据本国法律，就不得逮捕和囚禁，或抢夺、放逐、流放，或以任何方式伤害任何自由人。[29]

---

〔28〕Conrad Ⅱ是德意志国王和神圣罗马帝国皇帝（1024—1039年在位），是萨利克王朝的第一位君主。

〔29〕拉丁原文为："39. Nullus liber homo capiatur, vel imprisonetur, aut disseisiatur, aut utlagetur, aut exuletur, aut aliquo modo destruatur, [nec super cum ibimus, nec super cum mittemus,] nisi per legale judicium parium suorum vel per legem terre."（以"[ ]"标出的部分，原作者未译）

这项条款的意义在于，在规定的情况下，要以一个合理组成的法庭来实施本国之法律。（这个条款中使用的拉丁术语"judicium"并不指现在的法学意义的审判，而是指法庭、法院；相当于现代所谓之审判的词是"sententia"。进而，"vel"的用法是连词，而不是转折词；当制定法律者想说"或者"时，他们总是说"aut"。当他们将逮捕和囚禁联系在一起时，他们也用了"vel"，因为这是两个合二为一的行为：囚禁是以逮捕为前提的，而本国法律之实施也是以法庭、法院为前提的，因为法律是必须有人来应用的。）

本国之法律（law of the land），这是贵族以王权的封建职责为依据而走出的关键一步。本国之法律不是国王所颁布的法律，而是国王和贵族一起批准的法律，它是实施封建契约的结果，是共同努力的结果；换言之，它就是国王和贵族所共有的法律。"本国之法律"这个术语就是（后来的）英国普通法在13世纪的叫法。就其本身而言，"本国之法律"指的是那一套不一定已经成文的规定，它深深植根于当地的封建制度，所以是以土地方面的法律（所有权、土地占有、继承等等）为主的。它的实质性因素源于国王和贵族的含蓄或直接的赞同。不管是从法制史还是从政治思想的角度来看，"本国之法律"的概念都是非常重要的一步，因为它代表着中世纪欧洲的第三大法律体系：除了罗马法，除了教会法，又有了封建性的英国的"本国之法律"，它就是普通法的前身。正因为它是一种原生的法，它才具有其封建先辈的一切特点——灵活性、可塑性和适应力。到14世纪的后半叶，就已经有声音在说，"本国之法律是国王、教俗领主和王国全社会在议会中制定的"。

正如梅特兰[30]所说，是约翰的暴政将贵族参与立法的权利变成了现实。贵族们的头脑里一直都有法律需要得到赞同的观念，《大宪章》二十年后的默顿大会议[31]清楚地显示了这一点。那次会议争论的问题是，非合法婚姻所生的儿子在其父母结婚以后是否能够被视为长子，进而是否能依据长子身份而享有继承权。封建法的规定很清楚：私生子的身份不可改变，无权继承。罗马法和萧规曹随的教会法则持有相反的观点，也就是说，由于后来发生的婚姻，他就自动地变成了合法的儿子。以林肯的格罗塞特为首，主教们呼吁采纳罗马法－教会法的规定，对此贵族们毫不含糊地回答：我们不打算改变英格兰的法律。他们还补充说，因为它得到了使用和认可。换言之，改变法律的建议得不到赞同。

贵族们充分地认识到，要想控诉神权性国王是不可能的，《大宪章》中所谓的安心条款[32]有力地说明了这一点。这个条款旨在为后世建立某种宪制性的机制，它丝毫不提国王在加冕时的宣誓或诺言。这种宪制性机制是为国王不称职的可能性而设计的。它将国王设定为封建团体中的一部分，因为只有在这个层面，他们才能"够得着"国王。就神权统治者的层面而言，那是毫无可能的。一切令状皆不可违背国王。国王在人身上不能受到任何惩罚，这就是初生的"普通法"所能给予神权性国王的最大限度的承认了。

---

[30] Frederick William Maitland（1850—1906）是著名的英国法律史权威，曾任剑桥大学英国法教授，其代表作有《英格兰法律史》（*History of English Law before the Time of Edward I*，与 Frederick Pollock 合著）。

[31] 在这次会议上，英王亨利三世与贵族们共同签署了所谓的"The Statute of Merton"，它被视为英国普通法历史上的第一项正式的成文法令。

[32] 指第61条。

在《大宪章》基础上的进一步发展,就属于宪法史的范围了。这里需要指出的是,在13世纪当中出现了由国王和贵族组成的"王国共同体"的观念。其结果是,与它有关的问题都必须由双方来解决。更进一步的影响是,正如布莱克顿所说的那样,法律是由双方制定的,由于国王只是立法过程中的一部分,他就不能单方面地取消法律。布莱克顿的著名论述已经包含了《大宪章》第39章所要表达的意思:"国王处于上帝和法律之下。"他的论述同样清楚地说明,没有普遍的赞同,就不能改变或废除法律;在起初颁布法律时征得了哪些人的建议和赞同,在改变法律时,就也要征得他们的赞同。布莱克顿认为,就国王身为上帝的代牧而言,他有责任来敦促臣民服从法律,从而维护和平——正因为如此,他才在加冕时获得了剑。

有利的形势使封建原则在英格兰的实施变得更容易,从而开始了走向宪政的发展过程,它将在接下来的几个世纪里留下印记。特别重要的是与其相应的议会的发展。正如麦基尔韦恩[33]所说,封建的会议变成了全国性的议会。国王答应了社会代表们的请求,作为回报,代表们就给予一种许可,结果封建性的交换条件就变成了议会的许可。甚或更为重要的是,作为共同努力的成果,法律是由国王*制定*而不是给予的,对法律的制定是由国王、贵族和其他共同体(议会)一起完成的。考虑到爱德华二世[34]在1308年对加冕宣誓所做的重要补充,这就显得尤为重要了。爱德华二世誓文中的新条款体现了13世纪自

---

[33] Charles Howard Mcilwain(1871—1968)是有名的英美宪法史专家,曾任哈佛大学教授。
[34] Edward Ⅱ(1307—1327年在位)是金雀花王朝的君主,为英国历史上有名的昏君,于1327年被迫退位。

《大宪章》以来在意识形态上，以及与其相应的宪制上的发展。由于这条法律是国王和王国公众共同制定的，后者就有权观察法律的实施。为了防止国王单方面不遵守法律，其誓词规定：

> 维护并保全王国公众所选择的法律和正当的习俗（亦即要受到他维护和保全的东西）。

的确，在1308年的加冕誓词中，布莱克顿的国王处于法律之下的观点得到了重申。由于神权性国王的臣民影响不了君主给予他们的法律，所以他们也没有合法的可能性去迫使国王遵守自己的法律。但是，由于王国公众能参与法律的制定，他们就变成了立法过程中的一方，从而能够迫使国王遵守它。在庄严的、原本十分神权性的加冕礼上，王国公众得到了一定的地位。

但这并不是全部。"王权"（Crown）这个抽象概念的发展，是与封建的社会概念密切地联系在一起的。这个概念同时包含了国王（就其封建性地位而言）和封建性的总封臣。不管怎样，"王权"就是王国本身。如此理解的话，有形的王冠就象征着将国王与王国结合在一起的无形的法律纽带。在"王权"的概念里，国王找到了长久的栖息地。"王权"既不是社会群体本身，也不是国王本身，而是二者的结合：是二者一起组成了"王权"。为了抗议教宗的某些要求，爱德华一世[35]说，教宗不得：

---

[35] 即所谓的"长腿爱德华"（Edward Longshanks，1272—1307年在位）是金雀花王朝的有名君主，是爱德华二世的父王。

> 绕过高级教士和贵族，侵犯我国之王冠。

由此我们就能理解，为何罗马法的格言"事关全民者，必经全民批准"会这么容易地影响到 13 世纪后期的政治思想。此外，社会的有机体观念又一次发挥了特殊的影响。在 14 世纪，埃克塞特的主教主张，按本性而言，"王权"的实质就是以国王为首，以贵族为肢。作为一种缓冲，"王权"的概念具有巨大的价值，因为它既能够，也的确同时充当了国王和社会群体的盾；以它为名义，可以提出各式各样的罪状，既可以控诉国王没有保护"王权"，也可以控诉任何人侵犯了它的权利。更重要的是，"王权"是抵制教宗要求的最佳壁垒：可以指责教宗的规定是违背"王权"利益的，实际上教宗的一切要求都可以用这个理由来抵制——我们很快就会看到，法兰西国王并没有这样一面盾。

封建王权理论在英格兰的实施也解释了代议制的发展。这种理念是封建制度的常见伙伴，但应当牢记的是，盛行的封建观念提供了土壤，有力地促进了对当时欧洲大陆的政治理念的轻松吸收，使它没有遇到通常难以避免的猛烈反弹。面对纯神权性的政府，自下而上－人民论观念的影响是很容易受到反弹的。大法官索普[36]在 1365 年的论述"议会代表整个王国"，是符合当时大陆上最先进的人民论观念的。英国的宪制确实在很大程度上有赖于封建的政府原则。在一个强固的神权性政府所治理的国家中，如果要实现人民论－自下而上的理念，革命就

---

[36] 应为 William de Thorpe（1361 年卒），他曾于 1346—1350 年担任大法官（Chief Justice of the King's Bench）。作者下文所说的"1365 年"或系笔误。

会成为唯一的结果；然而，封建政府观念的实施却为进化提供了一个平台。就英格兰王权而言，神权性的国王已经被剪除了羽翼，而剪除其羽翼的正是封建原则的实际应用。国王得救了，不管他自己怎么想。这种高度发展的封建王权有一个后果：尽管引进罗马法的企图是周期性地出现的，但在英格兰，罗马法从来没有取得过多少实际的地位。当然，就效率和速度而言，英王的政府从来就比不上大陆上那些非常神权的政府。那种政府是以一种在逻辑论证上已经达到极致的意识形态为基础的；可以说，它已经在国王身上镀了一层合金，使他的政府具有了十分摩登的外形。而在英格兰，占主导地位的封建王权是一部笨拙、沉重、咯吱作响的机器，它的运行必须得到大人物和贵族们的赞同和建议，它一点也没有神权性国王身上的闪耀装备。不过，正是它为宪政的发展提供了基础，其影响远远超出了宪法本身的范围，也远远超出了中世纪。

与英格兰的景象不同，法兰西和德意志的王权都极大地依赖于行使神权性的职责。在表面上，法兰西的王权在朝着神权的一面发展。不难理解，它本来就是国王、教宗和法兰西的主教一起支撑起来的。号称是5世纪后期的克洛维[37]在受洗时所用的圣油，被当作一个特别有力的因素保存了下来，用来说明法兰西神权性王权的特殊性。别的国王都没有像法王这样的荣誉。可以说，他的圣油是直接从天上来的，而其他所有国王所用的油都是从药剂店里来的。他是欧洲"最基督教的国王"，具有所谓的特殊魔力，也就是行使奇迹和治病的能力。国王的

---

[37] Clovis（481—511年在位）是法兰克王国的建立者，墨洛温王朝的第一位君主。他是皈依天主教教会的第一位法兰克君主。

"神秘性"(*mystique*)在相当大的程度上就是靠它造就的。法兰西的国王还被称为"法兰西的神圣国王"。另一方面，由于其他一些原因，法兰西的封建贵族没有共同的立场，并不追求共同的政策。神权性王权的强化，表现在国王是凭着"王家的充分权力"来颁布法律的，表现在罗马法（虽然不是以它本身的名义）对法兰西政府所发挥的影响要比在英格兰大得多，表现在国王的加冕仪式进行了调整，人民论王权的最后一点残留（所谓的"承认"）也被清除掉了，表现在国王经常被称为"国王和祭司"，还表现在王庭上的绝大部分人员都来自专业的法学家，也就是罗马法的专家。法兰西的布莱克顿，杰出的法学家博马努瓦尔[38]在一部以法文写成的作品中说，为了让法律生效，国王是无须召集议会的。按这位法学家的说法，这是因为"君王之所愿皆为法律"。进一步说，博马努瓦尔在界定国王之地位时就使用了"souverain"（君主）这个术语和概念，这也是很重要的。他说，国王就是位居所有贵族之上的"souverain"，因此他有权为共同之善与利益发号施令，只要他愿意。因此，在 13 世纪的法兰西，多次有人表达出这样的观念也就不足为奇了：国王就是其王国之内的皇帝（*rex in regno suo est imperator*）。既然（古代）罗马皇帝是被说成拥有一切君主权利之总和的，这个公式就非常好地以罗马法语言表达了最高统治权的观点，所有的法国法学家都对它熟稔于心。"一切法律都在国王胸中"，这样的话也被安到了法兰西国王头上。

法兰西王权被理解为具有明显神权性的概念，这使法王特

---

[38] 即 13 世纪的法学家 Philippe de Beaumanoir，其著作《博韦习惯法》(*Coustumes de Beauvoisis*)是一部关于中世纪法国习惯法的重要作品。

别容易受到教宗的干预。到13、14世纪之交，法王才能用"王权"来保护自己，抵挡住教宗的干预。在这时，卜尼法斯八世与腓力四世之间的激烈斗争[39]激起了滔滔巨浪，出现了许多坚定地反对教宗、维护国王权利的宣传作品。在这些册子中，有的是国王的臣僚们写的，有的是巴黎大学教师们的匿名作品。值得注意的是有文化的平信徒的参与。由于封建王权在法兰西的发展程度还很弱，论争就不得不在神权性王权的层面展开。以对话录的形式写成的《教士与骑士的争辩》[40]，可能就是为国王做出的最出色的辩护之一。论证还是集中在教宗的充分权力和全面的立法权力上，这是卜尼法斯八世所极力强调的。骑士（他在论辩中明显地占据上风）集中讨论了教宗的最高统治者权力，不承认基督曾想将教宗所要求的那种权力授予他们。骑士的主要论点是，制定法律的前提是统治权（dominion），但教宗是没有统治权的（关于另一种统治权理论，参见上文第125页），因为他只不过是一位精神统治者而已，法律并不符合他的身份。这是反对教宗立法者身份的老观点了，这本册子的作者也没有让文中的教士来力争这一点。教士所争取的只是教

---

[39] 13世纪末，由于战争的压力，英、法两国在不征得教宗同意，未由教廷将该战争确认为"义战"的情况下，直接对神职人员征税，从而打破了相沿已久的惯例。卜尼法斯八世遂于1296年发布诏书（*Clericis laicos*），以绝罚作为威胁，而法王腓力四世则以经济手段反击。1302年11月，卜尼法斯颁布著名的《一圣》诏书，以维护教宗深受威胁的地位，并于次年绝罚腓力。1303年，法王发兵意大利，以武力逼迫教宗退位，年迈的卜尼法斯随即辞世。1305年，在法方支持下，波尔多主教成为教宗克莱门五世。1309年，克莱门五世将教廷从暂驻地普瓦捷迁往阿维尼翁，开始了所谓的"阿维尼翁教宗"时期。

[40] 拉丁书名为 *Disputatio inter clericum et militem*，有人认为其作者就是巴黎的约翰（原书第200页以降对其人有所论述）。

第五章 神权王权与封建王权

宗在涉及罪之问题时的管辖权。

当然了，先生，不可否认的是教会对罪有管辖权。既然如此，这种管辖就会影响到正义和不义的问题。然而，假若后者牵涉到了俗世的事务，很明显的是，教宗就是此类问题的裁判者。

骑士没有实在地回答这个论点。他反驳道，如果教宗在一切事情上都是上位者，那就太滑稽了——这是找不出《圣经》证明的无稽之谈。接着骑士换了个攻击方向，转而强调教士们在王国中受到了多大的保护。

国王们在战斗时要冒着生命和财产的危险，这都是为了保护你们，而你们躲在一边凉快，享受着锦衣玉食——所以，你们就可以自称为主人，而国王和诸侯却成了你们的奴仆。

旧的观点又被颠倒了过来，只不过这一次是采用了典型的法国式伎俩。

当时的另一本册子也值得我们评论一下。它也很短小，也是匿名的，不过它也有可能是国王的臣僚弗劳特的彼得[41]写的。它连题目也没有（也有可能是失传了），其开头是"在一切教士出现之前（Antiquam essent clerici）法王才是王国的守护者"。这本册子的突出特点是，它企图以国王在历史上的占

---

[41] Pierre de Flotte 是 13 世纪后期的法学家，法王腓力四世的重要大臣。

先来取代神职人员在意识形态上的优势[42];最重要的是,它有力地主张,教士是王国中的一部分,所以也负有某种不可推脱的责任。他坚持说,每个人都应当为促进公益而出一份力,如果神职人员可以不纳税——要记得教宗和国王之间的这次斗争就是因为神职人员纳税问题而产生的——他们就滥用了自己的地位,因为他们不肯为公共利益而在财政上有所贡献,却过着高消费的生活。进一步说,由于不缴税,他们就要面临叛国,也就是"犯大逆"(lèse majesté)的指控。

  无疑,这本册子的潜在观点包含着一种新的精神。只要做一些仔细的分析就可以发现,许多关于法律与国家的新哲学正在渗透进来。法兰西国王非常灵活地(也充满矛盾地)利用了这种新哲学来反对教宗制,结果取得了对教宗的彻底胜利。上述这本册子的意义正在于,它的作者将教士视为国家中的一部分,而国家之存在先于任何教士之存在,因此后者必须出力维持国家,起码也得缴纳税钱。在14世纪初的法兰西作者的引导下,初生的国家观念将会造成深刻的变化,使关系到政府的所有问题都发生改变:正是在这个时期,国家的观念出现了,随之真正的政治思想也出现了。为了说明这个问题,我们必须简略地回顾一下亚里士多德思想在13世纪后期造成的影响。

---

[42] 历史地看,中世纪的法兰西王权源于克洛维开创的法兰克王权,其形成是大大晚于西欧的基督教化的。

第六章 亚里士多德的复兴及其背景

I 自下而上论的实际表现

从 13 世纪后半叶开始,亚里士多德的影响就造成了思想上的转变,带来了一场观念上的革命。无论是在事实还是理论上,13 世纪的亚里士多德洪流都标志着中世纪和现代之间的分水岭。在此我们所面临的问题是这样的:鉴于神权－自上而下的政府形式在中世纪的力量,鉴于当时那种基督教对主流政治观念的支持,怎样来解释(不管是以何种标准)亚里士多德观念的迅速发展呢?不管一种理论是多么可靠和有力,只要缺乏接受它的土壤,它就不太可能被接受。为了解释亚里士多德何以如此迅速地吸引住思想家和政府(在一定程度上)的注意力,就必须简要地谈一谈中世纪社会生活中某些民众层面的特征。正因为它预备了接受亚里士多德观念的土壤,中世纪人民论的实际表现才会在历史上这么重要。没有这些表现,就很难解释为何一位古代的哲学家竟会引起随后发生的观念革命。

尽管有人在以或官方,或民间的方式疾声呐喊,说什么唯有神权－自上而下的政府形式才符合基督教信仰，但在许多方面，社会的下层始终不变，没有怎么实施自上而下政府的任何基本原则。相反，虽然我们不清楚那些远远处于高高王位之下的人是怎么活动的，但现有的少量史料告诉我们，他们是以一种非常自然的方式来处事的。正因为统治者很少接触人民，他们才没有认识到"下面"所发生的事情。人民的活动也没有引起有文化的作者们的关注。不过，只要研究一下民众中的"下层"的"日常"方式，我们就会发现，他们是以相当自下而上的政府原则来办事的。从普世、历史的角度来看，对没文化的人来说，这种原则要比高度复杂的、更有思想性的自上而下的政府理论更为合适，如果不能说更符合自然本性的话。社会下层处理自身事务的方式很重要，它在纯粹中世纪的政府观念和更现代的政治理论之间架起了一座至关重要的桥梁。在社会的下层，可以找到那些现代很熟悉的理论性、抽象性政治观点的实际先驱。正如上一章所说，在封建式的政府所在之处，它也巧妙地为新的趋向打下了基础。

在下层，民间团体的存在是很明显的，它们并不是自以为是的理论和思辨的结果；不计其数的团体、联合体、互助会、社团、同事会等组织之所以会出现，在很大程度上，是因为有一种自然的需求将他们结成较大的单位。它们的目标是为了自我保全，为了现在所谓的相互担保，也是为了自己的特殊利益——不管它们的目标是什么，可以说联合体为个人提供了一种保护。然而，这些团体的组织和结构是以自下而上的政府理论为基础的——是成员们自己在管理他们的事情。在神权性统治的王国里，联合体是人民论的飞地。例如，村社管理自己的事情，不接受任何"从上面"来的指示：耕作、收获和休耕的时间是村社自己规定的，土地的管理也是它自己负责的。供水，牧场的利用，对河、井、溪流等的使用，赔偿牲畜或燃火对作物的伤害，违章伐木对林子的损害，诸如此类，都由村社制定的规矩来管理。采石场、铁匠铺、瓦厂、陶工也是这样，其中的工作条件都是有规定的。设立村社"公职人员"的机制是很简单的。毫无疑问，它证明了自我治理的要求是始终存在的。村长和其他"管理人员"一样，是由小得无法实施代议制理念的社会群体选举的。正因为他们对"国家大事"没什么想法，政府才不会注意它们。

更重要的是，这样的想法也应用于城市的政府。尽管一个"自由"的城市必须持有王家的特许状，但城市的政府是完全按自下而上的原则来管理的。市议会的存在本身就说明了该理论的实施。除此以外，还有很多以特定目的结合在一起的城市联盟，在意大利北部尤其如此。[1] 到13世纪初，选举城市公职人员的过程已经规定得很细致了。英格兰也提供了很好的例子。比如我们知道，在13世纪初的伊普斯维奇，市镇的社会群体是怎么选举镇长和十二位正式的港口主管的。类似地，行会和互助会在城市里的成长，也说明了人们想要管理自己的必要性。实际上，它们就是自治的团体，不管是工匠、商人还是熟练工的行会，都大同小异。很明显，需要得到同意的观念是确定无疑的。同样，虽然没有理论性的探讨，但行胜于言。正是基于这种背景，才能理解习惯法在中世纪的流行。习惯法的存在本身就证明了民众意愿的效力。的确，它可以被视为（见

---

〔1〕 指"伦巴第联盟"，主要成员有米兰、皮亚琴察、克雷莫纳、博洛尼亚、帕尔马等。其直接目的是抵制皇权的扩张，维护北意大利各城市的自治。

下文第 215 页）表现于实践和习惯之中的默认的同意。

仔细分析一下自上而下理论的实践就会发现，不论其根本论点如何，"人民"（不管究竟在何种意义上）在实施过程中都是必要的一部分。例如，格列高利七世为了贯彻他的纲领，以平信徒大众的力量来抵制已婚神职人员的宗教服务；在他以前，德意志国王康拉德二世已经求助于意大利的下层力量了。在 12、13 世纪，我们看到了教宗和皇帝对大众的呼吁，在十字军问题上尤其如此。这些例子表明，自上而下的政府必须借助广大群众的支持。在这种意义上，他们就含蓄地承认了他们的根本理论在一定程度上有赖于民众的支持，亦即民众的赞同。政府需要大众的合作，而合作是以对纲领的同意和赞成为前提的。十字军是为追求意识形态纲领而展开的群众运动。很容易理解，一旦群众被唤起了，就很难再排除他们了。悖论又一次出现了。也就是说，之所以要唤起群众，是为了服务于神权性政府。由于十字军战士被授予了一定的"自由"——免除民法的债务和指控，被教宗近臣团体接纳，等等——人民的胃口就被吊起来了。放松对民众的控制并利用其支持政府，对于那种政府来说，是充满潜在危险的。

从对抗的角度来看，无组织的群众在这种语境中也很重要。一方面，有民众的反抗、地方性的暴乱和农民的叛乱；另一方面，还有清楚地表现出了"民粹主义"精神的异端教派[2]：他们对"上位者"的命令"不服从"，认为教会圣统已

---

[2] 在中世纪盛期影响最大的异端有阿尔比派（Albigensians）与韦尔多派（Waldensians）。尽管前者体现了一种与基督教根本性质颇为不同的二元论，与韦尔多派那般通常意义上的基督教异端不可同日而语，但这两个教派都体现了否定天主教会圣统的一面。

第六章　亚里士多德的复兴及其背景　**163**

经忽视了基督教的根本宗旨，因此发出了向原初基督教和使徒之神贫回归的战斗呐喊。同样，形成自己的判断并按它来行事，这是人性中不可消除的要求。从5世纪以来，这种观点就被"当权的"污蔑成了思想骄傲的征兆，因为"权威"的位子被异端分子自己的判断取代了。对抗的概念本身，就体现在谴责对立事物的权利之中。处理他们自己的事务，这显示出了非常明显的人民论因素：他们在"秘密聚会处"集会，选举自己的公职人员，通过巡行布道，激发"当权的"和他们公开辩论等方式来唤起大众。神权性政府对异端分子所采取的激烈措施[3]说明，很明显的是，不管异端运动多么不定型、缺乏组织、不集中，它们都显示出了独立的精神，危险而凶恶。当然，他们所要争取的独立是以宗教的形式来表现的，但在那时候，整个神权性体系都依靠着宗教的形式。正因为认识到了更广泛的隐含含义，政府才会以那么严厉的措施来对待他们。否认他们具有"信徒"的名义，实际上是符合他们自身的目标和意图的。

对这种隐含含义，教宗制（英诺森三世时）尤其敏感。这位教宗对巡行布道者的承认[4]说明，群众必须得到认真的对待。托钵修士（多明我会士和方济各会士）所采用的方法实际上和异端分子并无不同：穿着褴褛的衣衫走动，发起公开的辩论，和异端分子的所作所为大致相似。差别只有一点：托钵修士在陈述和宣讲正统的教义。但重要的是，教宗制被迫严肃

---

〔3〕 最激烈的措施是教宗英诺森三世针对朗格多克地区的阿尔比派而发起的十字军（始于1209年），其实际领导权先后掌握在Simon de Montfort等封建贵族和腓力二世等法王手中。
〔4〕 方济各会和多明我会都得到了英诺森三世的批准和支持。

地对待群众了。设计和促进托钵修士的运动是为了处理群众问题,他们已经成为一种社会因素。同样,城市越来越受关注了,人们大量地聚集在它们的城墙里,使交换意见和相互接触变得更容易了。可以理解,托钵修士最关注的就是城市的人群。有直接影响的是,这样,托钵修士尤其是多明我会士就与社会生活的实际有了个人性的接触。这并不是一种偶然——相反,它是历史地造成的——是多明我会士首先将汹涌的新思想展现在13世纪的世界面前,那些思想将为今后的几个世纪打上烙印。

II 初生的人文主义与自然科学

为了充分地理解亚里士多德得到接受的背景,还需要讲一下别的一些特征,尽管它们本身和"政治"理论没太大的关系。其中有强势的北意大利公社运动。[5]其重要性在于,在城市的法令中,几乎已被忘却的古代"公民"(civis)概念变成了实际的工具。没有经过多少教义上的阐发,这些城市法令就接受了公民权的观点,这个概念对自下而上-人民论的理论是十分关键的。这里要指出的是,在意大利,对罗马法的熟悉(从来没有失传过)大大地推动了对公民概念的接受。公民是自主的、独立的,迥然不同于臣民(the sub/ditus),亦即单纯

---

[5] 凭借较为强大的罗马城市传统和有利地理条件,意大利北部的威尼斯、热那亚、米兰、佛罗伦萨等许多城市利用了皇帝与教宗制之间的张力,得以长期保持相对独立的地位,发展出一批城邦国家,亦称"公社"。在政治体制上,它们与中世纪的王权形成了对比。

地接受给予其法律的人。作为公民之总和，"popolo"[6]成功地建立了他们的主权。但欧洲的其他地方对这种概念也不陌生，因为每座城市的居民都被称为"cives"，国王的特许状就是针对他们的。需要记住的是，正是如"公民"这般完全无害的词，极大地推动了发展的进程，最终这个词变成了一种非常新颖的理论的核心。一个词在语言上的用法成了一座重要的桥梁：一边是中世纪的中性含义，另一边是在后来具有深刻实质意义的公民——权利的担负者（不再是单纯地接受恩惠的人）。

在13世纪，文学也开始呈现出某些重要的变化了。原来的文学语言是拉丁文。从13世纪开始，本国的方言发展起来了，那些识字较少、不太有文化的人也能够理解它们。为了表达那些最重要的情感，拉丁文有点不够了：它很难表现出人类情感中那些微妙的韵味。另一方面，正因为本国方言是自然形成的，它的自然性、人性化使作者能够很自然地表达出人的情绪和感情，体现出心里的感觉，而拉丁文就显得太陈腐了。拉丁文非常适用于学术的论述、抽象的思想与逻辑演绎中的数学表达，但它并不是普通人的语言。和代数等式一样，拉丁文完全变成了论辩中的概念性方法，但它几乎从来没有接触到普通人人性的层面。普通人以自己的语言、本国的方言来思考，只有那样的语言才能准确地表达他的情感。初生于13世纪的主观主义（subjectivism），亦即倾向于个人的取向，与迅速发展起来的方言文学有很密切的联系。

在13世纪，自然科学也取得了可观的进展。一旦观察和

---

[6] 即意大利语中的"人民"。

实验变成了研究的方法，以从第一原则出发的演绎为特点的经院式学问方法（见上文第 18、120 页）就丧失了垄断地位。观察和实验都是按照归纳的原则来进行的，都以自然本身的现象为中心。在这种框架内，不能以"权威"为依据。按 13 世纪后期的说法，因为权威所带来的只是"轻信"而已，只会使有益的研究无法开展。类似于博洛尼亚和蒙彼利埃的医学家，13 世纪还有牛津的自然主义者。这种发展的意义在于，不是基督徒或信徒，而是物质的人本身，也就是"homo"，变成了研究的对象。这具有一定的根本性，是对既有思维方式的背离。它说明了一个新的学者阶层的出现，他们已经加入了原来由神学家和哲学家组成的团体。吸引他们的是作为人本身的自然之人，而不是所谓的重生之人，也就是受过洗的人。而在原来，只有后者才受到关注。只从基督徒角度思考问题的神学家和哲学家不再能够维持垄断。作为基督徒的人现在必须和自然的人，亦即那个他想取代的人来抢镜头了。

形象艺术同样表现出了创新性的精神。个人，亦即自然和现实中的人受到了集中的关注；相应地，"新的造物"亦即基督徒，就不再那么受关注了。13 世纪的雕刻和人物画显示出了对个人特征的强调，其风格完全可以被称为"具有文艺复兴精神的哥特式"。中世纪早期的人物画、雕刻和抄本插画，全都只有人的简单形象：在很大程度上是老套的人像，所描绘对象的个人特征很少得到表现。但到这时，这种抽象的象征性的形象——实在地讲从来没有表现过一个具体的人——开始让位于对个人形象的描绘了，具有实质性的个体性和现实的具体性。个人的特征取代了过去所表现的主观、抽象的形式。值得注意的还有，有人试图去描绘自然风景本身。不喜欢描绘风景本身,却倾向于范型和抽象的形象,这一点可能最能说明中世纪的取向了。同样,在13世纪,这种新的艺术体裁开始被艺术家当成一种重要的类型。

　　13世纪的探照灯转向了个人性的部分,在很长的时间里它都处在不受注意的角落中。应当记得,在中世纪的全部思想中,重要的只是受过洗的人,也就是在洗礼中靠着上帝恩典的作用而重生的"新的造物"。可以说,基督徒已经压制住了"自然之人",也就是自然属性的人本身。在洗礼中,他被提升为一种分享着神性特征的造物。这样,他就变成了一名信徒,服属于所给予他的法律。作为一名基督徒,他处在一个与普通人所不同的位置上。在整个13世纪,在各个不同的领域中,都可以看到一种对"人"本身、对(圣保罗所谓)自然之人的明显强调。好像一块新的大陆被发现了——对人的真实自然本性的发现——一种新的主题得到了显现。完全有理由认为,一种"文艺复兴"[7]出现了,早已被遗忘的自然之人再生了。正如我们现在所看到的那样,这种对人的再生(几百年来都被虔诚基督徒的身份掩盖住了),在政治学的领域中具有深远的影响。对于基督徒,重要的是他的信仰;对于自然的人,重要的就是他的人性。从13世纪开始,二者(人与基督徒)开始被视为完全不同的范畴。适用于其中之一的,不一定适用于另一个。重生的人(基督徒)所留下的真空被弥补了:自然的人从长达几个世纪的沉睡中苏醒了。

　　正是在这种从不同角度表现出人文精神的背景中(文学、

---

〔7〕 在中世纪史研究中,更常见的概念是美国历史学家、哈佛大学教授查尔斯·哈斯金斯(Charles H. Haskins, 1870—1937)所倡导的"12世纪文艺复兴"。

诗歌、艺术、自然科学等等），才能比较容易地理解亚里士多德的影响。精神的土壤已经为亚里士多德观念的成长准备好了。在公共治理的领域中，它将会特别有力。在一些至关重要的方面，亚里士多德为那些见之于实践的现象提供了理论。

Ⅲ 亚里士多德的原则

对于社会及其政府的基本概念而言，亚里士多德政府理论的冲击革命性地改变了思想，实际上产生了一种激烈的变化，至今我们还难以充分地理解其程度（H. 米泰斯[8]的观点）。片面、思辨、垄断性的社会与政府观点得到了一种完美的补充物。在接受亚里士多德的发展过程中，有三个非常不同的阶段：（1）对他的敌视；（2）在基督教的框架内适应他的学说；（3）从基督教的外衣中逐步释放他。

在与我们的论题相关的范围内，亚里士多德的基本宗旨是应当简单地讲一讲的。在他的学说中最突出的观点就是，国家被视为公民的最高团体，它是自然本性的产物，是自然法发生作用的结果，而不是任何协议、契约、规矩或任何特定的创设行为的结果。自然本性的法则造就了国家。对亚里士多德来说，它是适于人自身的。他随其而出生，依着它们的规定而在自足、独立、自主的社会亦即国家中生活。没有国家，人就不能生存（能这样的就是野兽或神祇了），在国家中他才能实现自我的完善。根据自然本性，人就是政治的动物。对他来说，国家是其他所有自然联合体（诸如家庭、村庄、城市等等）的

---

[8] Heinrich Mitteis（1889—1952）是有名的德国中世纪史家。

最终成全。在此具有根本性意义的两点是，国家从底下开始的自然成长（也就是说，这个社会是由其他各种更小的群体所建立的），还有国家的自然主义。这两个特点都很关键，尤其是后者。

在亚里士多德的思想中充满着以自然为动力的观念，它是以目的论的方式来理解的："自然之行事皆有必要"，或者说"自然之行事仿佛能预见未来"和"自然从不徒劳行事"，这是一些在他的论述中反复出现的说法。它们具有强烈的目的论色彩，读者是不可能注意不到的——然而，在他的目的论和传统的目的论之间存在一个巨大的差别：自然的法则决定了人的思考和推理能力。动物的标记是它们对自然习性的盲目服从；人的标记是对其意志和理性的运用，从而表达出自然的法则。而人的国家的标记是，有理性地将自然的法则转换为共同的意志。对与错，是由人对自然本性之要求的领悟和理解决定的。因此，人的有理性的意志是与他的自然本性密不可分的。对对与错的执着，是动物所不能的，它就是人具有理性能力的结果。结果，以人的意志和理性能力为载体，自然本性不仅造成了国家，还规定了它的道路。亚里士多德认为，既然自然本性倾向于善，既然国家是人的所有共同体的最高表现，国家就是以最高的善为目标的。

对亚里士多德来说，实现这个目标的工具就是法律，亦即公民所决定的，清楚明白的自然之意志。亚里士多德认为——

> 多数的群众应当比少数优等的人地位更高，这条原则是可以得到令人信服的证明的。

这一论述一直深受欢迎，被当作亚里士多德思想中最重要的论点（昂肯、波伦茨、克瑙斯、E. 迈尔等学者[9]都这么看）。换言之，群众大会就是旨在促进公益的"最高统治者"（用亚里士多德的措辞来说就是"最高者"）。公民拥有自然权利来参与国家的管理和统治，那就是他们的国家。他所强调的是国家的自主性质，用他本人的话来说就是：

> 有权力参加国家[10]的商议或司法管理的人，用我们的话来说就是国家的公民。一般而言，*国家就是一个有能力满足生活目标的公民团体*。

然而，对亚里士多德来说，在人与公民之间存在着一种概念性的差异。

> 很明显，善的公民并不一定具有能使他成为善人的德性。

当然在理想的国家中这种差别并不存在。公民以属于政治、法律秩序的原则来行事，而人以属于伦理的规范来行事。善的公民就是依照宪制，满足政治秩序之要求的人；而善人就是满足道德规范之要求的人（所以圣人可以同时既是好人，又是坏的公民）。人与公民的概念形成了鲜明的对比，具有关键性的意义：它打破了垄断性的结构。它打破了整一和"极权"（亦即

---

[9] 应指 Wilhelm Oncken、Max Pohlenz、Bernhard Knauss、Eduard Meyer 等人。都是研究古代思想、历史的德语学者。

[10] 原书引文直接将古希腊的"polis"译为"the State"，并未特意区分城邦与国家。译文未改。

整全无所不包）的观点，至少从两个角度，亦即政治和道德的角度来看待个人。一旦理解了这种两分的含义，结论就应运而生了：首先，将基督徒与公民、与人区分开来；接着，进一步区分社会、经济、文化等规范，使之分别具有自己的原则。它正是人的活动的碎化。

亚里士多德式的国家按照自然进化的原则成长，服从于这种原则。它考虑到了人性的、自然的发展过程中的多样、变化和差异。不言而喻的是，它与占据主导的基督中心论观点形成了明显的差别：作为包括平信徒和神职人员的无所不包的团体，教会是由神的特殊行为专门建立、设置的。就政府问题而言，这两种观点之间的对比可以这么来表达：一种政治体制是自上而下的，一个超自然的机构所规定的原则或规范决定了它的本质，它所追求的目标是统一性和均质性；另一种体制是自下而上的，它以自然表现的多样性为出发点，以其为理论的基础。一套体制指向彼世（在现世中的生活只不过是一种预备而已）；而另一套体制单单以现世为其目标。

亚里士多德的作品是在 13 世纪初流传开来的。不过，要扩大他的影响，仍然面临着不小的障碍。上面的简述所依据的是《政治学》。该书运用了他在总体上的哲学和伦理观点，不可能只接受其中的一部分而拒绝剩下的。他的思想是一个体系，并不是对各种相异因素的简单杂糅：他的作品是在同一块石头上刻出来的。要么是完全的接受，要么是彻底的抵制。[11] 另一个困难是，他的作品是通过犹太和阿拉伯的版本，

---

〔11〕应当说，作者的这种观点是较为偏激的。历史地看，阿维洛伊主义是对亚里士多德和伊斯兰信仰的综合，而托马斯主义是对亚里士多德和基督（转下页）

而不是原初的希腊文本流传开来的。他的一些预设也很难得到接受。比如，连续进化的观点和因果论会排斥任何以为世界有一个绝对开端的观点，这样上帝对宇宙的创造也就成问题了。进一步说，这种因果理论排除了奇迹的发生[12]，因为对亚里士多德来说，每一个事件都有一个人的理性能够理解的、可说明的理由。亚里士多德对于永生不朽的观点，也很难和基督教认为灵魂不朽的观点相调和。在任何意义上，他通过自然来理解的东西都是不符合传统的（奥古斯丁式）自然观的。毫无疑问，犹太和阿拉伯的思想家们也面临着同样的难题，但他们将神学与哲学区分了开来，问题从而得到了解决。但是，基督教作者们不能这么办，对他们来说哲学只是神学的"婢女"而已（圣安瑟伦）。考虑到中世纪基督教思想中的"极权"、整全的观点，这就很容易理解了。教宗制不喜欢对亚里士多德（尤其是其《形而上学》和《物理学》）的研究，这是可以理解的。在巴黎，情况更不好，因为阿维洛伊式[13]（亦即阿拉伯式）的亚里士多德学说已经激起了不小的波澜。

因此，格列高利九世在巴黎规定，只有在对亚里士多德的作品"进行检查和净化"之后，才能开展对其作品的研

（接上页）教信仰的综合。托马斯·阿奎那本人并不认为对亚里士多德的接受就意味着与整个基督教传统的断裂。

[12] 应当指出，中世纪的神学家们并不认为神的奇迹是与一般的自然法则不可调和的。请参看吉尔松《中世纪哲学精神》第18章。

[13] Averroes（Ibn Rushd，1126—1198）是中古时代最卓越的伊斯兰学者之一，生于西班牙的科尔多瓦。他对亚里士多德的作品做了系统的诠释，将亚里士多德思想与伊斯兰信仰结合起来，影响极为深远。在13世纪，经过Averroes诠释的亚里士多德思想在西欧传播开来，对当时的基督教经院神学构成了重大的挑战和激励。

究。[14]多明我会的托钵修士主动地承担了这项工作。由弗兰德斯人莫尔贝克的威廉[15]、德意志人大阿尔伯特[16]和那不勒斯人托马斯·阿奎那组成的三驾马车承担了这项庞大的任务。莫尔贝克的翻译提供了一种可靠的文本，是后人可以利用的。可能特别重要的是，当莫尔贝克在亚里士多德的《政治学》中碰到希腊词"politheuesthai"时（该词意为"如公民般行事"，或者"积极参与公共事务"），他不得不生造出一个新的拉丁词。因为最关键的是，在拉丁文中没有一个词能够表达出亚里士多德所想表达的意思。莫尔贝克选择了"politizare"（政治化）。这个词虽然显得拙劣和粗糙，却能够表示出词背后的意思。就可考的范围而言，人的一种特定的活动第一次具有了特定的政治含义。还应当记住的是，通过莫尔贝克的翻译，别的概念和术语也开始成功地涌现出来了——例如"politicus"（政治的）和"politia"（政府）——它们都是那时的世界还不太熟悉的。

在亚里士多德产生影响以前，人们是怎么看待自然法这个概念的？这是很能说明问题的。总体上，在传统的学问中，自然和自然法的观念都是思辨性的命题，都是整个基督教宇宙论

---

[14] 格列高利九世曾委派奥弗涅的威廉（William of Auvergne）等神学家来改正当时所用的亚里士多德译本中的谬误。亦有观点认为，格列高利九世实际上是中世纪大学学术自由的支持者（见他于1231年颁布的诏书 *Parens scientiarum*），也支持了亚里士多德主义在经院学术中的发展；在当时，教廷所禁止的不是亚里士多德本身，而是阿维洛伊化的亚里士多德。

[15] William of Moerbeke（约1215—1286）是13世纪的重要翻译家，直接依据希腊原文将亚里士多德和其他古代作家的大量作品译为拉丁文，从而淘汰了从阿拉伯文转译而来的旧本子。

[16] Albert the Great（Albertus Magnus，约1200—1280）是13世纪的著名神学家和自然学者，大力倡导对亚里士多德主义的研究，是托马斯·阿奎那之师。

中的一部分。因此，对这些概念的看法就被融入了主导性的由基督教观念构成的罗网和外壳之中。虽然在 7 世纪初，塞维尔的伊西多尔曾经定义过自然法的概念，但 11 世纪的伟大宣传家们还没有利用自然或自然法的概念。格兰西（在前面的不同语境中我们曾经关注过他[17]）简洁地提出了对于自然法的通行学说。他认为，"自然法就是《旧约》和《新约》所包含的法，它规定人人都应当做到：己所不欲、勿施于人"。很明显，对他来说，自然法是和神法无比接近的，所以他还认为自然法开始于上帝"对理性造物的创造"。它和看得见、摸得着的现象没什么关系；人本身不是自然的造物，而是上帝的造物。在这个体系中，自然法和教会法都被认为是来自上帝的意志的；因此，从这个角度来说，教宗制对治理非基督徒的要求也是可以理解的，因为他们都是上帝的造物。

在本质上，12 世纪的自然法概念[18]只不过是圣奥古斯丁教义的简化版。圣奥古斯丁的观点也密切地与创造的观念联系在一起，其中最突出的就是这种非常抽象的观点："自然本性"代表着原初的、无瑕的，事物在神的创造中所得到的状态。无论一事物是多么邪恶，它的自然本性都不受影响，这种恶都是违背自然本性的。对他来说，恶是对自然秩序的悖逆，因为"自然本性"中没有任何恶的东西。因此，人的原初、自然的状态是清白的，接触不到恶与死亡。正如《旧约》所说，"上帝没有造出死亡"。[19]所以，圣奥古斯丁认为，死亡是违背"自

---

[17] 见原书第 119—121 页。
[18] 格兰西的《教会法汇要》成书于 1140 年左右。
[19] 语出《旧约》次经《智慧篇》1: 13。天主教思高本译为："因为天主并未造死亡，也不乐意生灵灭亡。"

第六章　亚里士多德的复兴及其背景

然的律法"的。是堕落损害了人的真正的自然本性，使他发生了扭曲。按圣奥古斯丁的看法，生长、衰朽、死亡、激情等对人来说显得自然而然的东西，如果以神为事物规定的秩序来衡量的话，它们都是违背自然本性的。[20] 能够恢复人的真正自然本性的，就是上帝的恩典。只有依靠基督，这种恢复、这种重生或新生才能实现——此后死亡、悲惨、罪和恶就都不会发生了。根据这样的前提，人们就有可能理解，为何圣奥古斯丁得出了诸如人的平等性[21]、财产的共享、兄弟之爱等的观点。同样可以理解的是，为何对自然和自然法的这种看法既没有得到真正的实施，也没有得到多少理论性的阐发。它只不过是纯粹的抽象而已，已经远离了一般人对自然的理解。

12世纪的精神沸动应当受到特别的关注，因为它充分地准备好了一片土地，在下一个世纪里，亚里士多德的学说将在这里茁壮成长。对罗马法的研究也进一步促进了亚里士多德对13世纪思想的影响。在罗马法中，也可以找到乌尔比安[22]对自然法的定义：它就是自然教导给所有动物的法则（所以并不是专门赋予人类的）。作为一位古典时期的罗马法学家，乌尔比安认为，拉丁文的"natura"一词来源于"nasci"（就是由自然生出或造出）。这是一个重要的路标：自然的概念和生长、进

---

[20] 在此作者显然是对奥古斯丁的观念做了极端化的理解。对奥古斯丁来说，人的正常的生命和情感都符合上帝创造的自然本性；奥古斯丁所强调的是死亡违背自然本性，是罪的后果。

[21] 应当指出，在奥古斯丁眼中，人在精神上的内在平等并不意味着他们在社会地位上的完全平等，更不意味着对社会权威与教会权威的根本否定。

[22] Ulpian（Domitius Ulpianus，228年卒）是罗马帝国时代最著名的法学家之一。

化联系了起来，很难将它与僵化、静止的奥古斯丁式观点[23]调和起来。法学上的预备将会发挥越来越大的影响。连索尔兹伯里的约翰这样不是法学家的人，都开始受到这种多少显得更为"自然"的观点的影响。以上这些因素都导致了对亚里士多德政治理论的吸收。除此以外，教义方面的预备也不应该受到忽视，它也是以 12、13 世纪的法学繁荣为条件的。

---

[23] 作者并未提到奥古斯丁的"种质"概念（或译作"种相"，拉丁词为"rationes seminales"）。简单说来，上帝在创世之初创造了万物的"种"；在一定的环境下，"种"在时间中逐步实现为万物；通过这个潜在的"种"，上帝控制了万物的生成、变化。依据这种观念，上帝所创造的世界不是静止不变的，而是不断演化的。因此，"种质"观念包含了某种进化因素。

第七章　新的趋向

I　托马斯主义

使古代的哲学家适应于基督教的宇宙论，这是13世纪最迫切的任务之一。这时亚里士多德的作品已经有了合适的译本，"大综合"也就成了一项有可能实现的工作：它是由多明我会士大阿尔伯特开始，由他的学生托马斯·阿奎那来完成的。可以肯定的是，正如一位著名的托马斯专家所说，从古至今，不论是在13世纪之前还是之后，从来没有人像托马斯·阿奎那这么深入细致地研究过亚里士多德。（语出 M. 格拉布曼[1]）的确，要富于技巧地阐发亚里士多德的观念并将其融入基督教的思想体系，就必须要有一个非同寻常地广博、敏锐和深刻的心灵。他的理性力量将基督教和亚里士多德的观点融合起来，"为了使异教的哲学适应于基督教的宇宙论，这就需

---

[1] Martin Grabmann（1875—1949）是有名的德国学者，研究中世纪神哲学的权威之一。

要无比精妙的品质"(语出麦基尔韦恩)。托马斯创造出一种综合,将相异的、矛盾的因素结合起来,从而消除了亚里士多德主义之中那些按上帝中心论的标准显得有害的因素。这种综合的结果是,亚里士多德得到了完全的接受,成了当时的思想环境的一部分——的确,完全可以说托马斯主义是现时语境中的基督教亚里士多德主义。(见格拉布曼)

自然、物质实在或实存等进化性的概念(与理想化的假定相对)是亚里士多德的基本观念。托马斯经常提到自然中的成长因素,像很久以前的乌尔比安那样用词源学的办法来解释自然。这样,托马斯就保持了生命机体的肉体性生长以及肉体性生育的观念。他非常直接地以亚里士多德为根据,告诉读者运动的观念是自然所固有的。他说,在运动的物体中我们可以观察到它,因为物体本身一定有一个"固有的开端"。他的自然概念和亚里士多德的没什么不同:它指明了出生、成长和衰朽。如前文所述,在托马斯本人那时候,其他许多领域都已经表现出了这种"自然主义"的思维方式。不过,在纯粹的哲学思想中,这种思维方式仍然是一个新的起点。实际上,在托马斯的思想体系中,认为自然自有力量、自有活动原则的观念是一个最为重要的工具。这样,他就能够判断这样或那样的现象是"符合自然""高于自然"还是"违背自然"的。依据这种(原来是亚里士多德的)前提,托马斯就能毫不困难地将其应用于社会和政府之中。亚里士多德的目的论将自然的作用和国家的观念视为自然的产物,在托马斯主义的体系中,它重新出现了;亚里士多德将人定义为"政治的动物",而托马斯对其有所改进,还将人称为"社会的动物",所以他的定义就扩展成了人是"政治和社会的动物"。将人同时说成社会的动物,这一改进是托马斯从4世纪后期的异教作者马克罗比乌斯[2]那里借鉴来的。将人作为政治的动物,这种概念说明"政治"已经进入了当时的词汇和思想过程。以"政治"的方式来思考,成了一种新的思想范畴。

然而,影响最直接的是,对托马斯来说,在概念上人和基督徒就是不同的。人是自然的产物,这本身就应当受到关注。自然性就是他的标志,作为人类社会的成员他是社会的动物。对人,对"homo"的这种强调,就造成了托马斯主义的"humanitas"的观念。他认为这就是人本身的根本性存在。当然不能说人*性*的观念是托马斯原创的——罗马法早就非常熟悉它了,讨论过基督之人性的神学家也如此;在托马斯之前不久,腓特烈二世就在有名的《梅尔斐宪章》[3](1231年)中利用过人性的观念。但是,在整座托马斯主义的大厦中,很少有哪个术语是没有被前人用过的:成功的秘诀就是,运用多多少少还算是有名的术语,却赋予其与现有意义不同的内容。熟悉的术语最能促进新理论的发展了,不管这个熟知的术语已经在多大程度上被改头换面了。对于托马斯主义的"humanitas"与人的概念,这种评价都管用。它们(别的一些概念也是,我们马上就会讲到)都不是新的:每一个都为人熟知,但他所赋予的含义都不完全符合普遍接受的

---

[2] Ambrosius Theodosius Macrobius 是4、5世纪时的语法学家和哲学家,是罗马晚期最重要的异教作家之一。著有 *Saturnalia* 等作品。
[3] 所谓的 *Constitutions of Melfi* 是皇帝腓特烈二世(同时身为西西里国王)为西西里王国而颁布的法典。有观点认为,该法典第一次在西欧建立了绝对君主制。

概念。

人在有组织社会中的实现，就是公民。公民就是大写的人。对托马斯来说，公民不再是臣民（the *sub/ditus*），即只能服从上位者权威的人。按照亚里士多德的定义，公民就是参与政府的人。它提供了一种溶解剂，使（下位的）臣民能够从（上位的）权威中释放出来。我们记得，臣民所得不到的正是对政府的参与。法律也是给予臣民的，他参与不了法律的制定。在此重要的是，托马斯吸收了亚里士多德的观念，使公共领域发生了改变。与其说他使臣民改头换面了，还不如说他使公民获得了重生，从古典时代至今，他们已经长眠很久了。[4]公民概念的出现意义极大，怎么估计都不为过：其重生具有极为关键的重要性。从历史环境来看，这个"新"概念所取得的巨大进展是不足为奇的。进一步说，亚里士多德对人与公民的区分也在托马斯的体系中重现了：

> 有时候（他说），某个人是好公民，却没有能被称为好人的品质。因此可以说，判断一个人是不是好人、是不是好公民的标准就不是同一个。

这一论述极为重要，毋庸赘述。它否定了我们所谓的极权的观点（姑且称之）。它朝着一种新的趋向迈出了巨大的一步。适用于其一者未必适用于另一个。公民（政治的人）描述了一种不同的存在，他是与单纯的人不同的。从此，将人的活动分解

---

[4] 历史地看，在晚期罗马帝国，伴随着公民权的普遍化与君主制的强化，罗马公民的旨趣早已与古典城邦的公民概念颇为不同了。

开来的幽灵就出现了，从此人就要服从不同的规范和要求（政治、宗教、道德、经济等等）。

　　托马斯·阿奎那不仅在理论上重新引入了公民的概念（有别于臣民），还同样地以亚里士多德为基础，引入了政治学本身。对他来说，"政治学"（*scientia politica*）就是关于国家之政府的知识，国家就是他所谓的"civitas"或"civilitas"。实际上，这两个概念在托马斯的思想中具有内在的联系。就国家这种自然的产物而言，对他来说政治学就是关于政府的学问。就其本身，它主要关系到实际的事务，而不是思辨。它被托马斯称为"操作性的"（*operativa*），也就是与事情的实际处理有关的、将理论变为实际的学问。反过来说，政治学不是一门单单认识事物，却对其毫无作用的学问。这种"操作性学问"的基础就是自然的、人的理性，它是自然本性所具有的。这一点在他的体系中具有关键性的地位。这种人的理性从具体的经验中获得方向和定位。如他所说，无论是"在自然事物中"还是"在道德事务中"，具体的经验都是非常值得关注的。更重要的是，政治学有它本身的运作原则——它不需要外在的东西来干预——所以他把政治学称为所有学问中最实际，也最根本、最"建造性"的学问，"事实上以人类事务中完美的善为目标"。政治学的产生马上就具有了与人相关的、实际的性质：它就是最重要的人的经验，对自然的、人的因素的观察。正如他所强调的那样，政治学是人的学问的一部分，所以要"以仿效自然为目标"。对托马斯来说，事实之所是而非应然之所是，才是这门新学问的基调。这种现实主义的方法在他的论述中有所表现。举例来说，"只要人的状况发生了变化，对法律的改变就是正当的，因为不同的法律都是实际所要求的"。这确实带来了一缕新鲜的空气。

另一个新概念"政治政府"（regimen politicum）的引入与托马斯所运用的前提关系密切。最能充分说明"政治政府"之含义的办法，可能就是将它与其反面"王权政府"（regimen regale）进行对比。实际上这两种观念非常清楚地说明了关于政府与法律的两种主要理论。托马斯认为，"王权政府"亦即神权性的政府形式的特点在于，国王拥有"充分权力"，无须对其政治行为负责：正如我们所说，这就是传统的中世纪国王。但"政治政府"是与此相对的。对托马斯来说，只有统治者的权力受到了国家法律的限制，它才能存在。身处四周的国家法律之中（在别的语境中托马斯又说成是"受成文法的限制"），这种统治者是与神权性统治者完全不同的。反过来，托马斯非常清楚地讲到了自下而上的或人民论的理论。他将"民众地位"（status popularis）与民主制和"人民之意愿"联系了起来，意思就更明显了。他对民主制的定义已经很令人满意了：发挥作用的是人民的意愿，"领袖要由人民的成员来选举，选举他们的权力属于人民"。代表的原则立即就出现了：领袖使国家"人格化"，所以就可以说，"国家统治者之作为，可谓国家本身之作为"。出于实际的考虑，托马斯认为对"政治政府"与"王权政府"的混合才是最合适的。

毋庸赘言，托马斯取得了非常大的进步。原来不曾有过的政治学，已经形成了。托马斯的国家概念还值得我们再说几句。在人们的头脑中，它从来没有出现过；除非吸收了亚里士多德的观念，并在他的政治理论的基础上进行进一步的阐发，它才有可能出现。托马斯认为，是人的"自然本能"造就了国家，亦即有组织的人类社会。因此，对托马斯来说，国家是自

179

然的产物，所以它遵循自然的法则。[5]是"自然理性在要求"这种人的共同体，国家的运作用不着神性的、超自然的因素，因为它自身已经具备了其运作所需要的所有法则。既然"自然不会造成不完美的事物"，托马斯就把国家称为完美的社会以及"最完美的人类共同体"。多少年来的作者和政府所寻求的东西，现在出现在了对自然概念的简单应用当中。一言以蔽之，国家是自然之物，因此国家和教会之间就出现了一条概念性的鸿沟：教会和自然没什么关系，因为它是上帝所建立或设置的。国家是自然的产物，而教会是超自然的产物。

托马斯对国家的定义是，"国家就是人的集合"。[6]这个定义清楚地说明了国家与其超自然对应者的根本差异，那就是教会——"信众的集合"。这就是对人与基督教信徒的两分。国家只关系到人或公民：无论是在起源上还是在运作上，它都和一切教会权威没有关系。作为自然的产物，它所追求的是其自然本质所固有的目标，这个目标就是它的成员们的福利和幸福。除非国家是独立、自足的，这个目标就不可能得到保障。国家依靠自身的力量站立起来，它还是一个活的机体，还没有变成后来那个样子的抽象概念。同样，托马斯没有发明任何术语——每个人都知道"civitas"这个词——但他给予该词一种新的含义。利用了熟悉的术语，新理论的成功就有把握了。对托

---

[5] 以为奥古斯丁将国家之起源归因于人类的罪，而托马斯·阿奎那接受了国家的自然性，从而以更加乐观的态度来看待国家，这种观点曾经在西方的政治思想史研究中流行一时。但是，近来的奥古斯丁研究已经表明，奥古斯丁本人未必以为国家之存在本身是违背人的自然本性的（请参看夏洞奇，《尘世的权威：奥古斯丁的社会政治思想》，第166—188页）。因此，托马斯究竟在多大程度上实质性地改变了基督教政治思想传统的方向，应是一个值得继续探讨的问题。

[6] *Civitas est nonnisi congregation hominum.*

马斯来说，国家是一个"corpus politicum et morale"，一个具有道德目的的政治团体，它要考虑公民的社会习惯和习俗。在另一方面，教会是一个神秘团体（corpus mysticum）。托马斯将古代的，早已被遗忘的国家概念返还给了 13 世纪的世界：它是一个人的政治团体，它所强调的是人，也就是公民的自然条件。

托马斯的法律理论体现了这些观念。颁布的法律（或者他所用的新词"成文法"）是来源于自然法的。法律之为法律（亦即可强制的规则），就在于此。他明确地说，人的成文法的力量取决于它与自然法的一致性。在别的地方，他还认为成文法是自然法所决定的。很容易解释这种立场。既然国家本身是自然的产物，它的法律也必须源于自然。对托马斯来说，国家的法律就是清楚地表达自然法的手段。然而，对他同样重要的是这种与基督教的思想关系密切的观点：只要成文法以自然理性为基础，神法就并不取消人的成文法。对他来说，所有的法律都是"人的行动的规则和标准"，所有法律的终极来源都是上帝的永恒法，它其实不是一种法律，而是神统治宇宙的理性和理智。每一种有生命的造物都有"神之光的痕迹"。

按托马斯的观点，使理性造物区别于非理性造物的，就是前者具有理性的能力，因而能够认识上帝的永恒法，也就是上帝对万物的安排。通过自然法，人分有了上帝的永恒法，从而利用自然的理性能力，能够识别善与恶。"神之光在我们之中的痕迹"推动了植根于我们心中的自然法，这种自然法使人得以"掌握指导其行为的自然法则"。在另一个地方，他认为，"自然法正是理性造物对永恒法的分有"。这种重要的论述解释了他所坚持的观点：人的法不应当违背自然法，否则人的法就会违反和败坏将法律作为规范生活之手段的理念。他对法律的定义是：

> 人的理性为公益而做出的规定，而为公益做出任何规定的权利或属于整个社会，或属于某些代人民行事的人；因此，制定法律的权威或属于全体群众，或属于对群众负责的公共人物。

这段话反映了他对于法律的目的论观点（也就是他对法律之目的的观点），也反映了他对法律的定义，它同时适用于人民论和神权的政府理论。他对于法律之强制性（任何法律之所以被称为法律的标志）的观点同样很明确。他主张，法律的强制性就在于强迫的权力。

> 强迫的能力属于群众（人民）或有权实施惩罚（在不遵守的情况下）的公共人物，因此只有他才能够制定法律。

托马斯所赋予法律的职能，解释了为何他要给予法律理论这么大的空间：法律是手段，依靠它才能实现社会的目的。

对托马斯法律观点的概述应该已经说明了在其思想中非常基督教的成分。到目前为止，我们已经集中论述了他的理论的"自然"方面。可以说，这只是其中的一半而已，而另一半是由超自然的因素构成的。为了准确地理解托马斯主义的观点，这两半都是要考虑的。在他的成熟期作品中，他始终认为，对政治问题的一切讨论都必须在两个层面上进行。为了使汹涌的亚里士多德式观念适应基督教的结构，这种两层式的体系就成为必需的了。托马斯跨越了自然与恩典之间的传统鸿沟。他关于自然本身及自然法之有效性的思想非常明确——在不借助启示、恩典或上帝扶持的情况下，二者都可以也能够运作，因为它们都遵循自身固有的法则，而这种法则和恩典没什么关系。但是，他向前迈出的最重要一步是，尽管在传统的教义中自然与恩典形成了鲜明的对比，或者说真正意义上的两分，但托马斯却摆脱了这一点。对他来说，对比和两分让位于不同秩序的等级，因而对立之二者就被视为两种在等级上位置不同的秩序，一种是自然的，另一种是超自然的。因此，二者不是相互对立的，自然和恩典被视为互补的东西。这就是托马斯那句经常被引用的话的意思："恩典不是消除自然，而是使之完美。"〔*Gratia non tollit naturam sed perficit.* 不过，需要指出的是，就在一个世纪之前，索尔兹伯里的约翰就已经在《实质逻辑学》(*Metalogicus*, 1.1) 中提出了一种说法（迄今为止尚未受到注意），清楚地指明了同一种结论："恩典使自然得到成全。"(*naturam fecundat gratia*) 但索尔兹伯里的约翰并没有进一步说明。〕

洗礼的奇迹般作用能消除"自然之人"并产生"新的造物"，这是到目前为止还占据主导地位的教义。只要记得这一点，我们就能透彻地理解思想上的进步了。对托马斯来说，恩典不再被视为一种消除自然的因素，而是反过来使之完美的因素：恩典对于自然是补充性的。虽然自然和恩典之中的运作原则是不同的，但两种原则并不是相互对立的，它们只不过是在两个不同的层面运作而已。托马斯说，事物有双重的秩序安排 (*duplex ordo in rebus*)，一种是自然的，另一种是超自然的。

使他能将自然与超自然视为两种等级不同之秩序的思想原因，就是他的那种观念：上帝是自然的作者，上帝是受造之世界的最高统治者。他能够完成使亚里士多德适应于基督教原则的秘密，就在这种观念当中，至少在一定程度上是这样。不是设定一种两分，而是创造出两个互补的阶段（或等级秩序），这样他就实现了一种调和与和谐，取代了原有的对立。自然与恩典之间的僵化对比让位于一种更灵活、更现实的二重性，一种由自然和超自然构成的二重性。

与个体领域中的人（homo 本身）相对应的是公共领域中的公民，二者都属于事物的自然秩序。国家本身是公民的集合，是自然的产物。在超自然领域中得到补充的就是基督教信徒，以及信众的集合，亦即教会。国家和教会都显示了上帝对事物的秩序安排，前面是自然的，后者是超自然的。这种二重性——一个自然的团体国家，一个超自然的团体教会——剧烈地改变了思想的方向。可以理解，它使托马斯时代的人受到了震撼，他们还沉浸在传统的单一而顽固的思想中。例如，托马斯无法容忍关于堕落对人之影响以及据此论证世俗权力（亦即惩恶）的（陈旧的伊西多尔式）观点：对托马斯来说，国家是自然所产生的，融入了上帝的事物秩序。托马斯也不肯说任何谴责不信者或异教徒的国家的话：它们合法地行使自己的权威，因为与其他国家一样，那种国家同样也是自然的产物。具有决定性的是，托马斯主义表明人的政治团体亦即国家的概念已经产生了，这种观念、这种理念是前所未见的。现在已经很清楚了，一种贯穿整个中世纪的空白已经被填补了。至少在思想的层面上，单一的神权-自上而下的政法理论所占有的垄断已经被打破了：支撑着体制的唯一枢轴已经不管用了。托马斯所提出的观点是，上帝的工作显示在自然和启示之中。基督留给圣彼得的话不再是权力的唯一来源，权力同样存在于自然的社会群体亦即国家之中。很明显，这种体系是普世性的：它同样适用于非基督徒的社会。可以从两个角度，从人的自然角度（在政治领域中就是公民）和基督教信徒的超自然角度来看待个体的人。

在托马斯教书、讲学和写作的时代里，正如我们所看到的那样，自下而上的政法理论已经在无数的社团、行会、学院和协会中找到了安身立命的地方，这位巴黎的大师所教导的东西，已经得到了实践。各种毫不相干的活动，许多不同的思想性、创造性的活动，都已经清楚地表现出了自下而上的理论：初生的自然科学和艺术没什么共性；外科与解剖和本国方言文学中的自然主义也没什么共性，诸如此类。但是，在一个对反思性的人至关重要的领域里，又有一种理论已经做了补充：它就是政治领域本身，以及托马斯所谓"建造性"的政治学。应当承认，托马斯主义的体系是一种暂时性的综合，离不开精妙的技巧，也不是毫无瑕疵，但它的丰硕成果是不容否认的。适于这种观念茁壮成长的土壤已经准备好了。特别重要的是，作为自上而下政府理论的最明显的形式，教宗制已经在好些方面遇到了许许多多的反对，如果那还不算敌对的话。对于传统的社会和政府观念所依靠的那种基础，托马斯主义的综合也为全面的攻击提供了材料。的确可以像托马斯那样坚持上帝是自然的作者和创造者，但是，难道就不可以切断这种联系吗？在不过一代人的时间里，切断上帝与自然之联系的这一步就发生了。这一步是以那种论点的方式表现出来的：存在着一种在任何情况下都有效,在不依靠神的情况下也充分有力的自然法,因为自然法本身就是合理的。确实,得出这样的结论是不太费劲的:即便上帝不存在,自然法也会存在;在与神丝毫无涉的情况下,它也会有效。完全是在无意之中,托马斯·阿奎那打开了闸门,首先为教宗制,接着又为一切意义上的自上而下的政府理论引来了充分成熟的攻击,这种攻击会开启一个在很多方面都称得上"现代"的时代。

注释。可能需要说明的是,以我们的论题为限,上文对托马斯主义的概述主要依据了他的成熟期著作,尤其是《神学大全》和他对亚里士多德《政治学》的评注。后者作于他去世前约两年(参见 M. 格拉布曼,《亚里士多德〈政治学〉的中世纪评注》,载 *Sitzungsberichte München*,1941,fasc. 10,第 16 页),才写到第 3 卷第 6 讲就终止了。考虑到托马斯令人惊讶的成果数量,之所以他的早期著作包含着一些很难与其成熟期观点相调和的观点,这就很正常了。考虑到他短暂的一生(在 1274 年去世时,他仅有 48 岁)和巨量的著作,如果不存在任何不一致的地方,那岂不是成了奇迹了。例如,卜尼法斯八世在《一圣》(*Unam sanctam*)的结尾就完全重复了托马斯写给乌尔班四世的一部小作品(1263 年)。(见上文第 115 页)在另一部作品中,他认为,在教宗身上基督得到了有形的显现,所以作为可见的君主,教宗将王权与祭司权力结合了起来,等等。托马斯在巴黎的弟子,后来成为克莱蒙主教的奥弗涅的彼得[7],续

---

[7] Peter of Auvergne 是法兰西的神学家、哲学家,卒于 14 世纪初。亦有观点认为,他与那位曾任克莱蒙主教的"彼得"并非同一人。

写了《政治学》的评注，奏出了非常自然主义的曲子。在社会、经济问题与有关婚姻的问题上，其表现尤为明显。例如，他认为，既然国家必须是自足的，就有必要限制公民的数量，否则就会导致贫困。因此，他主张限制家庭的规模。他没有采纳亚里士多德认为可以堕胎的想法，但为了防止人口过多，他认为应当限制生育的年龄，男性限为 37 岁至 55 岁，女性限为 18 岁至 37 岁，这样就会生育更少的孩子。除了这些年龄段，就不应该还有以生育为目的的性行为，它就只不过是出于健康原因和某些别的正当理由了。[8]

II 普世性国家

在托马斯·阿奎那的时代里，帝国在欧洲的重要性也明显地下降了。在与教宗制的激烈斗争中，它的力量已经衰竭了，再也不能恢复过来。当然，教宗制也为它的短暂胜利付出了极为沉重的代价，但它具有更强的恢复力，它的衰落并不像帝国那么快、那么戏剧性。这里就不分析其原因了。在哈布斯堡的鲁道夫[9]即位时（1273 年），虽然某种程度上的秩序与和平已经恢复，但由于自腓特烈二世受罢黜（和绝罚）[10]以来的三十

---

[8] 按照基督教的传统观点，性行为的正当理由就是为了生育。奥弗涅的彼得以国家本身的需要为考量，提出了与基督教传统性伦理截然不同的观点，故作者称其为"自然主义"。
[9] 哈布斯堡的 Rudolph I 于 1273 年起成为罗马人（德意志）国王（在位期至 1291 年），从而结束了自霍亨施陶芬王朝终结以来的"大空位"时期。
[10] 从腓特烈二世起，霍亨施陶芬王朝通过联姻获得了西西里王位，在意大利对教宗国构成了更严重的威胁。腓特烈二世为扩张皇权，与教宗展开了长期的斗争，多次遭到绝罚。1244 年，教宗英诺森四世被迫离开罗马。次年，他在里昂召开大公会议，宣布罢黜腓特烈。1248 年，腓特烈大败于 Parma，于 1250 年病逝。

年动荡的影响，德意志、意大利和勃艮第的社会结构都受到了创伤，在西西里、匈牙利和波兰也是这样。对于普世性罗马帝国的正当性，有思想的人开始提出问题了。它真的具有正当性吗？为何会有一个普世的帝国？正是这种问题使有思想的人深受困扰。这个问题被合理地称为"帝国问题"（Cecil Woolf）。不难理解的是，对日耳曼人来说这个问题尤为重要。在13世纪末、14世纪初，出现了许多册子，从德意志的角度回答了这个问题。要说在当时这些册子对政治思想的发展做出了多大的贡献，那是谈不上的。它们完全是事后回顾和检讨性的，并没有提出建设性的方案来。它们并没有明显地显示出新学问的影响。

举例来说，阿德蒙德的恩格尔贝特[11]极力说明，帝国的制度既正义，又必要。《论罗马帝国之起源与目的》的前言告诉我们，写作这本册子的原因，是作者与一位成熟而有学识的人进行了一场讨论。那人所提出的问题是，既然帝国已经失败了，那是不是真的需要一个帝国呢？作者认为，只要能够在帝国和教宗制之间保持一种和谐，帝国就是一个为了世界上的和平与正义而存在的因素。他坚持说，为了防止敌基督的统治，这种和谐是必要的。对于中世纪的作者，这种敌基督的概念一直代表着无秩序和现有生活方式的颠覆。为了传播和保卫基督教，帝国也是必要的。他承认，以往帝国未能始终实现它所应当承担的目标，但不能指望在现世中有什么绝对可靠的东西。恩格尔贝特所不能接受的是，有人认为按照帝国的定义，"超

---

[11] Engelbert of Admont（约1250—1331）曾在奥地利的Admont担任本笃派修道院院长，著有 *De ortu, progressu et fine Romani imperii* 等作品。

国家"（Super-State）是无用甚至具有实际危害的，因为语言、习俗和种族的差异不利于这种普世性的政治团体。反过来，他主张所有的民族都按照自然法生活，使用罗马法中那些适用于各民族和王国的部分。依据这种观点，他的结论是所有的国王都应当服属于罗马皇帝。对恩格尔贝特来说，这种普世的统治者构成了金字塔的顶点，金字塔的基层就是城市，上面是王国，顶端就是帝国。这种论点不只是所谓的"思想混淆"的结果（吉尔克[12]），还是一种十分肤浅而混乱的认识，对亚里士多德的认识很浅薄。

在13世纪80年代，另一位日耳曼人、科隆的教士罗埃斯的亚历山大（Alexander of Roes）写了一本值得关注的册子，它明显地注意到了越来越突出的民族紧张。他的方案旨在为大陆上的三大民族提供位置，从而限制住紧张。使他去写作这本册子的背景是，法兰西人布里翁的西蒙[13]于1281年当选为教宗马丁四世。亚历山大已经加入了科朗纳的詹姆斯[14]的团体，这位枢机在维泰博[15]参加了选举。亚历山大发现，在选举会议（conclave）[16]使用的弥撒祷词中（代表教宗的人员所使用的罗马天主教弥撒书），为皇帝祈祷的祷词竟然被去掉了。这使他义愤填膺。更甚于此的是，随后在奥尔维耶

---

〔12〕 即 Otto Friedrich von Gierke（1841—1921），德国知名历史学家，代表作有 *Political Theories of the Middle Age* 等。
〔13〕 Simon de Brion 即教宗马丁四世，于1281—1285年在位。
〔14〕 意大利文作 Giacomo Colonna。Colonna 家族是中世纪和文艺复兴时期罗马最有权势的贵族之一。
〔15〕 Viterbo 为意大利中部城市，在中世纪经常是教宗驻跸地。
〔16〕 作者使用了"conclave"（密室选举）一词。需要指出的是，虽然"conclave"这种教宗选举规程始于1276年，但1280—1281年的教宗选举并不是真正意义上的、严格规范的"conclave"，故译者姑且译为"选举会议"。

托[17]举行的教宗加冕礼上,他又听到了使日耳曼人最不快、最不安的话语。他听到有人说,日耳曼人根本就不应该占有帝国,因为他们太野蛮、太没教养、太跋扈了,不适合这个位子;他还听说,教宗的加冕是法兰西的真正胜利[18],还有,查理曼无论如何都是法兰西人,因此帝国应当属于最优秀的民族法兰西。个人的体验使亚历山大决心动笔,写出了这本被他称为《回忆录》(*Memorandum*)的册子。写作该书目的是警告世界防止动乱,其明显迹象已经被他注意到了。整个旧秩序,世界所珍惜的一切,已经面临着被推翻的危险。这位科隆的教士利用大量的历史和《圣经》知识来说明,按照上帝的意志,日耳曼人是世界的正当领导者,并且应当继续发挥这种作用。同时,他也对其他两大民族做了一定的让步。他认为,罗马人或者说意大利人有理由保有教宗制,而法兰西人的学术也对基督教世界的福祉同样重要。最卓越的学校巴黎大学,是西方文明(在13世纪)所依靠的第三大支柱。因此,基督教世界中的合理秩序安排就是由日耳曼人继续进行统治,同时宗教领导权在意大利人手上,而思想领导权在法兰西人手上。亚历山大主张,这就是上帝从敌基督那里拯救基督教世界的计划。他承认法兰西具有一定的独立性,但它只是更大的整体中的一部分,它本身的地位处于一个更广阔的框架之中。无论如何,法兰西都不应该向皇帝权力伸手,同样也不能僭取教宗制,因为这就会严重地扰乱上帝所意愿的秩序。"如同魂、肉体和灵这三种因素,在教宗制、帝国和学术这三者当中,神圣的天主教会才

---

[17] Orvieto 为意大利中部城市,托马斯·阿奎那曾在此任教。
[18] 在这次选举中,那不勒斯国王查理站在阿维尼翁派(法兰西派)一边,强行除掉了罗马派的两位枢机,从而使法兰西人布里翁的西蒙得以当选。

能存在、繁荣和成长。"外在地看也一样,"只有地基、墙和房顶这三样都坚固,教会的建筑才是完美的"(参见《帖撒罗尼迦前书》5：23)。无论是就思想的深度还是建设性而言,日耳曼人对帝国问题的这些回答都不算突出。当然,亚历山大的观点求助于上帝的天命和传统,典型地表现了日耳曼人的情感；但是,不管日耳曼人运用了什么样的论证方法,结果都没什么不同：基督教欧洲的政府,也就是当时所理解的世界君主制,是属于他们的。(可能比较重要的是,这本册子有超过70件的抄本流传至今,这说明当时对它有很大的需求；此外,还有很多从原始的拉丁文译为德语的译本。)

作为对帝国问题的"意大利回答",但丁[19]的《论世界帝国》(De Monarchia)占有非常特殊的地位。它几乎是以诗的方式表达了理想化的普世君主制(universal monarchy),已不能单单以"意大利回答"来形容了。同样,在根本上它是一本在当时急切需要的刺激下写成的册子,带有那个时期的一切遗痕：新的尚未完全来临,旧的尚未完全消失。[20]它既是向后看的,也是向前看的。它既是回溯性的,也是前瞻性的；换个角度来看,它在一定程度上回答了现时的需要,同时也包含着一种政治的哲学(a philosophy of politics)。还可以更进一步,说他提出了一种政治的哲学,尽管在表面上只是为了回答具体的

---

[19] Dante Alighieri(1265—1321)是意大利的大诗人和思想家,最著名的作品为《神曲》(Divina Commedia)。De Monarchia 作于1312—1313年,是他在政治思想方面的代表作。假若直译,该书不如称为《君主论》,但此处译者仍采用相沿已久的译法。
[20] 正如恩格斯在《共产党宣言》(意大利版序言)中所论:"他[但丁]是中世纪的最后一位诗人,同时又是新时代的最初一位诗人。"

问题。他是一位在政治上很活跃，还受到过流放的平信徒[21]，该书就是他的长期思考的结果。所有的经验都证明，没有什么比驱逐和流放更能磨砺政治意识、激发创造性的思想了。靠着对过去的思索，流放者望向了未来：究竟未来是属于他，是被他征服还是将他一笔带过，这都是说不定的。虽然但丁在序言中的说法"关于俗世君主制的知识最重要，却研究得最少"，"从没有被人研究过"（这部作品作于14世纪初）引起了一些误解，但他的论述仍然具有一定的真实性。也就是说，就那些关系到他的普世君主制构思的思想而言，确实还不多。该书分为三卷，每一卷都论述了一个与主题有关的专门问题。最好还是给出概要，然后再列出背后的原则。

这三卷书的基本论点是：（1）普世君主制是正当的吗？（2）罗马人民有权利要求这种君主制职位吗？（3）这种君主制职位是直接来自上帝的吗？对于第一个问题，但丁认为，普世的君主对世界的福祉和人的福利最有帮助，因为只有他才有条件来保障和平的安宁与宁静。独一的统治者也是保证人类统一的恰当权威。由于普世君主高于小国君王造成的混乱局面，他就具有一种权威，人们可以求助于他。"既然这一位（君王）可能认识不到另一位（君主）所关切的东西，这一位并不服属于另一位，因为他们地位同等管不了别人，所以必须要有一位具有更广泛管辖权的第三者，在其权利范围内，他同时身为二者之君王。"对但丁来说，最重要的论点就是普世君主所拥有的正义：

---

[21] 但丁积极参与了当时佛罗伦萨的白党（the White Guelphs）、黑党（the Black Guelphs）之争，于1301年被黑党控制的佛罗伦萨政权流放，终生未能回到故乡。

> 这位君主无须追求任何东西，因为他的权力已经到达了天涯海角。但对别的君王来说，情况并非如此，因为他们的诸侯国受到了别的国家的限制……所以结论就是，在凡人中间，这位君主应当是最最正义的。

贪婪也不能妨碍这位君主的判断，因为他已经拥有了任何凡人所能要求的一切。除此以外，但丁还认为，经验告诉我们，"凡是能由一人完成的事情，就应当由一人而非多人来完成"。与别的具体论述和想法一样，这些都能够以但丁时代的世界所面临的严酷现实来解释：意大利被内部的冲突分裂了，这样很多原本不成问题的前提都受到了质疑——公共权威的缺乏，新兴当权者尤其是国王们的短浅与自我。

但丁试图以普世君主来救治所有这些病症。然而，很容易提出的疑问是，他的世界君主构思实际上就等于传统的（日耳曼）罗马皇帝概念。对但丁来说，世界君主与其说是一般意义上的统治者，还不如说是一种具有强制力的协调机构，它既高于，也不同于国王及其他具有实际治理权的统治者。在某种意义上，但丁的世界君主概念有点类似于原本意义上的教宗君主制；但在别的方面，它又是一种早期的不成熟的尝试，掐住了初生的民族主权概念的萌芽。确实，但丁那时候的情况和后来有些相似，都需要一种机构和制度来处理那些有思想的人最关心的事情。但是在现代（我们必定会想到国联、联合国以及各种国际法设立的机构），为了解答权力之根本所在、政治制度之起源等问题，人们并不会遇到难以逾越的困难。尽管有一些办法是可以创造出这种机构或制度的，但在14世纪初，却没有一样是行得通的。

这种困难解释了《论世界帝国》的第二、三卷。对但丁来说，唯一的出路就是反过来求助于显而易见的历史典型，也就是罗马人。在这种语境中，他的论证不可能真正打动那个时代的人，因为它属于一种在中世纪很典型的"循环论证"。他的结论是，罗马人已经赢得了帝国——无疑，"罗马和平"（pax Romana）的观念，以及它根据上帝的裁判而得到的全部结果（不管是真实的还是想象的），深深地吸引着但丁。进一步说，可能最重要的是，罗马人民正当地拥有世界君主制，这是合乎自然的。"自然所规定的，就应当遵循。"按照但丁的看法，罗马的历史已经说明了这一点："自然规定罗马人民去发号施令。"[22]因此，他可以说，"为了普世性的统治，自然在世界之中规定了一个地方、一个民族（people）"。按照但丁的推理，基督在皇帝的代表彼拉多手中受难的事实也说明，罗马帝国是合法的普世君主制——这种论证带有奥古斯丁式历史目的论的痕迹。[23]

不难猜到，对罗马人合法地担负着普世统治权的讨论，其实只不过是为了引出第三卷所探讨的问题：皇帝是否直接由上帝设立？对此他给出了无比肯定的回答。[24]对但丁来说，普世君主的超越民族的权威是必要的（这是第一卷所试图说明的），

---

[22] 请参看维吉尔的名言："罗马人，你要记住，要以权威来统治万民，这将是你的专长，你要确立和平的秩序，宽恕臣服者，征服傲慢者。"（《埃涅阿斯纪》6.851—853，译文见译林出版社1999年杨周翰本）

[23] 在《上帝之城》第18卷第46章等处，奥古斯丁曾经将罗马和平之实现与道成肉身的事件放在一起叙述。

[24] De Monarchia 对皇权的鼓吹直接指向当时卢森堡王朝的君主亨利七世（1308—1313年在位）。1310年，亨利七世挥师南下意大利，但丁希望他能够恢复帝国的光荣，并驱逐佛罗伦萨的黑党。请参看原文第197页。

到了第三卷，这种必要已经变成了自然的需要。一旦站在了这种立场上——它只不过是对托马斯主义的应用——教宗对于皇帝权威的任何权利就都没有理由存在了，由教宗来决定皇位就更谈不上了。正如他所说，"得自自然之物，即是得自上帝"。其结果就是，对于教宗制，皇帝的权威是自主、独立的。但丁对托马斯主义的这种应用是非常明显的。为了驳斥教权派陈腐的日月之喻，他认为："就其*存在*而言，月亮在任何意义上都不依赖于太阳"，因为月亮有着自己的运动、自己的动力、自己的运行；"但就月亮的*较优*运行而言，它的确从太阳那里得到了某种东西，亦即获得了能使它运行得更好的充裕光照"。这句话以但丁的方式表达了托马斯主义的观点："恩典不是消除自然，而是使之完美。"[25]在这里利用它，是为了皇帝权威的问题。但丁继续说道："同样地，我认为，俗世权力之存在与权威，皆非出于精神权威"；当然，为了更好地发挥作用，前者完全可以利用"大祭司的祝福所给予它的恩典之光"。

但丁的这种立场清楚地说明，他很难接受通常的教权派的论点。他以优雅和精练的措辞掩饰了极端的厌恶，否定了那些教权派的观点；他对教会法学家尤其刻薄，因为他们是教权派原则的专业支持者："对所有的神学和哲学都一窍不通，却在喋喋不休地说什么教会的传统才是信仰的基础。"自然和自然法的观念使但丁拒绝了教权派所主张的教宗充分权力[26]，因为"就自然的作用而言，圣彼得的继承人没有神授的权力"。作为自然的产物，普世的君主不是教宗所创造的，"因为上帝无论

---

〔25〕 见原书第 181—182 页。
〔26〕 但丁所直接针对的教宗是卜尼法斯八世和克莱门五世。

如何都不可能交托创造的权力（予教宗）"。"君士坦丁的赠礼"受到了但丁特别严厉的抨击，关于双剑的比喻和历史先例同样如此。双剑说"没有带来任何东西，因为对权利的篡夺不会创造权利"。既然但丁的思想基础是对自然的普世统治权的构思，既然他的论点其实就是托马斯主义在普世君主上的应用，全书的结语（它已经引来了这么多的误解）也恰恰就是托马斯主义对于自然与恩典的观点：

> 因此恺撒要尊敬圣彼得，如同头生子要尊敬父亲那样；这样他才能在慈父般的恩典之光的照耀下，拥有更大的权力，照亮万物的统治者所交给他的世界。

在但丁的具体方案背后，还有若干支撑着这本册子的重要原则。但丁提出了一种纯粹的政府二重性——不足为奇的是，直到1908年，这本书还被列在了教廷的《禁书目录》上——这样他就相当大地推动了政治哲学的发展。反对教权派的作者和政府所不能做到的[27]，萨利克和霍亨施陶芬的皇帝[28]所不能做到的，但丁却做到了。之所以能做到，是因为他已经能以自然为工具了，这种工具是他通过对亚里士多德的吸收和托马斯主义的综合而得来的。因为过去的反教权思想家没有注意到它，他们才会把这样具有根本性意义的事情留给但丁来完成：教宗的令状只能在超自然的事物中发挥作用，却不能在自然的事物中起作用。过去的反对者不能取得对于教权派的任何胜

---

[27] 尤见本书第五章第Ⅱ节。
[28] 萨利克朝的亨利三世、亨利四世，霍亨施陶芬朝的腓特烈一世、腓特烈二世等君主都是极力强调皇权的君主。

利,因为他们说同样的语言,用同样的《圣经》和比喻,同样以教父的作品为依据,和他们的对手都一样。看来,他们之所以失败的主要原因就是,他们总是试图以《圣经》和神学的论据来限制教宗的充分权力,却从来不考虑事物的自然秩序。在某种意义上,他们就不知不觉地陷入了对手的论点。在托马斯主义的启发下,但丁关于事物双重秩序安排的原则以一种不同的光明,照亮了那堆纠结在一起貌似无法解决的问题。

但丁把人类想象成一个单一的单位,不单包括基督徒,还包括了穆斯林、犹太人和多神教信徒。他将这个团体称为"人类",或简单地称为"人"(humanitas),另一种很引人注目的叫法是"人的国家"(humana civilitas),这些词都是当时的人熟悉的。最能说明但丁之进步的,可能就是比较一下"civilitas"[29]对于他和150年前的索尔兹伯里的约翰的不同含义。约翰深受古典文化的浸淫,将文明、礼貌或人道的做法作为这个词的含义。然而对但丁来说,这个词指全人类、人类本身,强调的是组成它的公民。这种"civilitas"以自然为起源,自然法在其中发挥着作用。超自然的补充就是信众的团体、教会、基督教(Christianitas)本身。没有什么更能说明事物的双重秩序安排了。"Christianitas"不是"自然的结果",所以不同的规范、不同的工作方式、不同的原则都可以适用。因此,人所追求的是双重的目标,作为公民而追求现世性的目标,作为基督徒而追求彼世性的目标,一个是自然的,另一个是超自然的。实际上,我们在但丁身上发现了托马斯主义的观点:上帝的作用既可以在自然中,也可以在启示中找到。但丁的体系

---

[29]"civilitas"在中世纪的基本含义为公民权、公民团体、城邦等。

是普世性的（catholic），并不特别强调基督教的性质。"人"与"基督教"是两个不同的概念。无论如何，统治权不再是恩典作用的产物或结果，而是属于自然的。政府属于自然的实体："humana civilitas"。在这种设计中，没有什么要由祭司来进行"中介"的东西——人的国家拥有它的运作所需要的一切。

在但丁的这本册子中，他对人的自由与人类意志之行使的考虑中，人性化（如果不说人文主义的话）特征得到了无比清晰的表现。在人的理性力量中，他找到了人之所以为人的标志。它是人的全部事务的指南和规则，是自由意志之行使的前提。它本身是人的自由所规定的，而自由是"上帝给予人的自然本性的最大赐予"。对但丁来说，自由本身就足以保证，人能在此世中得到幸福，因为只有自由之物才是为其本身而非他人、他者而存在的。追求人的目标，本身就应当以人自身的自然识见为基础。换言之，人对自身目标的追求（而不是对某种彼世目标的追求）就是但丁的主题。但丁将人追求这些属于人的目标的行为称为"politizare"，也就是以实现人的幸福为目标，以政治化的方式来行事。重要的正是这种朴素、实际的行动（他在书的开头说，"我们的当务之急主要不是思考，而是行动"），因为它的目标就是人性和人本身的一切潜力的实现，"任何正当政府的职责都是使人们为自身的目标而存在"。换言之，政府就是为人民服务——政府是"所有人的执行者（仆人）"（*minister omnium*）。最能体现这种术语之意义的办法，就是用它来做一下比较：按传统的称谓，统治者被称为"上帝的执行者"。在但丁的观点中，最重要的是将人从基督教当中释放出来，将人的因素从基督教专门的外壳中释放出来。人重生了。在很多个世纪之后，他本身再次变成了"公民"（civic）生活的中心，从而得到了承认，能够完全地掌握和决定自我的命运。

Ⅲ 地域性主权

初生的国家主权概念的发展也进一步体现了新的趋向。在某种意义上，它也回答了帝国的问题，虽然回答的方式与那些理论家的设想有所不同。在另一方面，充满悖论的是，这种"回答"又是与但丁的要求针锋相对的。但在这时候，国家主权已不再只是一种单纯的理论了，严峻的法律现实起了决定性的作用。

在整个13世纪后半叶，法兰西一直都在坚持的原则是"国王就是在其王国之内的皇帝"。（上文第156页）它所被赋予的含义是，在他的王国里，国王就是最高统治者。只有罗马法的语言才能恰当地表达出这种观念。按照罗马法，皇帝是最高的、"上位的"权威。在最初提出时，这种原则仅仅适用于国内。它是为了强调国王在其他当权者面前的最高统治者地位，尤其是为了强调国王法庭的裁决在法兰西就是不可上诉的最终裁决：君王之所愿皆有法律之效力。

在与法兰西的发展完全没有联系的情况下，同样是在13世纪后半叶，在西西里王国也出现了一种非常相似的观点。那不勒斯大学的法学家和学者们（最有名的是于13世纪60至90年代任教于此的马利努斯和伊塞尔尼亚的安德烈亚斯[30]）提出

---

[30] Marinus 和 Andreas de Isernia/Andrea d'Isernia（约1230—1316）都是那不勒斯的法学家。当时的那不勒斯属于前安茹王朝（乃加佩王朝支系，与金雀花王朝无关）的西西里王国。但在1282年，西西里王国分裂为二，前安茹王朝的西西里王国已经丧失了西西里岛本身，退至意大利半岛南部，以那不勒斯为中心，故又称那不勒斯王国。而西西里岛由阿拉贡的国王统治，被称为"灯塔外西西里王国"（Sicily Trinacria）。

了一种论点，得出了与法兰西的观点相似的结果。对这些学者来说，（西西里）国王是完全意义上的"君主"。由于他的统治是在王国的地域中实施的，在他的地域之外他的法律就没有任何效力；但在地域范围以内，它就具有充分的作用，任何人均不得干涉他的政府。学者们将这种君主称为"自由的"，正因为在其王国的疆界内，他所行使的权威是不受限制的。西西里法学家的论证主要依据罗马法及其对法官执法权地域限制的规定（教会的教区结构也有相似的特征，任何主教发布的命令都在他的教区以外没有效力），例如，任何罗马法官均不得从其他法官的管区内传唤任何人。这些法学家的结论是，西西里国王也不受皇帝的管辖。他们认为，皇帝的权威也同样地受到地域的限制。因此，国王不可能对皇帝犯叛逆罪，因为他就不是臣民：在他们的地域中，二者都是"最高统治者"。而叛逆罪的前提是，它是臣民对于"上位君主"犯下的。除此以外，还可以得出一项含蓄的结论：对于国王的决定或法律，不得向别的国王或皇帝的法庭上诉。

这些观点很快就受到了考验。最终将法兰西与西西里的理论联系起来的事件是很经典的。事件本身很简单。在进行意大利战役时（1312年），皇帝亨利七世[31]不仅遇到了西西里国王智者罗伯特[32]的军事抵抗，还透过那些城市的情况发现，西西里国王就是敌对力量的真正后台。亨利指控国王犯下了针对皇

---

［31］ 亨利七世是卢森堡王朝的德意志国王，于1312年6月加冕为神圣罗马帝国皇帝。

［32］ Robert the Wise（1309—1343年在位）是前安茹王朝的西西里国王。当时亨利七世力图在意大利重振皇权，而 Robert the Wise 是抵抗皇权扩张的 Guelph 派的领袖。

帝的叛逆罪：他不仅煽动伦巴德人和托斯卡纳人反叛皇帝，缔结条约支持反叛的头子，还驱逐了皇帝派往北意大利的日耳曼人官吏。皇帝传唤国王罗伯特前往比萨，要他接受帝国法庭的审判。（1312年9月12日）国王无视传唤，没有前往，结果在缺席的情况下被判定了"犯大逆"的罪名。法学上的问题是这样的：按照法律，皇帝有权对国王采取这种措施吗？最重要的是，皇帝的法庭可以传唤国王吗？由于西西里王国在名义上是教宗的封土[33]，罗伯特就将案子呈交于教宗，教宗为这个问题又咨询了很多知名的法学家。克莱门五世（1305—1314年在位）[34]颁布了一条在教宗制历史上极有影响的教令，正式而庄严地采纳了那种迄今为止只是学说的观点：国王是最高统治者；其他任何国王甚至皇帝的法庭均不得传唤他；作为国王，他不可能对其他国王犯有叛逆罪，因为他就不属于臣民。

1313年的教宗教令"牧者之关切"（*Pastoralis cura*）处置了这个问题。在教令中，地域的概念极为突出。教宗以法律的形式规定，包括皇帝在内，任何人均不得传唤国王。因为国王居于自己的王国之中，在那里拥有固定的居所，所以以地域而论，即便皇帝对国王也没有"上位性"（最高统治权）。公共权力的行使受到地域的限制，没有任何机构能在其地域以外合法地行使管辖权。所以，一位统治者不得对其他统治者发出传唤。因此，作为上位者（最高统治者）的国王就不可能对别

---

[33] 西西里王国成为教宗的封土（fief），这并非常例。在皇帝腓特烈二世去世后，教宗英诺森四世为消除霍亨施陶芬王朝的威胁，于1254年将西西里王国封给了英王亨利三世之子Edmund。1266年，教宗又将西西里王国封给了前安茹王朝的查理一世，此为前安茹王朝的西西里王国之开端。

[34] 即前述之第一位阿维尼翁教宗。

的统治者犯下叛逆罪,因为任何统治者都不是别的统治者的臣民。教宗克莱门五世之教令的意义在于:(1)它第一次以法律的形式表达了地域性主权的概念;(2)可能有点构成悖论的是,皇帝统治的普世性(教宗制一直都在极力强调它)被否定了:皇帝所实施的不过是一种受地域限制的统治。[根据过去的教宗派观念,每位国王(在这种语境中有时他被称为"小王")都服属于皇帝,至少在法律上如此。不过十多年前[35],卜尼法斯八世还有力地表达过这种观点:法兰西国王应当认识到,在法律上,他要服属于皇帝的权威。]教宗这一立场的含义太明显了,已不必详加论述:它动摇了中世纪的普世性观念,取而代之的是,将各位具有最高统治者地位的国王作为主宰,使国王能在王国里做自己所愿意的一切事。罗马法所奉为圭臬的"君王之所愿皆有法律之效力"也在这种语境中发挥了作用,尽管其目的肯定已经远离了罗马法原有的本意。一位统治者在国内,亦即王国之地域内所规定或实施的东西,不受其他统治者的管辖。这就解释了为何教宗要不断地强调,国王从不离开其王国,一直居于其中;即便指控都是真实的,也没有任何法律手段能使他接受审问。意识形态和法律在13、14世纪之交的发展标志着国家主权概念的开端,这种主权也就是专属于国家本身的"自行其所愿"的能力。公共领域中的发展是与个人领域中的发展相一致的:不论在哪里,碎化的进程都在展开。

---

[35] 指1302年的 *Unam sanctam*。它所针对的法王是腓力四世。

第八章 人民的主权

I 统治者权力的民众基础

在托马斯·阿奎那去世之后不太久,他那富于启发性的思想就取得了明显的成果。对于那时的作者们所讨论的具体问题,托马斯本人并没有机会来发表意见。我们已经提到,在教宗和法王腓力四世的尖锐而激烈的斗争中,涌现出了大量的宣传作品。(见上文第156页)正是这种意识形态的斗争使当时的人去重新思考关于权威、法律等根本性的问题,并回到这些问题上面来。但是与11世纪后期授职权之争中的宣传作品不同(参见上文第116页以下),此时的思想家和作者已经拥有了能抵制和批判教宗派主张的工具,反对教宗的自以为是和干预的行为。这些工具来自亚里士多德和托马斯的思想武库。

在亚里士多德和托马斯的应用者当中,巴黎的约翰[1]是最

---

〔1〕John of Paris(约1255—1306)是13世纪有名的神学家、哲学家,因生于巴黎而得其名号。

重要、最有影响的人物之一。和他那位伟大的多明我会兄弟一样[2]，他也是多明我会士，也在巴黎大学教书。在14世纪初，他写了一本题为《论国王与教宗权力》[3]的小册子。与其说巴黎的约翰是哲学家或神学家，还不如说他就是现在所谓的政治学家。他的书在政治学本身之中取得了成果，有水平地将托马斯主义的理论应用于当时明显而具体的现实之中。该书的特点是简练而锐利的论证、清晰而明确的陈述，在引经据典时游刃有余。在托马斯主义原则的帮助下，他的目标是说明王国的自主性质。

　　这本册子直截了当地进入了关键性的问题，从开篇起就以托马斯主义对于自然与自然法的观念为基础，开始了对人与国家的阐述。他将人定义为"政治和社会的动物"，将自然法作为王国政府的最终来源。这与托马斯没什么太大的不同。但约翰更进一步，在下一章当中立即将教会与国家的概念放在一起做了比较。对他来说，教会是一个纯粹而单纯的神秘团体（在13世纪这个概念已经越来越明显了），这就与自然的政治团体形成了鲜明的对比。既然教会纯然是神秘性的，相应地它的神职人员也只具有纯粹圣事性的职能。从反面来说，对于巴黎的约翰而言，教会不是传统意义上的组织性、法律性的团体。他认为，教会不能合法地干预公民们本身的凡俗生活，也不能对统治者发号施令。应该完全相反：教会神职人员的唯一职责就是为信众管理圣事。这样，约翰就鲜明地区分了自然的政治团体与基督的超自然神秘团体，前者是靠自然本身所造就的纽带

---

〔2〕　指托马斯·阿奎那。
〔3〕　拉丁书名为 *De potestate regia et papali*。

而结成的，而后者是信仰的纽带结成的，和自然没有关系。结果，由于它具有自然的起源，国家所追求的也是纯粹自然的目标：自然虽然属于上帝，却和教会圣统制没什么关系。国王之政府的任务是提供一种手段，来实现国家所应当追求的目标；它没有资格去领导信众实现超自然的目标。这毕竟只是对托马斯主义论点的进一步展开而已。

　　对自然与超自然实体的根本区分，其意义在于二者各自的作用。作为超自然的实体，教会不需要考虑各个国家与地区所具有的任何自然差异，教会也不需要对自然的特征给予特殊的关注，不用管地理、气候和语言造成的差异。正因为不涉及自然的事务，只处理超自然的事务，教会的教导才能是绝对的。没有什么能够使教会的讲道受到限制，它完全可以忽视自然造成的一切差异。在另一方面，约翰极力强调了自然对于国家之政府的限制。教会的主旋律是绝对的，而国家的主旋律是相对的。按他的说法，有益于一个社会群体的东西，不一定对别的也适用。不同的生活方式就是不同的政治制度（diversae politiae）存在的理由。根本就不存在什么对每个人都适用的正当生活方式，因为自然条件实际上创造了不同的生活方式。由于是自然所创造的，它们必定都是"正当"的。在自然限制规定下，谦逊才是国家的标志。他说，要求绝对和统一的信仰，这对教会来说要相对容易一些，因为"光是动口要比动手容易"。这种论述显示出了彻底的现实主义，又让人想起了国王的臣僚弗劳特的彼得[4]对教宗的驳斥："您的权力是口头的，而我们的才实在。"

---

〔4〕 他是法王腓力四世的大臣。参看原书第157—158页。

这本册子的进步意义在于，俗世的被等同为自然的，而精神的被等同为超自然的。这些都是陈旧的称呼：站在占据主导的"极权"立场上看，在俗世的和精神的之间根本就不应该有界限。为了发现这条界限是什么，一代又一代有才而又公正的作者们绞尽了脑汁——从一开头这就注定是徒劳的，实在不行就只能把它当作毫无意义的智力训练了。但到现在，自然和超自然概念的引入就使这种区分更容易办到了。既然俗世可以等同为自然，就确实可以说它是自主的。因为可以说，它是按自己的法则而存在的，那些法则属于自然。进一步说，它追求着自我的目标。按以往的教义，俗世事物具有辅助的性质，依附于精神的事物；现在，俗世事物变得自主了，具有自身的重要性。约翰极力推翻以往的教义，将它称为"粗糙而原始的论点"。面对官方的教宗派教义，这无疑是一种有勇气的说法。

同样很有勇气的是，他否定了教宗派关于充分权力的论点，指出它是一种"轻率的论点"。在国家（亦即他所谓的政治团体）之中，教会的法律不具有任何效力。教士只是信仰和道德的指导者而已。他们无权干预（还不如说是干扰）平信徒所拥有的东西。因为后者的财产是通过自己的辛勤劳动得来的，所以他们对自己的财物具有真正的支配权。实际上，这就是说，即便是教宗也无权对平信徒的财产设置什一税[5]或类似的负担。这就远离了传统的观点：财产是上帝恩典给予的（见上文第113

---

[5] 在中世纪的西欧，基督徒需要将一定比例的收入奉献给教会，以支持神职人员的生活，并维持教会管理的公益事业。在名义上，按年度计算，凡是来自土地和牲畜的收入，基督徒均应将其中的十分之一留给教会，故称"什一税"（Tithes，原文作 tenths）。但在实际上，征收的比例未必严格达到十分之一的程度；有时，世俗贵族也能攫取到某些征收什一税的权利。

页），所以就处于教宗的管辖之下。约翰所想表达的，是对于（强制性的）法律和（非强制性的）道德的区分：教士可以提出建议，劝诫信徒，但他们不具有强制权力。

既然政治团体亦即国家是自然的产物，既然上帝创造了整个自然，国家中的政府在最终是来源于上帝的；但在更加直接的意义上，它来源于人民。约翰强调，在教会与国家之间没有联系，因为国王的权力是通过人民的选举而来自上帝的。国王是"凭人民的意志"而获得权力的（*rex est a populi voluntate*），这种观点把人民主权的论点表达得更加清楚了。国王的职责是在王国中保持社会秩序，改善生活水平。一言以蔽之，就是为公民的好生活提供必要条件。这种论点相当大地发展了托马斯主义，远远地离开了传统的自上而下的政府理论。在此我们接近了真正的自下而上－人民论的政府理论。约翰还将这种理论应用于教会的高级教士，认为他们是"通过人民的选举或赞同"而得到权力的。人民能够收回教宗的政治权力，因为在教宗权力中信众的赞同构成了实质性的要素。在教宗不称职、精神不正常或不能工作的情况下，或基于得到人民认可的任何理由，那种赞同就可以被收回。约翰的潜在观念就是，只有得到了被统治者的同意，才能获得权力。正如国王是人民选举的，人民也可以用同样的方式剥夺他的权力：罢黜国王是人民的事情。圣保罗的旧观点"君王从不徒劳地佩剑"现在被完全颠倒过来了：他拥有剑，用它来抵挡教士的任何干预。法国的一种诉讼程序，所谓的"因由越权上诉"（*appel comme d'abus*）就渊源于此。它指的是由于对所谓的教士权力的滥用，不服教会法庭而向国王的法庭（或议会）上诉（在某种意义上可以将它与英国所谓的藐视法庭相比）。一直到 1905 年，这种程序还在生效。最后一点，按约翰的观点，教宗有权绝罚基督教信徒，但它对于公民生活是没有影响的。他认为，教士对公民事务的干预会造成国家的毁灭。

巴黎的约翰没有发明任何新的观念或原则，但却有逻辑地推进了他的伟大导师所提出的论点。它们都非常合理，看上去就可以接受。思想上的简洁和完整是约翰这本册子的特点，这在文字作品中是很罕见的。为了驳斥早已确立地位的旧理论，就需要非同寻常的勇气。约翰必须与强大的传统主义和思想习惯做斗争，其集中表现就是教宗几乎像神一样的地位。应当说他的理论表现出了革命性。宗教裁判官伯尔纳·居伊[6]的一张告示告诉我们，约翰曾经被怀疑为异端。居伊还告诉我们，约翰于 1306 年在波尔多去世，当时他正在前往教廷的路上，面临着可能被定性为异端的判决。[7]

II 作为主权立法者的人民

只要自然和自然法被当作神的表现，公民和国家的充分自主就还面临着一个极为巨大的障碍。这确实就是托马斯主义的弱点：因为在根本上自然法还与神联系在一起，教士进行干预的微弱可能性就还在一定程度上始终消除不了。一旦托马斯主义在一开头所造成震动过去了，就还可以说公民和基督教信徒是同一枚硬币的两面。

---

[6] Bernard Gui，14 世纪前期有名的宗教裁判官，多明我会士。
[7] 需要说明的是，巴黎的约翰之所以受到异端的指控，主要不是由于其政治思想，而是由于他对圣体变质说（transubstantiation）这个纯粹神学问题的质疑；最终，他并没有被定为异端分子。

要想建立起公民和国家具有充分自主性的论点，就必须采取激烈的动作。这个激烈的动作就是帕多瓦的马西利乌斯[8]所完成的。他是帕多瓦大学（它在13世纪后期是亚里士多德学说"滋生"之所在）的学生，读过医学，还跟着一位"非同寻常的老师"（其人之身份还有争论）研究过"自然"。他曾经接受过低级的圣职，后来还当上了巴黎大学的校长（rector）。正是在这个学术的重镇里（托马斯·阿奎那和巴黎的约翰也在这里完成了他们的作品），他写出了《和平的保卫者》[9]这部必将具有极大影响力的著作。这部书是在1324年6月24日完成的，很快就变成了宗教裁判官司的对象。1327年，马西利乌斯和他的助手冉丹的约翰[10]被阿维尼翁的教宗[11]判定为异端分子，被称为"魔鬼之子"、"魔鬼比勒之子"和"伤风败俗的人"。后来的教宗克莱门六世[12]又在1343年将他们称为"历来最坏的异端分子"。马西利乌斯逃到了帝国的朝廷[13]那里，教廷试图引渡他却没有成功。

这部书的标题就说明了它的目标。马西利乌斯的目的是说

---

[8] Marsiglio（Marsilius）of Padua（约1275—1342），亦译作帕多瓦的马西略、马西留，是13、14世纪著名的政治思想家。
[9] 拉丁文书名为 *Defensor pacis*，又分为作于1324年的大卷和作于1339—1342年的小卷。
[10] John of Jandun 是阿维洛伊派的哲学家、神学家，和马西利乌斯一起投靠了路易四世。过去曾有观点认为，《和平的保卫者》的一部分出自他的手笔。
[11] 指约翰二十二世（1316—1334年在位），他是第二位阿维尼翁教宗。
[12] 于1342—1352年在位。
[13] 当时的皇帝是维特尔斯巴赫王朝的路易（路德维希）四世（1314—1347年在位）。为了争夺皇权，路易四世与哈布斯堡王朝展开了长期的斗争，而当时的教宗约翰二十二世支持了哈布斯堡一方。1327年，路易四世挥师南下意大利，于次年在罗马自我加冕为皇帝，并扶持了对立教宗尼古拉五世。马西利乌斯受到了路易四世的重用。

第八章 人民的主权

明如何实现"和平与安宁"。作为前提,这就需要检查一些基本的原则。因此他把书的第一部分花在了这上面,接着才在第二部分中说明为何和平受到了扰乱,而扰乱和平的人又究竟是谁。在此我们只能简短地概括一下他的观点,因为在现代的版本中他的书可以密密麻麻地印成 600 多页。他将这一公理作为起点——自然和上帝之间的联系属于信仰问题,是不能通过理性证据解决的。按他的说法,政治学的目标是有限的,政治学家不需要探讨自然事物是怎么形成的,而是只要在经验和可见的层面上,就自然对人类政府的影响进行操作就够了。他抛开了一些不能得到理性解释的东西,认为诸如自然从哪里来、到哪里去这样的思辨性问题是无益的,只会阻碍人们去正确地理解与人类社会及其政府有关的有形法则。进一步说,也不可能通过理性的方式来证明存在一种永恒的福祉,或者说某种现世以外的生命。不管怎样,所有这一切都证明不了,都是以"不经过理性的信仰"为基础的。没有证据表明,上帝设立了一种人的政府。对于马西利乌斯,具有根本性意义的是自然和超自然都是充分自主的,在公民政府的范围内,它们是没有共性的。"自然与超自然变成了两个完全独立的领域,在一个领域中错误的命题,在另一个领域中有可能是完全正确的。"(威尔克斯的观点[14])因此,他的体系没有调和二者的企图。对他来说,重要的是纯粹而简单的自然政治团体。他在政治问题上的方法,是与 14 世纪的自然科学家所能用的方法完全一致的。

马西利乌斯式的国家就是它自身的目的:它具有自我的价值,不可能通过赋予上帝恩典来"改善"(那是托马斯主义

---

[14] Michael Wilks 是研究中世纪政治思想史的学者,曾任伦敦大学教授。

者的观点[15])。"公民的集合"（universitas civium）具有充分自主性的阶段已被实现。过去那种信众的集合（universitas fidelium）要让位于凡俗的、地上的公民团体，也就是国家。它是一个按自身的法则、自身的内在本质而存在的唯一的公共团体。对马西利乌斯来说，它是一个自足的团体，所以就是一个"完美的集合"。这种定义是托马斯主义立场的一种回响。国家只由公民组成，他们是不是基督徒都没有关系。构成国家的要素是纯粹而简单的公民。当然，无论"公民"还是"集合"，这两个术语都一点也不新，新颖的是二者结合后的含义。他将公民视为构成国家之成员的论点具有重要的后果。过去，虔信基督徒的概念同时包括平信徒和教士。虽然教会是由二者共同构成的，但教士具有特殊的资格，是说了算的。现在，公民的概念也是同时由教士和平信徒构成的，但就其作为公民的职责而言，二者没有差别。他们具有同样的地位。只有数量多数的论点取代了沿用下来的质量原则，这种观点才有可能变得合乎逻辑：既然每个公民都具有同样的价值，质量上的差异就不存在了，就只有按人头来说了算了。[但马西利乌斯自己所支持的是对两种原则的结合。1179年的教宗选举法令[16]第一次应用了数量多数的原则：所有的枢机都是选举人，既然无法将他们区分开来（指在"功绩、热忱和权威"上），按人头计算就是唯一可能的了（三分之二多数）。]

要不是马西利乌斯非常关注法律，将它视为政治学中的关键问题，他就称不上中世纪的政治作家了。实际上，甚至可

---

[15] 托马斯主义强调恩典使自然"完美"，见原书第181—182页。
[16] 在第三次拉特兰大公会议上通过。

以说他的法律理论就是政治学说的中枢。对他来说（对别人也一样），法律就是强制性的规则。问题在于，是谁、是什么将可强制性赋予法律的？一种规则是怎么被赋予可强制性的？自上而下－神权的政法理论可以毫不困难地回答这个问题：只要臣民始终具有必要的信仰，答案就是统治者的意志。由于统治者的权力来源于上帝，他就能强制性地实施他的意志。但这种层面上的回答对马西利乌斯是不够的，因为他的公理就是：既然法律就是在国家中规范和管理人的生活的力量，那么将可强制性赋予行为规则的，就是"人"自身，也就是公民。所以，法律是从人民的意志中得到可强制性的。法律不是由某些具有特殊资格的长官*给予*他们的，而是他们自己*制定*的。所以，马西利乌斯将全体公民的总和称为"人类立法者"（human legislator），这就将它和任何意义上的神性立法者清楚地区分了开来。法律的实质性要素就是人类立法者的意志。由此产生的不仅是关键性的公民之赞同，还有完全成熟、自主的作为法律制定者的公民。臣民（*sub/ditus*）的概念现在开始退入后台了。事实上"公民"和"臣民"标志着两种完全不同的政治体制。

公民总体（人类立法者）所关心的是通过法律来自主地规范自己的生活。马西利乌斯说，来世的生命可以是无比重要的，但作为公民之公民并不关心它。法律的职能就是在这个生命、这个世界中提供"好的生活"。也就是说，其目的是所有公民的属于人的福利。也是由于这个原因，公民最有资格制定自己的法律，因为他们最清楚他们想实现的东西。马西利乌斯的观点是一种真正的自下而上－人民论的政法理论。既然人民自己决定什么是正义的、什么是不义的，那么结果就是正义的内容在每个社会和地区中是不一样的。相对性的基调又一次出现在我们面前。最重要的是，他强调没有人居于人民之上：人民、公民总体（或者人类立法者）就是"上位者"，也就是最高统治者，因为再也没有居于其外或其上的权威了。公民总体已经变成了自身的上位者、自身的最高统治者。马西利乌斯甚至还说，充分的权力属于人民，这样他就用一种借自对立阵营的观念澄清了自己的原则。概括而言，公民总体的首要职责就是制定法律，因为法律就是实现公民社会之目标的载体。看来很明显的是，这样他就毫不困难地达到了法律和道德的分界线：道德没有可强制性，因为它不是公民总体所意愿的；如果它是公民总体所意愿的，它就不再是道德律令而变成法律了。对马西利乌斯来说，人类的法律本身没有道德的意涵，不为实现拯救提供捷径，也不体现永恒的真理。法律完全就是公民的事情——通过法律，他们表达了如何塑造公共的秩序与生活的愿望。

209

公民不仅能够针对他们所愿意的任何事务制定法律，还可以建立他们所喜欢的任何形式的政府。只要原初的权力掌握在公民总体手中，马西利乌斯不太关心这是何种政府（君主制、共和制，诸如此类）。他又一次使用了传统的术语，认为人类立法者将权力*让予*了政府：旧的让予原则现在被完全颠倒过来了（参见上文第132页）。公民所让予政府（他所谓的"国家的首要部分"）的职责是什么，这取决于公民所选择的宪法。很明显，这种宪法就是一种被他称为国家之形式（*forma*）的法律。政府的职责是执行性或工具性的：它在公民制定的宪制性法律的框架内行动。

虽然作为国家的首要、正当依据，立法者必须决定由某人来行使某个职务，但对这种事务的执行（和其他所有法律规定一样），是由国家的首要部分来命令或（根据情况）禁止的。

然而，政府始终要对人民负责，它的权力最初是来自人民的。马西利乌斯明确地主张，如果政府侵犯了作为其职务依据的宪制性法律，政府就可以被撤销。进一步说，政府应当由选举产生，其任期可以是一生或若干年；它可以包括若干人，也可以仅有一人——所有这一切都取决于人民的意志。按马西利乌斯的观点，政府要实践公民总体在这个位置上会做的事情：日常的常规政府工作，必要的法律、法令和规定都由作为"国家首要部分"的政府来实施。政府就是人民意志的工具。这种立场的伟大意义在于，它消除了关键性的神权原则，照它来说统治者的职位可以说是摆在天上的；由于这种原因，选举人就不能修改或改变这种职位的本质（见上文第 135 页）。然而在这里，职务是公民总体自己规定的，他们可以在宪制性法律中规定该职务的限度和范围，该职务本身也是由作为最高主权者的人民创造的——这就是自下而上‐人民论论点的检验标准。可以理解，那些授予该职务的人可以收回它——这种结果与自上而下论形成了鲜明的对比。

马西利乌斯以"活的自然"（*natura animata*）来描述国家的性质，又一次从对立阵营中借用了术语，在他们那里统治者是被说成"活的法律"（*lex animata*）的。他将国家称为"活的自然"，这是为了说明国家在本质上具有自然主义的基础。根据亚里士多德的教导，国家是通过自然的促进而产生的：公民的意志使这种自然团体具有了生命。他将法律称为"众眼构成之眼"（oculus ex multis oculis），这就很出色地反映出法律的特点：它是众人所意愿的措施，因为他们都已经很成熟了，能够判断何种措施有利于国家的福利。这一学说和过去的学说之间的距离也表现在这种语境中：过去法律被称为"上帝的赐予"（见上文第 123、146 页），现在它以彻底的人民论为基础，成了"众眼构成之眼"。

在马西利乌斯的体系中，神职人员本身没有超出其他公民的权力。他认为，神职人员的职责就是灵魂的救治者、单纯的圣事施行者：他们可以劝诫人，他们也可以用最灰暗的色调来描绘那些在彼世等待着罪人的恐怖，但他们不能将罪人从人类社会中排除出去。只要一种过错只是一种罪（sin）[17]而已，它就和国家没有关系；只有在构成犯罪（crime）之时，公民们才会对它感兴趣。司祭可以宣布一种行为是异端，但除非政府将它当作犯罪，否则在国家中它就不会有效果。如果神法受到了侵犯，就没有一种地上的权威能够做出处理，因为只有基督才是它的法官。当然，人法也完全可以惩罚触犯神法的行为，但那样的话它就变成了人类立法者的事情，神法就不再成其为神法，而变成人法了。无论如何，司祭没有颁布法令或进行审判的职责。举例来说，他们在举行忏悔时的作为，根本就称不上审判。他极力嘲笑了这种"内在的执法"：

> 一个品性不端或无知无识的司祭会对公民带来严重的伤害，因为凭着身为告解司祭的权威，他们经常和女人进行秘密的谈话。由于女人很容易受误导，那些年轻

---

[17] 指基督教所谓的信仰、道德上的罪。

的姑娘和少妇更是如此(《创世记》第3章[18]说明了这一点,在《提摩太前书》第2章里使徒也说了:"且不是亚当被引诱,乃是女人被引诱,陷在罪里。"[19]),所以很明白的事情就是,品性不端的司祭很容易败坏她们的道德和节操。

除此以外,任何教会公职人员所颁布的绝罚判决都在公民的领域中毫无效果,否则——

> 司祭及其团伙就能从统治者或国王手中夺走所有国家和政府。如果一位统治者受到了绝罚,服属于他的群众只要还想顺从他,就同样会受到绝罚,这样一来每一位统治者的权力都会被破坏。

他太有勇气了,甚至还说教士的权力是以伪造文献、对《圣经》的错解和教宗制的篡夺为基础的:这一切才是分裂的真正原因。是谁扰乱了和平?对此马西利乌斯可以毫不困难地做出回答:是教宗及其对权力的要求。"他们(教宗)逐渐占据了别人的权利,在帝国处于空位时更是如此,到现在他们在要求

---

[18] 其核心情节是蛇首先引诱夏娃违反上帝的命令,偷吃智慧之树的果子;随后,夏娃又诱使亚当吃了这种果子。在《旧约》中,该事件就构成了人类最初的罪。
[19] 马西利乌斯对《圣经》的引述体现了一种性别的歧视。应当指出,基督教神学认为《圣经》经文中包含着多层次的丰富含义,具有不断深化的可能性。对于上引经文的含义,神学家们曾经做出过相当不同的诠释,马西利乌斯的论述只是代表了其中的一种解释的可能性而已。

对所有臣民的管辖权了。"[20]精神性理由的扩展也是社会缺乏和平的另一个原因。他质问道,在教士犯下的罪行里,精神性的东西在哪里?他们会欠钱、买卖、抵押[21]、抢夺、强迫、奸淫、伪誓,诸如此类,与平信徒没什么区别。难道所有这一切都属于精神性事务吗?就因为它们恰巧是司祭犯下的?教会对神职人员的任何形式的管辖权都是毫无道理的,他们就是公民,必须在人民的法庭上接受审判。

> 谁都不要提出,只要犯法的人是司祭,世俗法所禁止的口头、财产或人身伤害就可以算作精神性行为,相应的惩罚就不归世俗统治者管,因为这些行为都是属肉的、俗世的。

不过,既然神职人员是特殊的公职人员,公民总体亦即国家就有权确定神职人员在国家中所被允许的数量。因为他们享受着国家所提供的许多优惠,所以他们就应当与公民的数量保持一定比例。对马西利乌斯来说,所谓的教宗首位权及其对圣彼得的继承,都只是教宗所发明的神话而已。为了辨明继承的真相,他聪明地指出了《圣经》依据的缺乏;他还表现出了具有历史与批判意识的头脑,指出没有任何记录记载过圣彼得在罗马的居留。他说,若不是靠着平信徒的无知和迷信、国王与皇

---

[20] 应当说,这种论述主要反映了马西利乌斯的反教权立场。卜尼法斯八世的《一圣》颁布于 1302 年。不过,《一圣》的强硬立场是在法王腓力四世的严峻威胁下做出的,更多地属于仅求自保的手段。历史地看,很难说在产生该书的阿维尼翁时代,教宗制的权威正处于顶峰。
[21] 对于许多形式的商业与金融行为,中世纪的基督教经济伦理都有一个逐步地接受和理解的过程。

帝的自愿顺从和教宗们的手段，教会法就根本不能在社会中发挥作用。他所建议的补救办法就是彻底废除作为政府制度的教宗制，因为它根本就没有存在的资格。

马西利乌斯强调，为了和平的理由，自下而上的政法理论也应当应用于作为信众团体的教会之中，这样信众才能真正具有原初的权力。贯彻这一点的实际措施就是大公会议，它代表着整个基督教世界。不管怎样，只要在国家中"事关全民者，必经全民批准"[22]，那么在教会、在基督徒的团体中也理当如此。信仰及对其之规定是与所有基督徒相关的事情，所以他们就应当在大公会议上有代表。应当由基督徒人民（包括平信徒）通过包括平信徒代表在内的大公会议的机制来选举教宗，规定其权力，界定信仰的条款，并授予教会公职人员职务。根据圣灵的作用，大公会议的决定是无谬的；教宗本人和其他基督徒一样会犯错，是可以由大公会议来罢黜的。[23]换言之，教宗成了教会的一位成员，可以说是融入其中了：他不再构成一个专门的等级，凭着身为统治者的职责而处于教会之外、高踞其上（见上文第28页、第105页注释）。

在20世纪，要想真正地理解马西利乌斯式观念在政治思想中所造成的颠覆性作用，肯定是很难的。不过，仔细地检查一下就可以发现，他的一些论点直到今日还值得讨论。但是，很容易认识到的是，在亚里士多德开始流传以后，政治思想的发展相当迅速。从托马斯·阿奎那提出他的综合以来，才只有几十年的时间。马西利乌斯进行了一场外科手术，将基督教因

---

[22] 见原书第153页。
[23] 请参看本章第Ⅳ节"宗教会议至上论"。

素作为与政治学说无关的东西而切除了。颇有悖论意味的是，接受马西利乌斯式观念的土壤之所以会出现，部分原因就存在于他所激烈地攻击的那种制度之中。教宗制已经将虔信基督徒的信仰利用到了极致，教宗的每一道法律、教令和判决都被说成是对上帝之言的体现。然而，将这种说法与教宗（且不说主教）之行径做比较必将招来批评，在信众中产生某种疏离的反应。马西利乌斯对教宗的激烈指责其实就是一种控诉，控告他们背离了基督教的宗旨，利用了臣民们的信仰。在大约半个世纪之前，这样的控诉是不会奏效的；但在14世纪，这种控诉就表达了大多数人的感受。同样，政治理论是与具体形势密切地联系起来的。作为个体的人本身，或者说作为国家成员的公民，已经取得了应有的地位，彻底地从过去的监护中得到了释放。马西利乌斯的观点含蓄地表达了一种对人自身之自然能力的信心，相信他能够在自己的国家中处理自己的事务。他可以不再求助于神灵了，因为神的代言人已经提供了充分的证据，让人们去质疑他们自己的体制。在作为公民团体的国家之上，再也没有上位者了；在被理解为信众团体的教会之上，同样也没有上位者：一言以蔽之，它们都成了主权者。

Ⅲ 城邦国家

他的同代人萨索费拉托的巴托鲁斯[24]所提出的理论，有益地补充了马西利乌斯的政治学说。在所有研究罗马法的中世

---

[24] Bartolus of Sassoferrato（约1313—约1357）是14世纪意大利知名法学家。他的出生地 Sassoferrato 在安科纳一带。亦有说法认为他是在1357年去世的，不同于作者后文的表述。

纪法学家中，巴托鲁斯有可能是最伟大的一位。他在佩鲁贾教书，于 1352 年在那里去世，当时年仅 43 岁。*有趣的是，单凭法学的背景，巴托鲁斯就得出了与马西利乌斯在实质上相同的学说，尽管后者是在哲学背景中得出的。巴托鲁斯从未受到过那位帕多瓦人的影响，肯定没有听说过马西利乌斯其人。然而，并不能说巴托鲁斯是凭空发明了一种新的学说。他所做的就是利用某些早已为人熟知的罗马法文本，从个别的罗马法因素中建立了一套自下而上的政法观点。其中最重要的因素，我们早就提到过了：公民的概念（见上文第 164 页）、习惯法的概念（见上文第 161 页）和所谓的"王权法"（lex regia）（见上文第 145 页）。

巴托鲁斯的成就在于，他将这三种因素结合了起来，完全在罗马法的基础上，提出了一种人民主权的学说。所有的民法学家（罗马法学家）都涉及过这些概念，但从来没人将它们结合起来，并利用它们来为自下而上论服务。巴托鲁斯说明这三种因素是相互联系的，从而为当时北意大利城市所实行的民众主权提供了一种理论。在罗马法的《学说汇纂》中，罗马公民在任何意义上都是完全的权利和义务的承担者。习惯法就是一种源于人民自身之持久习惯和做法的法律。"王权法"实际上是一个不正确的名称，它从来都不是法律：它是 2 世纪的罗马法学家为皇帝权力的基础而做出的解释。他们给出的解释是，罗马人民拥有全部的公共权力，但已经将其转交给皇帝了。"王权法"是为了向 2 世纪的罗马人做出解释而建构出来的，是为了说明皇帝是如何获得权力的。虽然 12、13 世纪的民法

---

* 原文时间如此，疑似笔误。——编者

学家们讨论过它，但普遍的见解是，这是罗马人所做出的不可撤回的赠予。（应当指出的是，在有的情况下"王权法"被当成了反教权运动的纲领。最有名的例子，就是在 12 世纪中叶，布雷西亚的阿诺德[25]试图以民众的同意和意志为基础，在罗马建立政府的尝试。）当然，和"王权法"本身一样，这种观念也只是一种建构或虚构而已。对于这种法学见解，就找不到非常清楚、明确的文本基础。

北意大利城市的做法支持了"王权法"所包含的观点，按它来说人民是具有权力的。巴托鲁斯认为，假如人民能够创造习惯法（从来没人怀疑这一点），那么就没有理由不承认人民有权利制定成文的、正式颁布的法律。使单纯的习惯和做法获得法律之性质的，就是人民之赞同：是人民默认的同意创造了习惯法。巴托鲁斯推理说，人民所能通过默认的同意办到的，同样也能通过明示的同意而办到，这就是制定成文的、书面的法律。习惯法和成文法之间的区别，仅仅在于表达同意的不同方式：在前一种情况下，它是默认的；在后一种情况下，它是明示的。自己制定法律的人民或公民总体就是"自由之人民"，相当于罗马人民。根据"王权法"，人民在起初就具有权力。巴托鲁斯说，"自由之人民"不承认任何上位者，因为它就是自己的"上位者"。他还说，自由之人民是它自己的君王。法兰西和西西里的法学家认为，"在其王国之内国王就是皇帝"（见上文第 156、196 页）。在巴托鲁斯将人民本身视为君王（*civitas sibi princeps*）的论点中，这种观点得到了重复。那里

---

[25] Arnold of Brescia 是奥古斯丁派的修士，鼓吹教会要放弃世俗财产，于 1139 年受到第二次拉特兰大公会议的谴责。后来，他加入了建立"罗马公社"的民众斗争并成为其领袖之一，于 1148 年受到绝罚，于 1155 年被处死。

是国王的最高统治权，在这里就是人民的最高统治权，它是用罗马法的术语"princeps"来表达的。

结果是，没有上位者、自身是主权者的"自由之人民"具有了一个属于人民的政府。巴托鲁斯将其称为"人民之治"（regimen ad populum）。只要政府是在人民手中，适用于君主式统治者的原理和原则就可以应用于人民的政府：国家（巴托鲁斯所谓的"civitas"）可以"如其所愿地"制定法律。代表的观念使巴托鲁斯式的学说特别有意思。按他的观点，人民在群众大会中选举议会（Council），议会就是统治的团体，代表着整个的公民总体，亦即国家。巴托鲁斯非常简洁地说，它代表"人民的心灵"（Concilium representat mentem populi）。将多大的权威授予议会，权力完全在人民手上，取决于它的意愿：议会的权力可以受到约束或限制；人民还可以决定是否要为一个特定的时期而选举政府。权威来源于人民，而不是"上位"的权威。政府之职责是颁布那种符合公共之善、能带来公共利益（utilitas publica）的法律。统治者的高瞻远瞩不再决定人民的利益是什么。人民本身得到了承认，完全能够自行判断其利益之所在，始终保持着对议会的控制。我们再次看到了让予的原则（见上文第132页），虽然方向已经被颠倒了过来。作为公共权利与义务的承担者，人民将政治权利让予议会。议会按简单多数的原则工作，选举国家的主要官员（巴托鲁斯将其分为司法、行政和财政官员）。他们都要对政府负责，而政府本身又要对国家负责。职位的性质是由公民们自己规定的，公民既能够规定，也能够改变它：职位不再是摆在天上的，而是人民所给予的。在这种框架内，选举已经具备了它的真正含义。

凭着几分法学上的灵感，巴托鲁斯在法学理论中得出了马西利乌斯在政治理论中所得出的观点。人民之上别无最高统治者，这是他们共有的基本原理。巴托鲁斯认为，"自由之人民不服属于任何人"。臣民的概念也随之消失了，因为自由之人民不是臣民，而是公民。在巴托鲁斯之后不久，就可以看到对这种观点的实际运用了。按照传统的学说，"叛逆"的罪行（与它背后的自上而下论观念完全一致）触犯了统治者的权威；现在这种罪名成了对人民犯下的罪行，因为人民已经变成了"上位者"，亦即最高统治者。在15世纪初的意大利，情况确实如此。换言之，国家本身而非统治者，才是叛逆行为的真正对象。巴托鲁斯式法学学说还有另一种很有影响的效果，那就是对公民权概念的深入理解和阐发。这确实是重大的发展，其余音一直到现代还不绝于耳。巴托鲁斯式观点区分了自然之公民权（意为公民自然地出生于国家之中）与获得之公民权（通过国家的行为而变成公民）。婚姻就是条件，能将"外国"妻子变为丈夫所属国家之公民。 *218*

应当指出在马西利乌斯与巴托鲁斯之间的某些差别。巴托鲁斯的体系适用于小国家，也就是说能够实施真正的"民主制"的小型社会群体；而马西利乌斯的体系能够适用于大小不同的任何社会群体，因为他所提出的是一个哲学体系，而不是法学体系。正因为如此，作为一位真正的罗马法学家，巴托鲁斯仍然力图维持皇帝在法律意义上的领有权：在《查士丁尼法典》的基础上，就不可能得出其他任何观点。二者之间真正而根本的差别在于人民的构成，也就是说，谁是公民。公民就是参与国家之政府的人，对二者来说这都是根本性的。根据亚里士多德的前提，马西利乌斯将奴隶、外国人、妇女和孩子排除在公民权之外。巴托鲁斯也排除了他们，但他的理由是，他们不能给予在法律上有效的赞同。他还将教士排除在公民权之外。他认为平信徒和神职人员构成了两个相互独立的部分，一个部分的法令和另一个部分没有关系。显然，法学上的保守主义使他不能像马西利乌斯那样走出那么激进的一步。虽然巴托鲁斯式体系具有明显的优点，但从历史、意识形态的角度来看，深受限制的公民概念仍然是一个缺陷。这是没有疑问的。

无须强调的是，在14世纪的前半叶，政治理论已经取得了巨大的进步。自下而上的政法理论不再是仅求自保的手段了，它已经能够做出积极的、建设性的贡献了，从而帮助解决那些在过去困扰着思想者，并将在今后继续困扰他们的问题。在马西利乌斯体系中，无论它的上层结构还是下层结构，都是不容忽视的。他关于人民主权的理论必将发挥出应有的影响来。就14、15世纪的人所掌握的手段而论，我们已经很难再做出实质性的补充了。

Ⅳ 宗教会议至上论

在15世纪初，虽然自下而上论没有得到多少发展，但这种理论本身已经被应用到了教会头上——在第一眼看来，教会是和它最没什么关系的。自下而上论表现为宗教会议至上论，它认为教会的大公会议是"高于"教宗的：通过信众的代表机构也就是大公会议，最高的权力属于信众的集合，而不再属于教宗。按这种方案，教宗就变成了教会的成员和公职人员。

宗教会议至上论的得势，并不能归于历史的反常或偶然。它的出现，是为了回答如何控制教宗君主制的问题。到14世纪中叶，教宗充分权力的实施已经成了一个问题。作为教宗的选举人和直接的顾问，罗马教会的枢机们（那时驻在阿维尼翁）已经充分地认识到了这一点。他们已经意识到，教宗的不受限制的君主式最高统治权不一定总是符合教会的利益。为了限制教宗的最高统治权，他们就发现了所谓的教宗选举协议这种观念（这其实是他们从教区教士选举主教时的普遍做法中学来的）。那就是说，在密室选举时，枢机们就若干问题达成正式的协议，它是即将当选的教宗要做出承诺来履行的。1352年对英诺森六世[26]的选举进行了第一次这样的尝试，试图建立某种类似于教宗的立宪君主制的东西。每一位枢机都就这一协议进行了宣誓，在公证人面前它被庄严地封印起来。[随着时间的推移，这种选举协议变成了又长又详细的包括许多观点的单子。直到16世纪，他们还在继续达成这种协议。例如，1352年的协议规定了能选出来的枢机的最大数量（20位）；设立新的枢机，要得到枢机团的同意；教宗国的高级职务任命，必须得到枢机们的同意；要禁止任人唯亲的做法；等等。]这种设计虽然具有创造性，却从来不曾奏效。因为只要一当选，教宗就会坚持要求协议所要限制的那种东西——他的充分权力，同时宣布那种宣誓是他在作为枢机时做出的，因此就不再能约束他了。

1378年4月的事件[27]将教宗君主制的问题完全暴露了出

---

[26] 于1352—1362年在位，为阿维尼翁教宗之一。在1352年的教宗选举中，所谓的"conclave capitulation"第一次出现。
[27] 指选举乌尔班六世为教宗的事件。

来。在短短的时间内,同一个枢机团选出了两位教宗,他们的理由是选出的第一位(乌尔班六世[28])完全不称职,甚至行事荒唐。在随后开始的延续 40 年之久的"大裂教"(the Great Schism)[29]中,教宗最高统治权的问题变得更敏感了。尤其严重的是,从 1409 年开始变成了三位教宗并立[30],每一位都谴责别的教宗,罢黜自己的对手并绝罚其追随者。"大裂教"时期为宗教会议至上论的成长和兴盛提供了肥沃的土壤。宗教会议至上论被当成了一种保障,可以防止这种可悲的局面再次出现:人们普遍地相信,所有麻烦的根源就是不受限制的作为最高统治者的教宗君主制。

在本质上,宗教会议至上论借助教会法学家的社团理论,将马西利乌斯与巴托鲁斯的论点结合了起来。这种理论集中表现在:主教及其教区教士构成了一个社团;他要受教区教士之决定的限制;在任何重要的问题上,他都必须征得他们的赞同才能行事。这种理论被转用于教宗,但这时问题就出来了:由

---

[28] Urban Ⅵ(1378—1389 年在位)是教廷迁回罗马后选出的第一位教宗,但很快就受到了法籍枢机们的抵制,从而引发了"大裂教"。
[29] 亦称"西方大裂教"(1378—1417 年)。1377 年,格列高利十一世(1370—1378 年在位)领导教廷迁回罗马,结束了阿维尼翁时期。次年,格列高利去世,随后枢机团在罗马暴民的压力下选举意大利人乌尔班六世为教宗。不久,法籍枢机们又对乌尔班不满,改选日内瓦人克莱门七世为教宗(为对立教宗),并在阿维尼翁另立教廷。西方教会的"大裂教"于是发生。法兰西、勃艮第、阿拉贡、那不勒斯等支持阿维尼翁教廷,而德意志、英格兰等支持罗马教廷。在"大裂教"时期,罗马教廷先后经历了乌尔班六世、卜尼法斯九世、英诺森七世、格列高利十二世这四位教宗;而阿维尼翁教廷先后经历了克莱门七世、本笃十三世这两位对立教宗。
[30] 1409 年,罗马与阿维尼翁两派枢机在比萨召开会议,另选克里特人亚历山大五世为教宗(为对立教宗)。次年,亚历山大猝死,约翰二十三世又继其为对立教宗。由于亚历山大五世和约翰二十三世未能得到普遍的支持,结果反而形成了三位教宗同时并立的尴尬局面。

哪个团体来代替教区教士？是枢机团，还是更加广泛的团体？可以理解的是，枢机们认为自己是首选，但却遇到了非常一致的反对。反对派主张，大公会议才是控制教宗的团体。在这个关头，马西利乌斯与巴托鲁斯的论点就凸显出来了。自下而上论被他们无情地应用到了教会的治理上。

相应地，最高统治权（或者当时所谓的"上位权"）就属于全体基督徒的团体，而不是教宗。《马太福音》中的关键性文句[31]是应用于全体基督徒的，教士和平信徒都包括在内。大公会议表现了代议的原则。它就是整个教会的代表性团体。按巴托鲁斯的样式来说，"大公会议代表整个普世教会"。他们用了许多教父的教导来支持这种理论，古代基督教的历届大公会议也被当成了模范。最有名的宗教会议至上论者，有弗朗西斯·扎巴勒拉枢机[32]、巴黎大学的让·热尔松[33]、康布雷主教达伊枢机[34]和德意志人尼海姆的迪特里希[35]。他们的论点是，既然教条和教义关系到了每一位基督徒，那么对教条和教义问题的决定就不应该属于教宗独个人，而应该成为全体信徒的事。"事关全民者，必经全民批准"，就成了手头现成的东西。教宗要受到信仰方面之决定的限制。无谬之地位不属于罗马教会，更不属于教宗，而是属于大公会议。这个机构还必须选举教会的公职人员，尤其是教宗，他要对大公会议负责。教宗融入了教会，成了一位担负着特殊的职责和任务的公职人员。在

---

[31] 见原书第22页。
[32] Francis Zabarella 是佛罗伦萨主教和枢机，教会法学家。
[33] Jean Gerson 曾任巴黎大学校长，是当时有名的神学家。
[34] 即神学家 Pierre d'Ailly，曾任巴黎大学校长。
[35] Dietrich of Niem 曾在教廷任职，是一位历史学家。

14世纪末、15世纪初[36]，这种自下而上的论点实际上是很有力量的，当时已经找不到任何支持自上而下观点的人了。这种发展的意义在于，已经发展和应用了大约一千年之久的教义，已经被有思想的人否定了。自成等级并高踞于教会之上的教宗，变成了教会的成员，普通的社团法规都应用到了他的头上。教宗不再向下分配权力，将权力让予下级的公职人员了，而是要从下面来获得权力。按教宗派的教义，原来"头与四肢"的比喻被用来说明教宗的引导性职责；现在按宗教会议至上论的学说，这个比喻被用来支持将教宗"融入"教会社团的过程，因为他们说"头"是属于"身体"的。中世纪的比喻成了双刃剑。

康斯坦茨大公会议（1414—1418年）结束了"大裂教"[37]，颁布教令使这些理论观点取得了法律效力。其中的两条教令特别重要。一条教令体现了真正的宗教会议至上的观点：大公会议代表整个教会，其权力来自基督；无论地位和等级，包括教宗在内的每个人都必须遵守大公会议在信仰方面的决定。另一条教令规定教宗要表忠心：在当选之后，每一位新的教宗都要承诺，他会坚决地支持和捍卫以往历届大公会议的教令，必要的话甚至不惜为此付出生命。实际上这意味着教宗的立法职责受到了削弱。

宗教会议至上论再次有力地说明，一种政治学说的出现是与实际形势密切地联系在一起的。在这个富于成果的时代里，

---

[36] 亦即"大裂教"时期。
[37] 康斯坦茨大公会议迫使罗马教宗格列高利十二世和比萨教宗约翰二十三世退位，绝罚阿维尼翁教宗本笃十三世，另立马丁五世（1417—1431年在位）为教宗。除了阿拉贡之外，马丁五世得到了普遍的承认，"大裂教"遂告终。

自下而上的政府论至少在理论上取得了胜利。为何这种观点能够得到适合它的土壤？是身居最高职务的教会人士在宣传这种理论，这一事实可能就是最好的解释。这就是马西利乌斯与巴托鲁斯的最大胜利。

V 保守主义与传统

但宗教会议至上论仍然只是单纯的理论。宗教会议至上论者并没有着力地去贯彻他们自己的理论。在一种理论的倡导者当中，可能从来没有任何人是像他们那样的。思想的气氛对他们非常有利。在15世纪初，受过学术训练的人增加了。实际上这意味着大学教育已经扩展到了下层的神职人员，甚至是平信徒。新的学校和学院成立了，这也是大学人数扩充的原因。新的理论已经变成了适于教学和讲授的内容，它们已经具有了稳固的地位。最后一点肯定很重要：体制化的信仰是中世纪盛期的一个特征，它在很大程度上解释了当时的"政治"学说，但是，这种信仰已经受到了削弱，被不时越轨的激进主义思想取代了。尽管有这么好的形势，但不出一代人的时间，教宗就重新回到了原来的位置上，和混乱时期之前一样了：在教令和法律中，教宗君主制及其充分权力重新发出了同样响亮的声音。如何解释这一点？15世纪的形势预现了近代的许多历史现象。对这种情况的解释，会帮助我们理解那种直到后来还在发生作用的意识形态力量。

宗教会议至上论被它的提倡者们放弃了。到15世纪中叶，已经几乎没有什么有名的宗教会议至上论理论家了；他们一个个地向传统的教宗君主制论点回归了。部分原因在于，虽然宗教会议至上论者们极力坚持了原初权力属于基督徒人民的观念（平信徒当然在内），但他们几乎没有对教会的宪制做出改变。他们也没有做出努力来改变平信徒完全被动的地位，使他们具有积极的作用。相反，平信徒仍然保持着传统的教义所规定的被动地位。这样，宗教会议至上论只不过复活了主教派的旧观点（见上文第108页）。在进步运动的表面下，旧的论调披上了一件新衣。平信徒确实可以提交文件，进行发言，参与辩论，但除非他们具有特殊的资格，否则就不能参与选举。就算他们是国王和诸侯的代表，也不能凭着身为平信徒的地位而投票，而只能作为"上帝恩典所立之国王"的代表。神权－自上而下的立场从后门回来了。除此以外，很难说代表的原则在实际上已经得到了应用，尽管它在那时得到了大力宣传。

无疑，驱逐那些仅有观察员地位的平信徒，这种做法说明宗教会议至上论者本身并不打算贯彻实施自己的理论。"事关全民者，必经全民批准"，它是一个很有力量的理论口号，但在实践当中却被抛开了。直到此时，15世纪的大公会议还只是教会人员的会议而已。只要看一眼大学的记录就知道，在15世纪，受过教育的平信徒已经变成了一个有力的团体。可以说，下层神职人员和有文化的平信徒已经敲响了大门，却被拒之门外。然而，在下一个世纪中，宗教改革者们所成功地吸引到的人，正属于这两个阶层。对于后来的宗教与政治巨变，宗教会议至上论者确实要负很大的责任。他们不具有坚持信念的勇气，不能将他们自己的理论变为现实。无组织的群众不仅使他们感到惊惧，还使他们放弃了自己的立场，只是退回了教宗派与君主制的旧框架。确实，对群众（亦即平信徒）的恐惧使宗教会议至上论者们投向了"当权体制"，把它当成了安全的防波堤，来对付正在兴起的大众力量的浪潮。[38]

同时，世俗统治者尤其是神权性明显的国王也有类似的考虑，他们同样惧怕"第三等级"。宗教会议至上论毕竟只是自上而下政府论的一个分支而已。不足为奇的是，在15世纪之中，教宗和国王们缔结了很多政教协定，最有名的就是皇帝腓特烈三世的协定（1448年）[39]，它的影响很深远。很明显，在教宗制受宗教会议至上论影响的时候，国王们正面对着它的源头。考虑到教宗制与国王在过去的敌意，他们的和平合作肯定是引人注目的：双方都答应做出一些实质性的让步。当然不能天真地以为，今非昔比，他们之间已经没有出现摩擦的理由了。不过，神权性国王已经看到，那种威胁着教会体制的力量，同样威胁着他们自己。[在德意志国会（例如1446年的法兰克福国会）以及当时的宗教会议上的一些发言都指出了这种危险。]所以他们要联手。可以理解的是，一看到诸如威克利夫那样的学说已被传播开来，人民（非常值得注意的是被他称为"populares"）可以要求领主对其不法行径负责了，自上而下政府形式的支持者们就很警觉了。接着，波希米亚人约翰·胡

---

[38] 在中世纪晚期，群众运动已经成为一股重要的社会力量。其中比较有名的有1381年英格兰农民叛乱（瓦特·泰勒起义）、罗拉德运动和胡司运动等。作者从思想和社会的角度批判了宗教会议至上论者的保守性，但却没有明确地指出：宗教会议至上论本来就是在西方"大裂教"、教宗制不能正常运作的情况下出现的应急或权宜之计；在康斯坦茨大公会议之后，教宗制的权威又重新巩固，宗教会议至上论也就失掉了市场。
[39] 腓特烈三世是哈布斯堡王朝的德意志国王和神圣罗马帝国皇帝，于1440—1493年在位。1448年，他与教廷签订了所谓的 *Vienna Concordat*。

司[40]也表达了类似的观点。在皇帝[41]的大力帮助下,康斯坦茨大公会议颁布教令谴责了他们,这是不足为奇的。我们曾经多次讲到,根据自上而下的政府理论,不可能存在任何抵抗暴君的权利。在 15 世纪初,巴黎大学的学者让·珀蒂[42]直截了当地主张,诛暴君不仅正当、有功,还是臣民的一种责任。(引发这种学说的事件是 1407 年 11 月 23 日奥尔良公爵[43]被杀;确凿无疑的是,被杀者完全就是邪恶暴君的典型。)康斯坦茨宗教会议批判了这种观点,发布教令宣布它是异端,是可耻和煽众作乱的:持有这种观点的任何人都将被视为异端分子,因为它"在信仰和道德上都是荒谬的"。这种理论的重要性在于,被神化的自上而下政府形式受到了厉害的一击,所以对它的反应同样是严厉的。一言以蔽之,自下而上的政府理论被当成了当权秩序的真正敌人。然而,掌握着实际权力的,正是当权秩序的政府。

15 世纪的形势就是一个征兆,非常清楚地说明了那种强大的力量,只要利用它就能阻碍民众主权论的实现。很明显,在很大程度上,这种阻碍作用也可以归结为人的惯性、麻木和守

---

[40] John Hus(约 1370—1415)是 15 世纪的捷克教会改革领袖,他领导的运动是 16 世纪路德宗教改革的先声。John Hus 批判天主教会的腐败,否定教宗的最高权威,还传播了英国神学家 John Wyclif(约 1324—1384)的异端观点(如以极端的预定论否定"可见教会",以唯实论否定圣体变质说),被康斯坦茨大公会议判为异端并处以火刑。

[41] 指卢森堡王朝的君主 Sigismund,当时他是德意志国王(1410—1437 年在位)与匈牙利国王,到 1433 年才加冕为神圣罗马帝国皇帝。

[42] Jean Petit 是巴黎大学的神学家,是勃艮第公爵约翰的追随者,于 1408 年 3 月在巴黎为公爵约翰的谋杀行为做了公开的辩护。

[43] 指瓦卢瓦王朝的君主查理五世(1364—1380 年在位)之子、奥尔良公爵路易。他与勃艮第公爵约翰进行了尖锐的权力斗争,于 1407 年被公开谋杀。该事件造成了长期的动乱。

旧。就是在后来，也有一些守旧的力量在阻碍自下而上论的充分实现。从意识形态的角度来讲，作为体制化的政府机构，教会与王权的制度逐渐变成了过时政治观念的体现者。他们造出了自己的典礼和仪式。只要想想连续不断的极力强调王权具有神圣来源的国王加冕礼，就可以理解它们是怎样发挥了阻碍的作用。所有的祷词、符号和姿势都具有高度的神权性因素。但这样，教会的权力也得到了有力的支持。"王位与祭坛"变成了两大象征，在历史上表现了当权的政府形式。为何民众主权论之实现会需要这么长的时间？为了解释这一点，也不能忘记语言的抑制作用。那些已经沿用了几百年，原为截然不同的情形创造出来的术语和词汇，那些为特定的神权性观念服务的意涵和暗示，还有不断地重复某些措辞而造成的心理联系——要想理解人民摆脱"最高统治者"之监护的缓慢历史过程，所有这一切都应当被考虑进去。

不管作家、思想家和文人们提出了什么，权力的装备仍然在政府手中。另一方面，政府"仁慈地"监护着那些被它们当作未成年人来统治的臣民，这个事实也起到了某种平衡作用。臣民的主要义务就是服从最高统治者。服从法律被视为臣民最重要的"公民"责任，这无疑是一种舒服的、令人获得安慰的观点，但它却不利于宪制的进步。只要政府下决心，要以自下而上论来取代自上而下论的政府形式，就必定会带来一场革命。有趣的是，在法国大革命期间，"公民"一词被加到了名字前头，可以说变成了一种头衔。在 1917 年俄国革命之后，这个特点重新出现了，这时"公民"被加到了姓氏前面。最能反映自下而上论与自上而下论的冲突的，可能就是相应的公民与臣民的概念了。19 世纪的宪制斗争与革命就渊源于中世纪的意识形态的冲突。

在神权性较弱而封建式统治权占据主导的社会中，却出现了一幅有点不同的画面。当然，就魅力和效率而言，按封建原则来工作的政府是不可能比得上神权性政府的。与此同时，封建政府的特点是缓慢、笨拙的过程，最终它会造成两派之间的妥协，而这一点正是神权性政府观所否定的。在国王的封建政府中，封臣有权利参与政府的运转，所以也能够参与法律的制定。法律是共同努力的结果。这也在一定程度上解释了，在14世纪，民众主权的新理论何以如此轻易地影响了英格兰的宪制与政治事件。[44]在中世纪晚期，英格兰的发展的确具有一种吸引人的特点，新的理论轻易地得到了采纳，没有出现任何反复。原因就在于，封建的原则准备好了肥沃的土壤，而它正是与自下而上论的要求比较接近的。在实践中，封建团体中的成员得到了某些权利。这些权利不是国王之让予或赠予的结果，而是依据那种简单的事实而得到的：他们是封建团体的成员。在后来的阶段，用不着特殊的才智，就能将这些权利理解为与生俱来的自然权利了。洛克[45]或更晚的布莱克斯通[46]的理论之所以会产生直接的影响，原因之一就在于，他们都具有一种早已被准备好的能够接受他们的基础。在17世纪，英国普通法变成了保障个人自由、反对国王（不可抑制）的帝王欲望的壁垒，这并不是偶然的。但是，就其起源与运作而言，普通法都是在12世纪以降的封建土壤上成长起来（见上文第150页

---

[44] 在金雀花王朝国王爱德华三世（1327—1377年在位）在位时期，议会制度得到了进一步的发展。在英国宪政史上，14世纪是一个重要的阶段。

[45] John Locke（1632—1704），英国著名哲学家、政治思想家。

[46] William Blackstone（1723—1780），18世纪英国著名法学家。

以下），是一种为国王与（封建）社会所共有的法律。公民基本权利的理论在非常封建的英格兰的发展，是历史条件所造成的。《弗吉尼亚人权宣言》（1776年）清楚地反映了具有历史意义的模式。而1789年8月26日的《法国人权宣言》宣布了人权的不可剥夺性，结果在法国造成了那样的浩劫，这又何足为奇呢？这种思维的基础还没有准备好，尚不过是学术思辨而已。在法国，在先前的法律与政治意识形态的影响下，这种影响广泛的宣言变成了革命的工具，用暴力造出了一种新的秩序，它无法在过往之中找到历史性、社会性或者政治性的根子。

第九章 结　语

229　多年以前，弗雷德里克·威廉·梅特兰就批评过他所谓的"漫无目标的中世纪癖"，也就是对那些在历史和意识形态上毫无影响，甚至琐碎无聊的问题的研究。对中世纪政治观念的研究完全不同于这种好古癖，因为在中世纪占据主导的政府与政治观念创造了我们所处的这个世界。我们的现代概念、我们的现代制度、我们的政治义务与宪政观念，不是直接地起源于中世纪，就是在直接地反对中世纪的过程中发展起来的。没错，由于得势的是自下而上论，在如今自上而下政法论的表现已经很少了——虽然愿意承认它的人可能并不是个别的。但是，为了理解自下而上论是为何、如何在漫长而血腥的斗争中取得优势的，思考者就不能满足于对组织、宪法或制度的描述，而应当力图理解它们是怎样形成的。

中世纪政治思想研究的价值还表现在，它告诉现代研究者政府与政治观念最初是如何产生的。应该认识到，在5到12世纪之间，在一个这片大陆上的广袤区域尚未得到开拓的时期里，一个社会成长了起来，它必须学会如何安排公共生活秩序所要求的根本原则和基本原理。没有"历史"的先例，不可能靠别人的经验教训来学会如何进行治理，它是一个年轻的社会，对外面的世界所知甚少，必须找到一种属于自己的处事方式，而这对其他社会来说早就是理所当然的东西了。中世纪早期和盛期的政治思想具有强烈的基督中心论与《圣经》取向的性质，这是不难理解的。基督教和《圣经》包含着现成的"哲学"，可以从中获得许多关于政府问题的知识。西方同时接受了基督教和拉丁化的《圣经》，这解释了罗马（兼有异教与教会意义的罗马）在中世纪的压倒性影响。中世纪政治思想研究面临着一个在这个领域的研究中很少碰到的特点。也就是说，整个政治体系完全地依赖于一种抽象的观念、一个纲领性的蓝图、一种抽象的原则，所有的论证都是以它为教义基础而演绎出来的。在中世纪盛期，神权-自上而下的政法理论占据主导，这种法律和政治体系产生于一种观念的无比强大的力量。这种观念的作用是反对，甚至抵制经验性的结论和认识的。有很多事情会使现代读者感到吃惊，他们可能会很自然地问，为何这样、那样的事情会这么容易地得到接受。但我们不能因此而放弃对它们的研究，只要我们还想重新发现法治的原则。在中世纪，所有的政治意识形态都赞同这一原则；但在现在，它却尚未得到所有人的接受。实现这种原则的道路是不同的，但自然的概念曾是它的工具。首先，自然被上帝恩典征服了；接着，它成了被模仿的模型；到现代，它又（在不同的领域中，不是被信仰或恩典，而是）被自然的科学所征服了。

　　政治思想史研究不应该被贴上好古癖的标签。政治思想史不仅有助于我们理解现代社会是如何、为何取得现在的性质的（这本身无疑是一项有意义的任务），也会比其他研究更有力地说明不同国家所采用的各式各样的政府形式之间的差异。例如，德国会产生在希特勒时期延续了十二年的政府；意大利会产生在墨索里尼时期延续了二十多年的政府；还有其他的例子。这些都归因于政治观念在人们的思想结构上所曾经产生过的深刻影响。思想缓慢、稳步地适应于特定的反应，创造出了历史性的环境，而这种环境又造成了非常有特点的政治体制。德国的"极权国家"（*Obrigkeitsstaat*）的观念，是20世纪所发生之事的历史、意识形态的前提。同样，拜占庭主义也在俄国发挥了类似的作用和功能。另一方面，中世纪封建制度在对所谓的民主制政府形式的塑造中所起到的作用，尚未得到充分的认识。封建制度、封建法和封建政府都是历史进程中的一部分，却被冷落到了一边。封建式的政府不是教条式的东西，不是某种自以为是的原则和教条的结果，而具有基础扎实的、人力造成的、从不脱离实际情况的优点，因此显示出了一种适应力、可塑性和灵活性。它可不是纯粹的意识形态所能比拟的。这确实解释了民主制政府形式所具有的稳定而渐进的性质。它深深扎根于历史的土壤，经过了一种历史性的进化，在根本上来源于封建王权政府的土生土长的成长。政治思想史研究非常清楚地表明，在历史条件中形成的观念不能被有效地移植到别的土壤中，只要它还没有被先前的发展浇灌过。法国大革命是一个例子；魏玛宪法是另一个；当今某些新兴的非欧洲国家所面临的可悲状态也进一步证明，人为地播种"教义"会造成灾难性的后果。无论如何，支配政治观念的是人自己，不可能将政治意识形态成套地移用于缺乏准备的社会之中。在多个方面，政治思想史研究都是对历史背景中的社会及其政府的研究：对中世纪政治思想的研究帮助我们解释了中世纪的历史进程，也为今人提供了一种发生过程上的解释。

附录　对第三章的补充注释

有必要补充一下第三章所讨论的问题，因为加洛林文艺复兴并不局限于文学或文化的领域，而是还要深刻得多。它关系到整个社会的再造，一个社会的重生，其样式就是个人通过洗礼的行为而得到的重生。正如个人已经消除了自然的属性而成为不同的存在（见上文第17页），社会亦即全体个人的总和，也以同样的方式消除了日耳曼的过去，以及历史和自然的条件，变成了一个教会学意义上的单元，其基础是一种将上帝视为自身之创造者的观念。社会的性质将按照特定的教义亦即基督教的规范和律法来塑造。欧洲第一次按一种纲领和一张蓝图来再造整个社会。在后来的历史上，类似的努力还会不断出现，至今还在全球的层次上可以见到。

这种加洛林式的复兴观念确实有很大的影响。除了别的，它首先关系到以下几个问题：

（1）由于国王采用了"上帝恩典所立之国王"的称号（上文第53页以下），统治者就为教会的干预打开了大门，因为只有神职人员才有资格决定这种关于上帝恩典的宗教问题。这样，不仅政治观念教会化了（上文第 74 页以下），国王需要服属于更高之法亦即神法的论点也发展起来了。这种神法具有非常广泛的含义，还包括教会的法律。它是教会人士所解释的法。这一点的重要性在于，尽管绝对主义始终潜藏于神权性王权之中，但尚处萌芽之时它已受到了伤害，因为国王至少要在理论上服从一套其他的规则。这套规则是与西方统治者所主动接受的宗教性王权基础直接地联系起来的。进一步说，这种更高的、根本的法优先于国王本身，完全独立于他。众所周知的是，这种使公共政府（包括国家首脑和部长等）从属于一种根本性法则的问题，在"二战"之后变成了一个重大的问题；但是，在神权性王权的语境之中，这种问题首先出现于法兰克和后法兰克的时代里。换言之，尽管法治的观念被当作了近代的成就，但其实法兰克的作家和政府就是它的杰出先辈。

（2）正因为王国具有神性的起源，不被当作凡人的、自然的东西，国王就被当成了一位由上帝指定的负责掌管王国的托管人。因为王国只不过是托付给国王的，将国王当作王国监护人的观念就出现了。从 9 世纪中叶直至 15 世纪，他都被称为"王国监护人"（*tutor regni*）。旧的日耳曼观念（被理解为保护弱者的"Munt"）就很容易地和罗马的"tuitio"（监护）结合了起来。按照它，监护人的唯一责任就是关照托付给他的受监护者的福利。中世纪早期所发展出来的实践和学说，将保护或监护的观念从私人领域转移到了公共领域。个体性的受监护者的位置被集体性的受监护者亦即王国所取代了。这种发展始于 9 世纪。其意义在于，根据身为监护人的职责，国王不能够将属于王国的任何利益或权利转让出去。的确，出售、抵押或以任何其他方式损害受监护者的法律地位，就是对监护人地位的讽刺。对于国王同样如此：他的监护职责变成了中世纪王权的本质属性。这确实就是非常重要的不可剥夺原则的起源（参见上文第 142 页）。按这种原则，不允许统治者转让、赠予或捐献，也就是放弃所谓的任何王家权利或王权权利。对这些公共权利的保护（如果不说增进的话）是国王的主要责任之一，是他在加冕时庄严地承诺要履行的。所以，洪诺留三世[1]在 1220 年颁布的教宗教令书信（*Intellecto*）没有提出任何新的法律，只不过是澄清了一种从 9 世纪初以来一直存在着的状态而已。进一步说，只有以此为基础，伪造的"君士坦丁赠礼"的效力才能受到攻击。

（3）国王的这种监护职责以及由此产生的不可剥夺性，不仅立足于日耳曼的"Munt"与罗马的"tuitio"，还依据了圣保罗在《加拉太书》（第 4 章 1—2 节[2]）中所提出的教义以及教父（圣哲罗姆、圣奥古斯丁等）对它的解释（这一点经常没有被认识到）。由于深受圣保罗的影响，在罗马与基督教观念之间产生了进一步的融合，结果产生了认为王国在法律上相当于未成年人的观点（参见上文第 56 页）。就像未成年人缺乏安排和管理自身事务的法律能力，王国同样被视为是缺乏这种能力的——这种考虑只会增强对监护人的需要，而国王就是监护人。顺理成章的是，这种观念对中世纪王权产生了强烈的影响，防止它堕落为不受约束的绝对主义。在中世纪盛期，就没

---

〔1〕 教宗 Honorius Ⅲ（1216—1227 年在位）在针对匈牙利国王 Andrew Ⅱ 的教宗教令书信 *Intellecto* 中规定，国王在任何情况下皆不得放弃王家权利，从而在教会法中确立了不可剥夺原则。

〔2〕 该段经文为："我说那承受产业的，虽然是全业的主人，但为孩童的时候，却与奴仆毫无分别。乃在师傅和管家的手下，直等他父亲预定的时候来到。"

附录　对第三章的补充注释　**245**

有人不把"共和国"（res publica）、"王国"（regnum）之类视为需要监护人的未成年人，这是一种得到普遍接受的观点。

（4）这种观点的后果是，国王作为上位者的职责与个人以下位者身份组成王国的观点就得到了极大的加强。正因为神权性王权是教会人士所支持的——对封建王权来说，规则和结果都是不同的（上文第146页以下）——在这种情况下，任何属于个人的内在、自主权利的观念都很难发展出来。在意识形态上，将个人从臣民变为具有自主、独立权利之公民的转变，就遇到了几百年来的旧传统的强大阻碍，后来这种传统又僵化成了认为王国及其成员在公法上只是需要监护人（体现在国王身上）引导的未成年人的观点。在国王的臣民通过宪政手段从监护（在该词的字面含义上）中释放出来之前，已经发生了许多流血的革命，直到我们现在它还在发生。

（5）复兴的观念还体现在国王身上。在主教手上，他受到了国王膏立礼的圣事，得到了重生：这样他就变成了上帝之子。这种神权性王权正在迅速地发展。它所内在地包含的绝对主义潜质，得到了相应的平衡。平衡它的是前面提到过的那些同步发展起来的限制因素，最重要的是国王要服属于同一批神职人员所阐发的根本律法。他们发挥了很有力的作用，将国王与人民本身分离开来（上文第54页），还将他拽进了（可以这么说）自己的轨道。他们使国王变成了"教内人员"（上文第88页），更加容易地控制住了他。他的统治行为的余地受到了相当大的限制。毫无疑问，他表现为被交托给他的人民的上位者，但使他获得神权性王权的同一前提，在很多根本性的方面限制了他的政府和立法——只有凭借对于上帝恩典的宗教性、《圣经》性观点，他才能获得作为国王的地位。必须指出的是，在中世纪以后很久,这种充满宗教意涵的统治权还保持着深刻的影响。然而,在欧洲文明之内,正是这种统治权首先带来了统治者要服属于法律的观点。通过膏立的中介将神的恩典授予国王,同时国王要庄严地承诺去遵守法律并履行监护人的作用,这是加冕礼上的两大中心性特征。它包含了一切具有根本意义的意识形态和宪制的因素。依靠精心设立的具体的象征和简练的颂歌,这些因素才能被人理解。在国王的重生中,所有的一切就达到了顶点。

原书参考书目

精选书目（1965）

概览

Battaglia, F., *Lineamenti di storia delle dottrine politiche*, 2nd ed., Milan, 1952.

Carlyle, R. W. & A. J., *A History of Medieval Political Theory in the West*, 6 vols., W. Blackwood & Sons, Edinburgh, 1903-36.

Crump and Jacob (eds.), *The Legacy of the Middle Ages*, O. U. P., 1926.

Entrèves, A. P. d', *The Medieval Contribution to Political Thought: Thomas Aquinas, Marsilius of Padua, Richard Hooker*, O. U. P., 1939.

Gierke, O., *Political Theories of the Middle Age*, transl. by F. W. Maitland, repr. C. U. P., 1959.

Gilson, E., *Christian Philosophy in the Middle Ages*, Sheed & Ward, 1955.

Kantorowicz, E., *The King's Two Bodies*, Princeton, 1957.

Lagarde, G. de., *La naissance de l'esprit laique au déclin du moyen âge*, 6 vols., 3rd ed., Paris, 1959-.

Lewis, E., *Medieval Political Ideas*, 2 vols., Routledge, 1954.

McIlwain, C. H., *The Growth of Political Thought in the West from the Greeks to the end of the Middle Ages*, repr. Macmillan, 1961.

Strauss, L., & Cropsey, J. (eds.), *A History of Political Philosophy*, Chicago, 1963.

Ullmann, W., *Principles of Government and Politics in the Middle Ages*, Methuen, 2nd ed., 1966.

第一章

晚期罗马帝国:

Lot, F., *La fin du monde antique et le début du moyen âge*, 2nd ed., Paris, 1948.

Jones, A. H. M., *The Later Roman Empire 284-602*, 4 vols., Blackwell Oxford, 1964.

教宗首位:

Ullmann, W., 'Leo I and the theme of papal primacy' in *Journal of Theological Studies*, 1960, pp. 25 ff., 295 ff.

Ullmann, W., *The Growth of Papal Government in the Middle Ages*, 4th ed., Methuen 1970, ch. I.

罗马与拜占庭关系:

Gaudemet, J., *La Formation du droit séculier et du droit de l'église au IVe et Ve siècles*, Paris, 1957.

Ostrogorsky, G. A., *A History of the Byzantine State*, transl. Joan Hussey, Blackwell, Oxford, 1956.

Treitinger, G., *Die oströmische Reichs-und Kaiseridee*, 2nd ed., Darmstadt, 1956.

第二章

(a)

查士丁尼: *Corpus Iuris Civilis*, ed. Th. Mommsen & Krüger, repr. Berlin, 1928.

格列高利一世: Letters ed. P. Ewald & L. M. Hartmann in *Monumenta Germaniae Historica*, section: *Epistolae*, vols. I & II, Hanover, 1887-99.

《马库尔夫规式》(*Marculf Formulae*): ed. K. Zeumer in *Monumenta Germaniae Historica*, section: *Formulae*, Hanover, 1886; new critical edition with French translation by A. Uddholm, *Marculfi Formularum Libri Duo*, Uppsala, 1962.

《圣西尔维斯特故事》(*Legenda sancti Silvestri*) 和"君士坦丁赠礼": ed. C. B. Coleman, *Constantine the Great and Christianity*, New York, 1914; "赠礼"相关部分的译文载 H. Bettenson, *Documents of the Christian Church*, repr. O. U. P., 1956, pp. 135 ff.。

(b)

Arquillière, H. X., *L'Augustinisme politique*, 2nd ed. Paris, 1955.

Folz, R., *L'Idée de l'empire du Ve au XIVe siècle*, Paris, 1957.

Ohnsorge, W., *Das Zweikaiserproblem*, Hildesheim, 1947.

Ullmann, W., *Growth*（同第一章所列）, ch. II.

Ullmann, W., *Principles*（同"概览"所列）, part II.

第三章

(a)

"伪伊西多尔"（Pseudo-Isidore）: ed. P. Hinschius, Berlin, 1861.

加冕礼:

(i) 皇帝的: *Ordines coronationis imperialis*, ed. R. Elze, Hanover, 1960.

(ii) 国王的: L. Wickham-Legg, *English Coronation Records*, Constable, 1901.

(iii) *Liber regie capelle*, ed. W. Ullmann, Henry Bradshaw Society, vol. 91, 1961.

(b)

Davenport, E. H., *The False Decretals*, Blackwell, Oxford, 1916.

Schramm, P. E., *A History of the English Coronation*, O. U. P., 1937.

Stutz, U., 'The proprietary church', in *Medieval Germany 911-1250: Essays by German Historians*, ed. G. Barraclough, vol. II, Blackwell, Oxford, 1938.

Ullmann, W., 'The Bible and Principles of Government in the Middle Ages', in *Settimana di studio Spoleto*, Spoleto, 1963.

Ullmann, W., 'Reflections on the medieval empire', in *Transactions of Royal Historical Society*, 1964.

Ullmann, W., 'Der Souveränitätsgedanke in den mittelalterlichen Krönungsordines', in *Festschrift für P. E. Schramm*, Wiesbaden, 1964.

第四章

(a)

格列高利七世: *Register*, ed. E. Caspar, repr. Berlin, 1961.

英诺森三世: *Register*, in J. P. Migne, *Patrologia Latina*, Paris, 1855, vols. 214-17.

格列高利九世: *Register*, ed. L. Auvray, 4 vols. Paris, 1955.

英诺森四世：*Register*, ed. E. Berger, 4 vols. Paris, 1921.

教会法：*Corpus Iuris Canonici*, ed. Ae. Friedberg, repr. Leipzig, 1956.

索尔兹伯里的约翰（John of Salisbury）：*Policraticus*, ed. C. J. J. Webb, O. U. P., 1909; transl. by J. Dickinson, *The Statesman's Book*, New York, 1927.

罗马的吉尔斯（Egidius Romanus）：*De ecclesiastica potestate*, ed. R. Scholz, Weimar, 1929.

《一圣》（*Unam Sanctam*）：transl. in Bettenson [同第二章（a）所列], pp. 159 ff. 。

(b)

Knowles, D., *The Evolution of Medieval Thought*, Longmans, 1962.

Lea, H. C., *The Inquisition of the Middle Ages*, repr. Eyre & Spottiswoode, 1963, with a Historical Introduction by W. Ullmann.

Pacaut, M., *La Théocratie: l'église et le pouvoir au moyen âge*, Paris, 1957.

Poole, R. L., *Illustrations of Medieval Thought and Learning*, S. P. C. K., 1920.

Ullmann, W., *Growth*（同第一章所列）, chs. IX - XIII.

Ullmann, W., *Principles*（同概览所列）, part I。

Voosen, E., *Papauté et pouvoir civil à l'époque de Grégoire VII*, Louvain, 1927.

第五章

(a)

亨利四世：Letters transl. in E. F. Henderson, *Select Historical Documents of the Middle Ages*, repr. Bohn Libr., Bell & Sons, 1927, pp. 366 ff.

《财政署对话集》（*Dialogue of the Exchequer*）：ed. Ch. Johnson, Nelson, Edinburgh, 1950.

《大宪章》（*Magna Carta*）：transl. by J. C. Dickinson, Historical Association Pamphlets (G. 31), 1954.

(b)

Bloch, M., *Feudal Society*, Engl. transl. Routledge, 1960.

Bloch, M., *Les Rois thaumaturges*, 2nd ed., Strasbourg, 1962.

Fawtier, R., *The Capetian Kings of France: Monarchy and Nation*, English transl., Macmillan, 1960.

Figgis, J. N., *The Divine Rights of Kings*, repr. New York, 1965, with an Introduction by G. R. Elton.

Howell, M., *Regalian Rights in Medieval England*, Athlone Press, Univ. London, 1961.

Jolliffe, J. E. A., *Angevin Kingship*, 2nd ed., A. & C. Black, 1963.

Kantorowicz, E., *The King's Two Bodies* (同"概览"所列), chs. Ⅳ & Ⅶ。

Kern, F., *Gottesgnadentum und Widerstandsrecht*, 3rd ed. by R. Buchner, Darmstadt, 1963; partial English transl. of the first edition (1914) by S. B. Chrimes, *Kingship and Law in the Middle Ages*, Blackwell, Oxford, 1939.

McIlwain, C. H., *Growth* (同"概览"所列), ch. Ⅶ。

McIlwain, C. H., *Constitutionalism: Ancient and Modern*, Ithaca, 1947.

Mitteis, H., *Lehensrecht und Staatsgewalt*, Weimar, 1933.

Mitteis, H., *Die deutsche Königswahl*, 2nd ed., Brno, 1943.

Miller, G. J. T., 'The position of the king in Bracton and Beaumanoir', in *Speculum*, 1956.

Painter, S., *Feudalism and Liberty*, Baltimore, 1961.

Pollock and Maitland, *A History of English Law*, 2nd ed., C. U. P., 1926.

Schulz, F., 'Bracton on Kingship', in *English Historical Review*, 1945.

Ullmann, W., *Principles* (同"概览"所列), part Ⅱ.

第六章

(a)

亚里士多德：*Politics*, transl. by B. Jowett, with an Introduction by H. W. C. Davis, repr. O. U. P., 1953.

奥古斯丁：*City of God*, transl. in Loeb Classical Library, 1957.

(b)

Baynes, N., *The Political ideas of St. Augustine's De civitate Dei*, Historical Association Pamphlet, 1936.

Combès, G., *La Doctrine politique de s. Augustin*, Paris, 1927.

Deane, H., *The Political and Social Ideas of St. Augustine*, London and New York, 1963.

Entrèves, A. P. d', *Natural Law: an Introduction to Legal Philosophy*, repr. Hutchinson's Univ. Libr., 1960.

Gierke, O., *Natural Law and the Theory of Society*, with an Introduction by E. Barker, C. U. P., 1934.

Gilmore, M. P., *Argument from Roman Law in Political Thought 1200-1600*,

Cambridge, Mass., 1941.

Grabowski, S. J., *The Church: an Introduction to the Theology of St. Augustine*, St. Louis, Mo., 1957.

Jones, W. J., *Historical Introduction to the Theory of Law*, O. U. P., 1940, 尤其是 ch. Ⅳ: 'The Law of Nature'.

Jolowicz, H. F., *Lectures on Jurisprudence*, ed. J. A. Jolowicz, Athlone Press, Univ. London, 1963.

Le Bras, G., '*Le Droit romain au service de la domination pontificale*', in *Review historique de droit français et étranger*, 1949.

Marrou, H., *St. Augustine and his Influence through the Ages*, English transl., Longmans, 1957, 包括译文选段。

第七章

(a)

罗埃斯的亚历山大（Alexander of Roes）: *Memoriale*, ed. and transl. (into German) by H. Grundmann and H. Heimpel, Weimar, 1949.

克莱门五世: *Pastoralis Cura*, ed. in Clementinae, Ⅱ. Ⅺ. 2, in Ae. Friedberg [同第四章（a）所列], Ⅱ. 1151-3。

但丁: *Monarchia*, transl. D. Nicholl, London and New York, 1954.

托马斯·阿奎那: *Selected Political Writings of St. Thomas Aquinas*, ed. and transl. by A. P. d'Entrèves and J. G. Dawson, Blackwell, Oxford, 1948. *On Kingship*, transl. G. Phelan and I. T. Eschmann, Toronto, 1949.

(b)

Aubert, J. M., *Le Droit romain dans l'œuvre de s. Thomas*, Paris, 1955.

Davis, C. T., *Dante and the Idea of Rome*, O. U. P., 1957.

Entrèves, A. P. d', *Dante as a Political Thinker*, O. U. P., 1952.

Entrèves, A. P. d', *The Medieval Contribution*（同"概览"所列）。

Eschmann, I. T., 'Studies on the notion of society in Thomas Aquinas', in *Medieval Studies*, 1946.

Eschmann, I. T., 'Thomistic Social Philosophy and the Theory of Original Sin', in *Medieval Studies*, 1947.

Lottin, O., *Le Droit naturel chez s. Thomas d'Aquin et ses prédécesseurs*, Louvain,

1931.

Rivière, J., *Le Problème de l'église et de l'état au temps de Philippe le Bel*, Louvain, 1926.

Ullmann, W., 'The Development of the Medieval Idea of Sovereignty', in *English Historical Review*, 1949.

Ullmann, W., *Principles*（同"概览"所列）, part Ⅲ。

Wilks, M. J., *The Problem of Sovereignty in the later Middle Ages*, C. U. P., 1963.

Woolf, C. N. S., *Bartolus of Sassoferrato*, C. U. P., 1913.

第八章

(a)

巴黎的约翰（John of Paris）：his tract ed. by J. Leclercq, *Jean de Paris et l'ecclésiologie du xiiie siècle*, Paris, 1942.

帕多瓦的马西利乌斯（Marsiglio of Padua）：*The Defender of Peace*, transl. by A. Gewirth, New York, 1959.

(b)

Gewirth, A., *Marsilius of Padua: The Defender of Peace*, vol. Ⅰ, New York, 1951.

Tierney, B., *Foundations of Conciliar Theory*, C. U. P., 1955.

Ullmann, W., *The Origins of the Great Schism*, Burns Oates, 1948.

Ullmann, W., 'The Validity of the Papal Electoral Pacts', in *Ephemerides Juris Canonici*, 1956.

Ullmann, W., '*De Bartoli Sententia: Concilium representat mentem populi*', in *Bartolo da Sassoferrato*, vol. Ⅱ, Milan, 1962.

Wilks, M. J., *The Problem*［同第七章（b）所列］。

Wilks, M. J., 'Chaucer ... in Medieval Political Thought', in *Bulletin of the John Rylands Library*, 1962.

补充书目（1970）

第一章

罗马与拜占庭关系：

Dvornik, F., *Byzance et la primauté romaine*, Paris, 1965.

Nelson, J. L., 'Gelasius I's doctrine of responsibility' in *Journal of Theological Studies*, xviii, 1967, 78 ff.

Rahner, H., *Kirche und Staat im frühen Christentum*, Munich, 1962.

第二章

(b)

Dölger, F., *Byzanz und die europäische Staatenwelt*, Darmstadt, 1964.

Ewig, E., 'Zum christlichen Königsgedanken im Frühmittelalter' in *Das Königtum*, ed. Th. Mayer, Darmstadt, 1965.

Wallace-Hadrill, M., 'The via regia of the Carolingian age' in *Trends in Medieval Political Thought*, ed. B. Smalley, Oxford, 1965.

第三章

(a)

Pontificale Romano-Germanicum, ed. C. Vogel and R. Elze, Rome, 1963.

(b)

Congar, Y., *L'ecclésiologie du haut moyen âge*, Paris, 1969.

Folz, R., *La naissance du saint-empire*, Paris, 1967.

Ullmann, W., *The Carolingian Renaissance and the idea of kingship*, London, 1969.

第四章

(b)

Costa, P., *Iurisdictio: semantica del potere politico nella pubblicistica medievale*, Milan, 1969.

Ullmann, W., 'The papacy as an institution of government in the middle ages' in *Studies in Church History*, ed. G. J. Cuming, London, 1965, ii. 78 ff.

第五章

(b)

Friedrich, C. J., *The philosophy of law in historical perspective*, repr. 1968.

Holt, C. J., *Magna Carta*, Cambridge, 1965.

第六章

(b)

Gregory, T., *L'idea di natura nella filosofia medievale*, Florence, 1965.

Markus, R. A., *Saeculum*, Cambridge, 1970.

Wilks, M. J., 'Roman empire and the christian state in the *De Civitate Dei*' in *Augustinus*, 1967, 489 ff.

第七章

(b)

Lachance, L., *L'humanisme de s. Thomas d'Aquin*, Paris, 1965.

Maffei, D., *Gli inizi dell'umanesimo giuridico*, Milan, 1966.

Ullmann, W., *The Individual and Society in the Middle Ages*, London, 1967.

第八章

(b)

Black, A., *Monarchy and Community*, Cambridge, 1970.

Oakley, *The Political Thought of Pierre d'Ailly*, Yale, 1964.

Sigmund, P. E., *Nicholas of Cusa and Medieval Political Thought*, Cambridge, Mass., 1964.

Wilks, M. J., 'The early Oxford Wyclif: papalist or nominalist?' in *Studies in Church History*, ed. G. J. Cuming, 1969, v, 69 ff.

增补书目（1975）

概览

Coing, H. (ed.), *Handbuch der Quellen und Literatur der neueren europäischen Privatrechtsgeschichte*, I, Munich, 1973, especially the contributions by P. Weimar, pp. 129-59; N. Horn, pp. 261-364; and A. Wolf, pp. 517-799（对于地域性主权在立法领域中的影响尤为重要）。

Eichmann, E., *Quellen zur kirchlichen Rechtsgeschichte*, repr. Munich, 1968.

Paradisi, B., 'Il pensiero politico dei giuristi medievali' in *Storia delle idee politiche, economiche e sociali*, ed. Luigi Firpo, Turin, 1973, pp. 1-160.

Rotelli, E., and Schiera, P., *Lo stato moderno: dal medioevo all'età moderna*, Milan, 1971.

Ullmann, W., *Principles of Government and Politics in the Middle Ages*, 3rd ed., London, 1974.

Ullmann, W., *Law and Politics in the Middle Ages*, London, 1974.

第一章

(b)

Affeldt, W., *Die weltliche Gewalt in der Paulus Exegese: Römer 13. 1-7 in den Kommentaren der lateinischen Kirche bis zum Ende des 13. Jahrhunderts*, Göttingen, 1969.

Heggelbacher, O., *Vom römischen Recht zum christlichen Recht: juristische Elemente in den Schriften des sog. Ambrosiaster*, Freiburg, 1959.

Joannou, P. -P., *Die Ostkirche und die Cathedra Petri im 4. Jahrhundert*, Stuttgart, 1972.

Kreilkamp, 'Rome and Constantinople in the 5th century' in *The Jurist* xxxi, 1971, 319 ff.

Ullmann, W., *A Short History of the Papacy in the Middle Ages*, 2nd ed., London, 1974, chapters 1 and 2.

Ullmann, W., 'The cosmic theme of the Prima Clementis and its significance for the concept of Roman rulership' in *Studia Patristica*, xi, 1971, 93 ff.

第二章

(a)

New edition of the Donation of Constantine by H. Fuhrmann in *Monumenta Germaniae Historica*: *Fontes iuris germanici antiqui*, x, 1968（不过编者对该伪造的系年是错误的）。

(b)

Anton, H. H., *Die Fürstenspiegel und Herrscherethos in der Karolinger-zeit*, Bonn, 1969.

King, P. D., *Law and Society in the Visigothic Kingdom*, Cambridge, 1972.

Kroeschell, K., 'Rechtsfindung; die mittelalterlichen Grundlagen einer modernen Vorstellung' in *Festschrift für Hermann Heimpel*, iii, Göttingen, 1972, pp. 498 ff.（其重要性在于，它说明，以为中世纪的法律不是创造或制定的，而是"找到"或"发现"的这一大众神话，是缺乏足够根据的。）

Wallce-Hadrill, M., *Early Germanic Kingship in England and on the Continent*, Oxford, 1971.

第三章

(a)

Pontificale Romano-Germanicum, ed. C. Vogel and R. Elze i-iii, 1963-1972 (=*Studi e Testi*, ccxxvi-ccxxvii, 1963; cclxix, 1972).

Schimmelpfennig, B., *Die Zeremonienbücher der römischen Kurie im Mittelalter*, Tübingen, 1973.

Schramm, P. E., *Kaiser, Könige und Päpste*, ii, Stuttgart, 1968, pp. 140 ff.；（西法兰克加冕礼的文本，pp. 208 ff.）；pp. 169 ff.（盎格鲁-撒克逊加冕礼的文本，pp. 223-48）。

(b)

Marchetto, A., *Episcopato e primato pontificio nelle decretali pseudoisidoriane*, Rome, 1972.

Peters, E., *The Shadow-King: rex inutilis in medieval law and literature*, Princeton, 1970.

Spörl, J., 'Gedanken zum Widerstandsrecht und Tyrannenmord im Mittelalter' in *Widerstandsrecht und Grenzen der Staatsgewalt*, ed. B. Pfister et al., Munich, 1955, pp. 11 ff.

Ullmann, W., 'Schranken der Königsgewalt im Mittelalter' in *Hist. Jahrbuch*, xci, 1971, pp. 1 ff.

第四章

(b)

Bellamy, J. G., *The law of treason in England in the Middle Ages*, Cambridge, 1970.

Kuttner, S., 'Urban II and the doctrine of interpretation' in *Studia Gratiana*, xv, 1972, pp. 53 ff.

Smalley, B., *The Becket Conflict and the Schools*, Oxford, 1973.

Steenberghen, F. van, *La philosophie au XIIIe siècle*, Louvain-Paris, 1966, pp. 397 ff.

Ullmann, W., *Papst und König* (Salzburger Universitätsschriften, vol. iii, 1966, pp. 37 ff.

Ullmann, W., 'Von Canossa nach Pavia: zum Stukturwandel der Herrschaftsgrundlagen im salischen und staufischen Zeitalter' in *Hist. Jahrbuch*, xciii, 1973, pp. 265 ff.

第五章

(b)

Baldwin, J. W., *Masters, Princes and Merchants*, Princeton, 1970.

Caenegem, R. van, *The Birth of the English Common Law*, Cambridge, 1973.

Ullmann, W., 'A Note on inalienability with Gregory VII' in *Studi Gregoriani*, ix, 1972 (=Memorial volume for G. B. Borino), pp. 115-40.

第六章

(b)

Michaud-Quantin, P., *Universitas: expréssions du mouvement communautaire dans le moyen âge latin*, Paris, 1970.

Wilks, M. J., 'St. Augustine and the General Will' in *Studia Patristica*, ix, 1966, pp. 487 ff.

第七章

(a)

Best edition of Dante's *Monarchia*: P. G. Ricci, *Dante Alighieri: Monarchia*, Edizione nazionale, Milan, 1965.

(b)

Chenu, M. D., *Nature, Man and Society in the Twelfth Century*. transl. by J. Taylor and L. K. Little, Chicago, 1968.

Cheyette, E. L., 'The sovereign and the pirates' in *Speculum*, xlv, 1970, pp. 41 ff.

Cortese, E., *Il problema della sorvanità nel pensiero giuridico medioevale*, Milan, 1969.

Feenstra, R., 'Jean de Blanot et la formule Rex Franciae in regno suo princeps' in *Études dédiées à G. LeBras*, Paris, 1965, pp. 885 ff.

Limentani, U., *The mind of Dante*, Cambridge, 1965.

Löwe, H., *Von Cassiodor zu Dante*, Berlin, 1973, pp. 277 ff., 298 ff.

Ullmann, W., 'Dante's Monarchia as an illustration of a politico-religious renovatio' in *Festschrift f. Wilfried Zellar* (forthcoming).

Watt, J. A., 'Dante, Boniface VIII and the Pharisees' in *Studia Gratiana*, xv, 1972, pp. 201 ff.

Wolf, A., 同上文"概览"所列。

第八章

(a)

The tract of John of Paris is now translated by J. A. Watt, *John of Paris on royal and papal power*, Toronto, 1971.

(b)

De Lagarde, G., *Le Defensor Pacis*, Paris, 1970.

Goudet, G., *Dante et la politique*, Paris, 1969.

Leff, G., *Paris and Oxford universities in the 13th and 14th centuries*, New York, 1968.

McGrade, A. S., *The political thought of William Ockham*, Cambridge, 1974.

Quillet, J., *La philosophie politique de Marsile de Padoue*, Paris, 1970.

Ullmann, W., 'Der Wiedergeburtsgedanke in der Staatslehre des Mittelalters' in *Aufstieg und Niedergang der römischen Welt*, ed. H. Temprini (forthcoming).

Wilks, M. J., 'Corporation and representation in the Defensor Pacis' in *Studia Gratiana*, xv, 1762 [原文如此], pp. 251 ff.。

Wilks, M. J., 'Reformatio regni: Wyclif and Hus as leaders of religious protest movements' in *Studies in Church History*, ed. D. Baker, ix, Cambridge, 1972, pp. 109 ff.

中文参考书目

（译者整理）

重要汉译史料

《盎格鲁-撒克逊编年史》，寿纪瑜译，商务印书馆 2004 年。
《贝奥武甫：古英语史诗》，冯象译，三联书店 1992 年。
《大宪章》，陈国华译，商务印书馆 2016 年。
《法兰克人史纪》，陈文海译注，人民出版社 2018 年。
《法兰克王家年代记》，陈文海译注，人民出版社 2019 年。
《弗莱德加编年史（第 4 卷及续编）》，陈文海译注，人民出版社 2017 年。
《罗兰之歌》，杨宪益译，上海译文出版社 2008 年。
《尼伯龙人之歌》，安书祉译，译林出版社 2000 年。
《圣伯丁年代记》，李云飞译注，人民出版社 2021 年。
艾因哈德、圣高尔修道院僧侣：《查理大帝传》，戚国淦译，商务印书馆 1979 年。
安瑟伦：《信仰寻求理解：安瑟伦著作选集》，溥林译，中国人民大学出版社 2005 年。
奥古斯丁：《奥古斯丁书信集（第 1 卷）》，石敏敏译，中国社会科学出版社 2022 年。
奥古斯丁：《忏悔录》，周士良译，商务印书馆 1963 年。
奥古斯丁：《上帝之城：驳异教徒》，三卷本，吴飞译，上海三联书店 2007—2009 年。

薄伽丘、布鲁尼:《但丁传》,周施廷译,广西师范大学出版社 2008 年。
薄伽丘:《十日谈》,王永年译,人民文学出版社 1994 年。
比德:《英吉利教会史》,陈维振等译,商务印书馆 1991 年。
波爱修:《哲学的慰藉》,朱东华译,中国社会科学出版社 2008 年(与詹文杰译扬布里柯《哲学规劝录》合为一册)。
但丁:《论世界帝国》,朱虹译,商务印书馆 1985 年。
但丁:《神曲》,三卷本,田德望译,人民文学出版社 2015 年。
但丁:《神曲》,三卷本,王军译,浙江大学出版社 2022 年。
福蒂斯丘:《论英格兰的法律与政制》,袁瑜铮译,北京大学出版社 2008 年。
格兰维尔:《论英格兰王国的法律和习惯》,吴训祥译,中国政法大学出版社 2015 年。
格雷戈里:《法兰克人史》,寿纪瑜等译,商务印书馆 1981 年。
亨利·奥斯本·泰勒:《中世纪的思维:思想情感发展史》,二卷本,赵立行等译,上海三联书店 2012 年。
洛里斯的纪尧姆、默恩的让:《玫瑰传奇》,李可译,浙江大学出版社 2020 年。
洛伦佐·瓦拉:《〈君士坦丁赠礼〉伪作考》,陈文海译注,商务印书馆 2022 年。
蒙茅斯的杰佛里:《不列颠诸王史》,陈默译,广西师范大学出版社 2009 年。
奈特编:《帕斯顿信札:一个望族的兴衰》,田亮译,广西师范大学出版社 2005 年。
尼科洛·马基雅维里:《佛罗伦萨史:从最早时期到豪华者洛伦佐逝世》,李活译,商务印书馆 1982 年。
尼科洛·马基雅维里:《君主论》,潘汉典译,商务印书馆 2016 年。
帕多瓦的马西利乌斯:《和平的保卫者(小卷)》,殷冬水等译,吉林人民出版社 2004 年。
普罗柯比:《哥特战争史》,载王以铸、崔妙因译《普洛科皮乌斯战争史》,二卷本,商务印书馆 2010 年。
普罗柯比:《秘史》,吴舒屏等译,上海三联书店 2007 年。
托马斯·阿奎那:《反异教大全》(共五册),段德智译,商务印书馆 2017 年。
托马斯·阿奎那:《神学大全(第一集)》(共五册),段德智译,商务印书馆 2013 年。
威廉·布莱克斯通:《英国法释义(第一卷)》,游云庭等译,上海人民出版社 2006 年。

优士丁尼（查士丁尼）:《法学阶梯（第二版）》，徐国栋译，中国政法大学出版社 2005 年。

约达尼斯:《哥特史》，罗三洋译，商务印书馆 2012 年。

中世纪史与基督教史概览

埃蒙·达菲:《圣徒与罪人：一部教宗史》，龙秀清译，商务印书馆 2018 年。

胡斯都·冈察雷斯:《基督教思想史》，三卷本，陈泽民等译，译林出版社 2008 年。

克里斯·威克姆:《罗马帝国的遗产：400—1000 年》，余乐译，中信出版集团 2019 年。

克里斯·威克姆:《中世纪欧洲》，李腾译，民主与建设出版社 2022 年。

勒高夫:《我们必须给历史分期吗？》，杨嘉彦译，华东师范大学出版社 2018 年。

罗伯特·巴特利特:《欧洲的创生：950—1350 年的征服、殖民与文化变迁》，刘寅译，民主与建设出版社 2021 年。

罗德尼·斯塔克:《社会学家笔下的基督教史》，张希蓓译，中国社会科学出版社 2019 年。

乔治·霍尔姆斯编:《牛津中世纪欧洲史》，苏圣捷、韩亚威译，北京日报出版社 2021 年。

威廉·乔丹:《中世纪盛期的欧洲》，傅翀、吴昕欣译，中信出版集团 2019 年。

约翰内斯·弗里德:《中世纪历史与文化》，李文丹、谢娟译，九州出版社 2020 年。

朱迪斯·M. 本内特:《欧洲中世纪史（第 11 版）》，林盛等译，上海社会科学院出版社 2021 年。

奥古斯丁研究

加里·威尔斯:《圣奥古斯丁》，刘靖译，三联书店 2019 年。

罗明嘉:《奥古斯丁〈上帝之城〉中的社会生活神学》，张晓梅译，中国社会科学出版社 2008 年。

孙帅:《自然与团契：奥古斯丁婚姻家庭学说研究》，上海三联书店 2014 年。

吴天岳:《意愿与自由：奥古斯丁意愿概念的道德心理学解读》，北京大学出版社 2010 年。

夏洞奇：《尘世的权威：奥古斯丁的社会政治思想》，上海三联书店 2007 年。

周伟驰编：《奥古斯丁的基督教思想》，中国社会科学出版社 2005 年。

古代晚期与蛮族历史

阿方斯·多普施：《欧洲文明的经济与社会基础》，肖超译，大象出版社 2014 年。

彼得·布朗：《穿过针眼：财富、西罗马帝国的衰亡和基督教会的形成，350—550 年》，刘寅、包倩怡译，社会科学文献出版社 2021 年。

彼得·布朗：《古代晚期的权力与劝诫：走向基督教帝国》，王晨译，生活·读书·新知三联书店 2020 年。

彼得·希瑟：《帝国与蛮族：从罗马到欧洲的千年史》，任颂华译，中信出版集团 2020 年。

彼得·希瑟：《罗马的复辟：帝国陨落之后的欧洲》，马百亮译，中信出版集团 2019 年。

亨利·皮朗：《穆罕默德和查理曼》，王晋新译，商务印书馆 2021 年。

帕特里克·格里：《历史、记忆与书写》，罗新主编，北京大学出版社 2018 年。

帕特里克·格里：《民族的神话：欧洲的中世纪起源》，吕昭、杨光译，广西师范大学出版社 2022 年。

伊恩·伍德：《西部罗马的转型》，刘寅译，商务印书馆 2022 年。

詹姆斯·奥唐奈：《新罗马帝国衰亡史》，夏洞奇等译，中信出版社 2013 年。

政治思想史

J. H. 伯恩斯编：《剑桥中世纪政治思想史（350 年至 1450 年）》，二卷本，程志敏等译，生活·读书·新知三联书店 2009 年。

丛日云：《在上帝与恺撒之间：基督教二元政治观与近代自由主义》，生活·读书·新知三联书店 2003 年。

恩斯特·H. 坎托洛维奇：《国王的两个身体——中世纪政治神学研究》，尹景旺译，上海社会科学院出版社 2020 年。

弗里兹·科恩：《中世纪的王权与抵抗权》，戴鹏飞译，商务印书馆 2021 年。

何夫内尔:《基督宗教社会学说》,宁玉译,雷立柏校,华东师范大学出版社 2010 年。

昆廷·斯金纳:《现代政治思想的基础》,二卷本,奚瑞森等译,译林出版社 2011 年。

拉里·西登托普:《发明个体:人在古典时代与中世纪的地位》,贺晴川译,广西师范大学出版社 2021 年。

列奥·施特劳斯、约瑟夫·克罗波西编:《政治哲学史(第三版)》,二卷本,李洪润等译,法律出版社 2009 年。

马克·布洛赫:《国王神迹:英法王权所谓超自然性研究》,张绪山译,商务印书馆 2018 年。

诺曼·科恩:《追寻千禧年:中世纪的革命千禧年主义者和神秘无政府主义者(修订增补版)》,冯璇译,社会科学文献出版社 2022 年。

乔治·萨拜因:《政治学说史》,二卷本,邓正来译,上海人民出版社 2008—2010 年。

沃格林:《政治观念史稿·卷一:希腊化、罗马和早期基督教》,谢华育译,华东师范大学出版社 2007 年。

沃格林:《政治观念史稿·卷二:中世纪(至阿奎那)》,叶颖译,华东师范大学出版社 2009 年。

沃格林:《政治观念史稿·卷三:中世纪晚期》,段保良译,华东师范大学出版社 2009 年。

约翰·菲吉斯:《神圣王权理论》,戴鹏飞译,商务印书馆 2023 年。

法律史

范·卡内冈:《英国普通法的诞生》,李红海译,中国政法大学出版社 2003 年。
高仰光:《〈萨克森明镜〉研究》,北京大学出版社 2008 年。
哈罗德·伯尔曼:《法律与革命》,二卷本,贺卫方等译,法律出版社 2018 年。
李红海:《英国普通法导论》,北京大学出版社 2018 年。
李秀清:《日耳曼法研究(修订版)》,社会科学文献出版社 2018 年。
梅特兰:《英格兰宪政史:梅特兰专题讲义》,李红海译,中国政法大学出版社 2010 年。

彭小瑜：《教会法研究：历史与理论》，商务印书馆 2003 年。

威廉·夏普·麦克奇尼：《大宪章的历史导读》，李红海编译，中国政法大学出版社 2016 年。

约翰·哈德森：《英国普通法的形成：从诺曼征服到大宪章时期英格兰的法律与社会》，刘四新译，商务印书馆 2006 年。

中世纪的思想与文化

查尔斯·哈斯金斯：《12 世纪文艺复兴》，夏继果译，上海人民出版社 2005 年。

查尔斯·哈斯金斯：《大学的兴起》，梅义征译，上海三联书店 2007 年。

吉尔比：《经院辩证法》，王路译，上海三联书店 2000 年。

吉尔松：《中世纪哲学精神》，沈清松译，上海人民出版社 2008 年。

罗伯特·诺布尔·斯旺森：《欧洲的宗教与虔诚：1215—1515》，龙秀清等译，上海三联书店 2012 年。

迈克尔·托马斯·克兰奇：《从记忆到书面记录：1066—1307 年的英格兰（第三版）》，吴莉苇译，格致出版社 2022 年。

乔治·杜比：《大教堂时代：艺术与社会（980—1420）》，顾晓燕译，南京大学出版社 2022 年。

让-皮埃尔·里乌、让-弗朗索瓦·西里内利编：《法国文化史》，第一卷，杨剑译，华东师范大学出版社 2006 年。

雅克·勒高夫：《阿西西的圣方济各》，栾颖新译，商务印书馆 2022 年。

雅克·勒高夫：《炼狱的诞生》，周莽译，商务印书馆 2021 年。

雅克·勒高夫：《钱袋与永生：中世纪的经济与宗教》，周嫄译，上海人民出版社 2007 年。

雅克·勒高夫：《中世纪的知识分子》，高建红译，华东师范大学出版社 2021 年。

雅克·韦尔热：《中世纪大学》，王晓辉译，上海人民出版社 2007 年。

约阿希姆·布姆克：《宫廷文化：中世纪盛期的文学与社会》，二卷本，何珊等译，生活·读书·新知三联书店 2006 年。

约翰·马仁邦：《中世纪哲学：历史与哲学导论》，吴天岳译，北京大学出版社 2015 年。

赵敦华：《中世纪哲学长编》，江苏人民出版社 2023 年。

中世纪的社会与国家

埃马纽埃尔·勒华拉杜里:《蒙塔尤:1294—1324年奥克西坦尼的一个山村》,许明龙等译,商务印书馆1997年。

艾伦·麦克法兰:《英国个人主义的起源》,管可秾译,商务印书馆2008年。

贝恩德·施耐德穆勒:《中世纪时期的皇帝:从查理大帝到马克西米利安一世》,陆瑶译,社科文献出版社2021年。

波斯坦等编:《剑桥欧洲经济史》,第一至四卷,王春法等译,经济科学出版社2002—2004年。

道格拉斯·诺思、罗伯特·托马斯:《西方世界的兴起》,厉以平等译,华夏出版社1989年。

弗朗索瓦·冈绍夫:《何为封建主义》,张绪山等译,商务印书馆2016年。

亨利·皮朗:《中世纪欧洲经济社会史》,乐文译,上海人民出版社2001年。

亨利·皮雷纳(皮朗):《中世纪的城市》,陈国樑译,商务印书馆1985年。

侯树栋:《德意志中古史:政治、经济社会及其他》,商务印书馆2006年。

卡洛·M.奇波拉:《工业革命前的欧洲社会与经济,1000—1700》,苏世军译,社会科学文献出版社2020年。

克里斯·威克姆:《梦游进入新世界:12世纪意大利城市公社的出现》,X. Li译,广西师范大学出版社2022年。

蔺志强:《在专制与宪政之间:亨利三世时代的英国王权运作》,中山大学出版社2016年。

马克·布洛赫:《法国农村史》,余中先等译,商务印书馆1991年。

马克·布洛赫:《封建社会》,二卷本,张绪山等译,商务印书馆2004年。

马克垚:《封建经济政治概论》,人民出版社2010年。

马克垚:《西欧封建经济形态研究》,人民出版社2001年。

马克垚:《英国封建社会研究》,北京大学出版社2016年。

孟广林:《英国封建王权论稿:从诺曼征服到大宪章》,人民出版社2002年。

诺尔曼·庞兹:《中世纪城市》,刘景华、孙继静译,商务印书馆2015年。

帕特里克·J.格里:《墨洛温王朝:创建与变革》,郭建龙译,社会科学文献出版社2022年。

乔治·杜比:《布汶的星期天:1214年7月27日》,梁爽、田梦译,北京大学出版社2017年。

乔治·杜比:《骑士、妇女与教士》,周嫄译,上海人民出版社 2008 年。

雅克·勒高夫:《圣路易》,许明龙译,商务印书馆 2002 年。

亚历桑德罗·巴尔贝罗:《查理大帝:欧洲之父》,赵象察译,民主与建设出版社 2021 年。

约翰·朱利叶斯·诺威奇:《王国,1130—1194:西西里的诺曼王朝Ⅱ》,李强译,中国友谊出版公司 2021 年。

约翰·朱利叶斯·诺威奇:《征服,1016—1130:西西里的诺曼王朝Ⅰ》,李强译,中国友谊出版公司 2021 年。

约瑟夫·R. 斯特雷耶:《现代国家的起源》,华佳等译,格致出版社、上海人民出版社 2011 年。

中世纪教宗年表（440—1500）

（译者整理）

任数	教宗名号	在位年代
45	利奥一世（Leo Ⅰ）	440—461
46	西莱尔（Hilary）	461—468
47	辛卜力乌斯（Simplicius）	468—483
48	菲利克斯三世（Felex Ⅲ）	483—492
49	杰拉斯一世（Gelasius Ⅰ）	492—496
50	阿拿斯塔斯二世（Anastasius Ⅱ）	496—498
51	辛玛古（Symmachus）	498—514
52	何尔米斯达（Hormisdes）	514—523
53	约翰一世（John Ⅰ）	523—526
54	菲利克斯四世（Felix Ⅳ）	526—530
55	卜尼法斯二世（Boniface Ⅱ）	530—532
56	约翰二世（John Ⅱ）	533—535
57	阿格丕一世（Agapetus Ⅰ）	535—536
58	西尔维（Silverius）	536—537
59	维吉利（Vigilius）	537—555
60	佩拉吉一世（Pelagius Ⅰ）	556—561
61	约翰三世（John Ⅲ）	561—574
62	本笃一世（Benedict Ⅰ）	575—579
63	佩拉吉二世（Pelagius Ⅱ）	579—590
64	格列高利一世（Gregory Ⅰ）	590—604
65	萨比尼昂（Sabinian）	604—606
66	卜尼法斯三世（Boniface Ⅲ）	607—607

67	卜尼法斯四世（Boniface Ⅳ）	608—615
68	阿迪乌达一世（Adeodatus Ⅰ，即 St. Deusdedit）	615—618
69	卜尼法斯五世（Boniface Ⅴ）	619—625
70	洪诺留一世（Honorius Ⅰ）	625—638
71	塞维林（Severinus）	640
72	约翰四世（John Ⅳ）	640—642
73	提奥多一世（Theodore Ⅰ）	642—649
74	马丁一世（Martin Ⅰ）	649—653
75	尤金一世（Eugene Ⅰ）	654—657
76	维塔利昂（Vetalian）	657—672
77	阿迪乌达二世（Adeotatus Ⅱ）	672—676
78	多奴（Donus）	676—678
79	阿伽笃（Agatho）	678—681
80	利奥二世（Leo Ⅱ）	682—683
81	本笃二世（Benedict Ⅱ）	684—685
82	约翰五世（John Ⅴ）	685—686
83	柯农（Conon）	686—687
84	塞吉阿斯一世（Sergius Ⅰ）	687—701
85	约翰六世（John Ⅵ）	701—705
86	约翰七世（John Ⅶ）	705—707
87	西昔尼乌（Sisinnius）	708
88	君士坦丁一世（Constantine Ⅰ）	708—715
89	格列高利二世（Gregory Ⅱ）	715—731
90	格列高利三世（Gregory Ⅲ）	731—741
91	札迦利（Zachary）	741—752
92	斯德望二世（Stephan Ⅱ）	752
93	斯德望二（三）世（Stephan Ⅱ）	752—757
94	保罗一世（Paul Ⅰ）	757—767
95	斯德望三世（Stephan Ⅲ）	768—772
96	阿德里安一世（Adrian Ⅰ）	772—795
97	利奥三世（Leo Ⅲ）	795—816
98	斯德望四世（Stephan Ⅳ）	816—817
99	帕斯卡一世（Paschal Ⅰ）	817—824
100	尤金二世（Eugene Ⅱ）	824—827
101	瓦伦丁（Valentine）	827
102	格列高利四世（Gregory Ⅳ）	827—844
103	塞吉阿斯二世（Sergius Ⅱ）	844—847

104	利奥四世（Leo Ⅳ）	847—855
105	本笃三世（Benedict Ⅲ）	855—858
106	尼古拉一世（Nicholas Ⅰ）	858—867
107	阿德里安二世（Adrian Ⅱ）	867—872
108	约翰八世（John Ⅷ）	872—882
109	马林一世（Marinus Ⅰ）	882—884
110	阿德里安三世（Adrian Ⅲ）	884—885
111	斯德望五世（Stephan Ⅴ）	885—891
112	福尔摩赛（Formosus）	891—896
113	卜尼法斯六世（Boniface Ⅵ）	896
114	斯德望六世（Stephan Ⅵ）	896—897
115	罗玛诺（Romanus）	897
116	提奥多二世（Theodore Ⅱ）	897
117	约翰九世（John Ⅸ）	898—900
118	本笃四世（Benedict Ⅳ）	900—903
119	利奥五世（Leo Ⅴ）	903
120	塞吉阿斯三世（Sergius Ⅲ）	904—911
121	阿拿斯塔斯三世（Anastasius Ⅲ）	911—913
122	兰顿（Lando）	913—914
123	约翰十世（John Ⅹ）	914—928
124	利奥六世（Leo Ⅵ）	928
125	斯德望七世（Stephan Ⅶ）	929—931
126	约翰十一世（John ⅩⅠ）	931—935
127	利奥七世（Leo Ⅶ）	936—939
128	斯德望八世（Stephan Ⅷ）	939—942
129	马林二世（Marinus Ⅱ）	942—946
130	阿格丕二世（Agapetus Ⅱ）	946—955
131	约翰十二世（John ⅩⅡ）	955—963
132	利奥八世（Leo Ⅷ）	963—965
133	本笃五世（Benedict Ⅴ）	964
134	约翰十三世（John ⅩⅢ）	965—972
135	本笃六世（Benedict Ⅵ）	973—974
136	本笃七世（Benedict Ⅶ）	974—983
137	约翰十四世（John ⅩⅣ）	983—984
138	约翰十五世（John ⅩⅤ）	985—996
139	格列高利五世（Gregory Ⅴ）	996—999
140	西尔维斯特二世（Silvester Ⅱ）	999—1003

141	约翰十七世（John XVII）	1003
142	约翰十八世（John XVIII）	1004—1009
143	塞吉阿斯四世（Sergius IV）	1009—1012
144	本笃八世（Benedict VIII）	1012—1024
145	约翰十九世（John XIX）	1024—1032
146	本笃九世（Benedict IX）	1032—1045
		1047—1048
147	西尔维斯特三世（Silvester III）	1045
148	格列高利六世（Gregory VI）	1045—1046
149	克莱门二世（Clement II）	1046—1047
150	本笃九世（Benedict IX）	1047—1048
151	达马苏斯二世（Damasus II）	1048
152	利奥九世（Leo IX）	1049—1054
153	维克托二世（Victor II）	1055—1057
154	斯德望九世（Stephan IX）	1057—1058
155	尼古拉二世（Nicholas II）	1058—1061
156	亚历山大二世（Alexander II）	1061—1073
157	格列高利七世（Gregory VII）	1073—1085
158	维克托三世（Victor III）	1086—1087
159	乌尔班二世（Urban II）	1088—1099
160	帕斯卡二世（Paschal II）	1099—1118
161	杰拉斯二世（Gelasius II）	1118—1119
162	卡立斯特二世（Galixtus II）	1119—1124
163	洪诺留二世（Honorius II）	1124—1130
164	英诺森二世（Innocent II）	1130—1143
165	西莱斯廷二世（Celestine II）	1143—1144
166	卢修斯二世（Lucius II）	1144—1145
167	尤金三世（Eugene III）	1145—1153
168	阿拿斯塔斯四世（Anastasius IV）	1153—1154
169	阿德里安四世（Adrian IV）	1154—1159
170	亚历山大三世（Alexander III）	1159—1181
171	卢修斯三世（Lucius III）	1181—1185
172	乌尔班三世（Urban III）	1185—1187
173	格列高利八世（Gregory VIII）	1187
174	克莱门三世（Clement III）	1187—1191
175	西莱斯廷三世（Celestine III）	1191—1198
176	英诺森三世（Innocent III）	1198—1216

177	洪诺留三世（Honorius Ⅲ）	1216—1227
178	格列高利九世（Gregory Ⅸ）	1227—1241
179	西莱斯廷四世（Celestine Ⅳ）	1241
180	英诺森四世（Innocent Ⅳ）	1243—1254
181	亚历山大四世（Alexander Ⅳ）	1254—1261
182	乌尔班四世（Urban Ⅳ）	1261—1264
183	克莱门四世（Clement Ⅳ）	1265—1268
184	格列高利十世（Gregory Ⅹ）	1271—1276
185	英诺森五世（Innocent Ⅴ）	1276
186	阿德里安五世（Adrian Ⅴ）	1276
187	约翰二十一世（John XXI）	1276—1277
188	尼古拉三世（Nicholas Ⅲ）	1277—1280
189	马丁四世（Martin Ⅳ）	1281—1285
190	洪诺留四世（Honorius Ⅳ）	1285—1287
191	尼古拉四世（Nicholas Ⅳ）	1288—1292
192	西莱斯廷五世（St.Celestine Ⅴ）	1294
193	卜尼法斯八世（Boniface Ⅷ）	1294—1303
194	本笃十一世（Benedict XI）	1303—1304

阿维尼翁教宗

195	克莱门五世（Clement Ⅴ）	1305—1314
196	约翰二十二世（John XXII）	1316—1334
197	本笃十二世（Benedict XII）	1334—1342
198	克莱门六世（Clement Ⅵ）	1342—1352
199	英诺森六世（Innocent Ⅵ）	1352—1362
200	乌尔班五世（Urban Ⅴ）	1362—1370
201	格列高利十一世（Gregory XI）	1370—1378

大裂教时期罗马教宗

202	乌尔班六世（Urban Ⅵ）	1378—1389
203	卜尼法斯九世（Boniface Ⅸ）	1389—1404
204	英诺森七世（Innocent Ⅶ）	1404—1406
205	格列高利十二世（Gregory XII）	1406—1415

大裂教时期阿维尼翁对立教宗

	克莱门七世（Clement Ⅶ）	1378—1394
	本笃十三世（Benedict XIII）	1394—1423

大裂教时期比萨对立教宗
亚历山大五世（Alexander V） 1409—1410
约翰二十三世（John XXIII） 1410—1415

大裂教以后的罗马教宗
206	马丁五世（Martin V）	1417—1431
207	尤金四世（Eugene IV）	1431—1447
208	尼古拉五世（Nicholas V）	1447—1455
209	卡立斯特三世（Calixtus III）	1455—1458
210	庇护二世（Pius II）	1458—1464
211	保罗二世（Paul II）	1464—1471
212	西克斯特四世（Sixtus IV）	1471—1484
213	英诺森八世（Innocent VIII）	1484—1492
214	亚历山大六世（Alexander VI）	1492—1503

君主世系图

（译者整理）

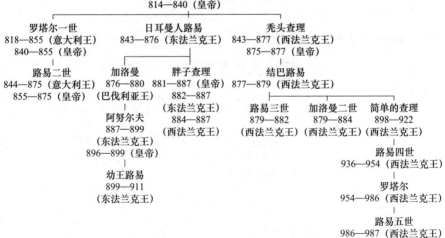

加洛林王朝

德意志

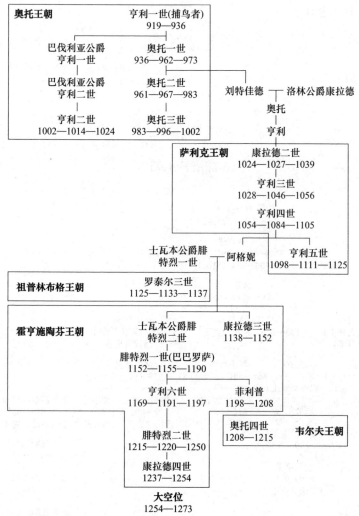

说明：第一个数字为加冕为国王的年份，
第二个数字为加冕为皇帝的年份，
仅标出两个年份者未加冕为皇帝。

法兰西

休·加佩
987—996
|
罗贝尔二世
996—1031
|
亨利一世
1031—1060
|
腓力一世
1060—1108
|
路易六世
1108—1137
|
路易七世
1137—1180
|
腓力二世
(奥古斯都)
1180—1223
|
路易八世
1223—1226
|
路易九世
(圣路易)
1226—1270
|
腓力三世
1270—1285 ——————————— 瓦卢瓦支系
|
腓力四世
(美男子)
1285—1314

路易十世	腓力五世	查理四世
1314—1316	1316—1322	1322—1328

约翰一世
1316

英格兰

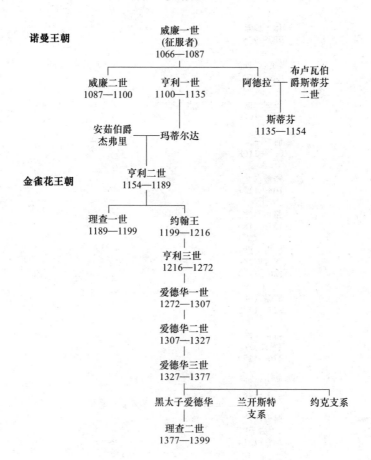

部分专有名词与术语索引

（所列页码为原书页码，即本书边码）

Abelard 阿贝拉尔 121
Adrian Ⅱ 阿德里安二世 80
Agobard of Lyon 里昂的阿戈巴德 76，83
Albert the Great 大阿尔伯特 171，174
Alcuin 阿尔昆 69，110
Alexander of Roes 罗埃斯的亚历山大 187 起
Anastasius，librarian 藏书家阿纳斯塔修斯 78
Andreas de Isernia 伊塞尔尼亚的安德烈亚斯 196
Angilram 安吉尔兰 84
Anselm 安瑟伦 121，171
Aristotle 亚里士多德 17，158，159 起，174 起，183，185，187，193，200，205，210，213
Augustine 奥古斯丁 9，13，69，114，171，172 起，191

Bartolus of Sassoferrato 萨索费拉托的巴托鲁斯 214 起，220，221，222
Beaumanoir 博马努瓦尔 155
Benedictus Levita "执事本笃集" 84
Beneficium 封赐 30，42，54，62，95，144
Bernard of Clairvaux 明谷的伯纳德 110，114，121
Boniface Ⅷ 卜尼法斯八世 110，114 起，128，156 起，185
Bouvines 布汶 149
Bracton，Henry 亨利·布莱克顿 147，152，153，155

Caesaropapism 恺撒教宗主义 35
Chalcedon，council 卡尔西顿会议 37，45
Charlemagne 查理曼 57，59，64，66 起，74，76，77，94，99，110，188

Charles the Bald 秃头查理 76
Chrysostom, John 约翰·克里索斯顿 33
Clement Ⅰ 克莱门一世 22, 23 起
Clement Ⅴ 克莱门五世 197
Codex, Justinian 查士丁尼《法典》 46, 97, 118, 141, 218
Codex Theodosianus 狄奥多西法典 46
Common law 普通法 150 起, 227
Concession, principle 让予的原则 42, 55, 78, 89, 95, 132, 209, 217, 221
Conciliarism 宗教会议至上论 108, 219 起
Conrad Ⅱ 康拉德二世 150, 162
Constance, council 康斯坦茨大公会议 222, 225
Constantine the Great 君士坦丁大帝 33, 36, 37, 45, 51, 60, 63, 74, 82
　Donation of Constantine 君士坦丁赠礼 59 起, 66 起, 76, 94, 98, 108, 193
Constantinople 君士坦丁堡 19, 33, 34, 37, 43, 45, 50, 58, 59, 62, 66, 67, 71, 72, 83, 93
Coronation 加冕 37, 56, 66 起, 74 起, 85 起, 93 起, 108 起, 110, 130 起, 133, 134, 143, 153, 155, 225
Corpus Juris Civilis《民法大全》46 起
Crusades 十字军 71, 96, 162
Customary law 习惯法 57, 161, 214, 215
Cyprian 西普里安 22, 114

Dante 但丁 189 起
Dialogue of the Exchequer《财政署对话集》133
Disputation between a Clerk and a Knight《教士与骑士的争辩》156 起
Edward Ⅰ 爱德华一世 153
Edward Ⅱ 爱德华二世 152 起
Engelbert of Admont 阿德蒙德的恩格尔贝特 186 起
Epistola Clementis 克莱门书信 23 起, 84
Eusebius 尤西比乌 23, 32, 51
Excommunication 绝罚 50, 80, 82, 112, 126, 134, 139, 186, 204, 211

Feudalism 封建制度 83, 103, 120, 142, 146 起, 227, 231
Frederick Ⅰ 腓特烈一世 140
Frederick Ⅱ 腓特烈二世 145, 175, 186

Gelasius Ⅰ 杰拉斯一世 40 起, 48, 54, 63, 91, 95, 112
Gerhoh of Reichersberg 莱希斯贝格的格霍 121
Gilbert Crispin 吉尔伯特·克里斯平 121

Giles of Rome 罗马的吉尔斯 124 起

Grace 恩典 30，53 起，64 起，67，71，73，86，91，111 起，113，125，130，132，134，194

Gratian 格兰西 118，121，172

Gregory Ⅰ 格列高利一世 49 起，80，127

Gregory Ⅶ 格列高利七世 80，96，102 起，106，107，112，113，115，116，131，136，139，141，162

Gregory Ⅸ 格列高利九世 104，110，113，128，145，171

Grosseteste, Robert 罗伯特·格罗塞特 123，151

Henry Ⅰ 亨利一世 92

Henry Ⅱ 亨利二世 122，133，149

Henry Ⅲ 亨利三世 99

Henry Ⅳ 亨利四世 110，112，113，131，134，137 起

Henry Ⅵ 亨利六世 96

Henry Ⅶ 亨利七世 197

Hincmar 辛克马 88 起

Honorius of Autun 奥顿的洪诺留 121

Hugh of St Victor 圣维克多的休 114，115，121

Hus, John 约翰·胡司 225

Iconoclasm 圣像破坏运动 62

Innocent Ⅲ 英诺森三世 96，103，104，108-114，119，128，144，163

Innocent Ⅳ 英诺森四世 104，110，113，125，145

Innocent Ⅵ 英诺森六世 219

Investiture Conflict 授职权之争 107，116，117，120，136，141，200

Isidore of Seville 塞维尔的伊西多尔 81，84，89，122，172，183

Jerome 哲罗姆 21 起

John, king 国王约翰 149 起

John Ⅷ 约翰八世 76

John Ⅻ 约翰十二世 92 起

John of Paris 巴黎的约翰 200 起，205

John of Salisbury 索尔兹伯里的约翰 121 起，132，173，194

Justinian 查士丁尼 35，45 起，97，118，119

Legenda S. Silvestri《圣西尔维斯特故事》45，59 起

Leo Ⅰ 利奥一世 22 起，37，40，106

Leo Ⅲ 利奥三世 67 起，74

Lex regia 王权法 145，214，215

Lothar Ⅰ 罗塔尔一世 75

Louis Ⅰ 路易一世 74，75

Louis Ⅱ 路易二世 76，77

Louis Ⅸ 路易九世 133

Macrobius 马克罗比乌斯 175

Magna Carta《大宪章》113，149 起

Man, natural 自然之人 17，165 起，175 起，182，193 起，200 起，206 起，

213

Marculf Formulae 马库尔夫规式 55

Marsiglio of Padua 帕多瓦的马西利乌斯 204 起，217，218，220，222

Martin Ⅳ 马丁四世 187

Merton, assembly at 默顿大会议 151

Munt 监护 56 起，64，132

Nicea 尼西亚 36，51，82

Nicholas Ⅰ 尼古拉一世 78 起

Novellae, Justinian 查士丁尼《新律》 46，47，48

Otto Ⅰ 奥托一世 92 起

Otto Ⅲ 奥托三世 97

Paul, St. 圣保罗 13，16 起，23，24，30，31，40，43，53，55，56，62，75，105，106，109，115，122，123，124，130，166，188，204

Peter, St. 圣彼得 20，22 起，40 起，45，51，59，63，65，66

Peter of Auvergne 奥弗涅的彼得 185

Peter Crassus 彼得·克拉苏斯 117，118 起，141

Peter de Flotte 弗劳特的彼得 157，202

Petit, Jean 让·珀蒂 225

Philip Ⅳ 腓力四世 124，156

Pippin 丕平 58 起，63 起，75，99

Proprietary church system 专有教堂制 82 起，90，93，98，131

Pseudo-Denys 伪狄奥尼修斯 31 起，50，114

Pseudo-Isidore 伪伊西多尔 83 起，107

Renaissance, Carolingian 加洛林文艺复兴 72 起，81

Renaissance, twelfth century 12 世纪文艺复兴 120

Rudolph of Habsburg 哈布斯堡的鲁道夫 186

Rufinus of Aquileja 阿奎里亚的鲁菲努斯 23，51

Schism, East-West 东西方裂教 43，45，51，53，59，66，68 起，70，77，94，96

Schism, Western 西方大裂教 220 起

Silvester Ⅰ 西尔维斯特一世 60 起，84

Soul-Body allegory 灵肉之喻 101 起，122，124

Stephen Ⅱ 斯德望二世 58 起，63，67，75

Stephen Ⅳ 斯德望四世 74

Sun-Moon allegory 日月之喻 95，192

Sword, symbol 剑的象征 75 起，78 起，82，89，102，109，110 起，115，126，134，137，140，152，193

Tertullian 德尔图良 20

Theodosius Ⅰ 狄奥多西一世 20

Thomas Aquinas 托马斯·阿奎那 13，114，115，123，171，174 起，192，193，194，200，205，213

Thomas Becket 托马斯·贝克特 122

Ulpian 乌尔比安 173，174
Unction 膏立 56，64 起，71 起，86 起，92，109，134
Urban II 乌尔班二世 120
Urban VI 乌尔班六世 220

Vernacular 本国方言 155，164 起，184
Vicar of Christ 基督代牧 61，69，104，107，114 起，140

William of Moerbeke 莫尔贝克的威廉 171
Wyclif 威克利夫 224 起

Zacharias 扎迦利 58
Zeno 芝诺 38
Zosimus 佐西玛 29

译后记

西学难，中世纪学更是难中之难。一直以来，中世纪史都是一个既十分难学，又无法回避的艰深领域。积极而深入的中世纪史研究，不只要求相当高的语言能力，还需要渊博的历史知识与深刻的洞察能力。一方面，中世纪的欧洲社会已经发展出了十分复杂、相当发达的精神文明，对它的理解与诠释绝非易事；另一方面，中世纪文明既与西方的现代具有明显的连续性，又在许多方面与现代人的普通"常识"保持着鲜明的距离。即便是对于占据"主场"优势的西方学者而言，如何深入地认识与诠释中世纪，仍可谓是一项既富于学术意义，又极具挑战性的工作。由于时空与信仰的双重差距，对于那些愿意虚心了解西方文化的中国学人而言，中世纪史更是具有特殊的学术魅力，无论古典学抑或现代史均无法比拟。

无论是在思想史还是中世纪史的视野中，著名历史学家沃尔特·厄尔曼（Walter Ullmann）的代表作《中世纪政治思想史》都是一部不仅值得阅读，而且发人深思的著作。无论是鉴于该书所具有的学术地位与启发意义，还是考虑到西欧中世纪史在当下中国学界相对滞后的发展状况,译者都有理由相信,花费大约一年时间来翻译这部"年近半百"的作品,都应当是一项能带来足够学术回报的工作。

  首先需要交代一下对该书作者姓名的译法。对于中国很多中世纪史与政治思想史学者而言,应当说"Walter Ullmann"都是一个比较耳熟的名字。从民族和母语的角度来看,他出生于奥地利,以德语为母语,直到成年后(28岁)才移民到英国,如此则有理由按照德语人名的一般译法,译为"瓦尔特·乌尔曼"。不过,鉴于作者既以英语为主要的学术写作语言,又主要活动在英语学术界之中,所以也有学者参照英语的发音习惯,将其名字译为"沃尔特·厄尔曼"。在本书译者看来,这两种译法当然都是合理的,但后者更符合学界的习惯。

  对于该书的书名,译者同样需要做出交代。作为一部具有广泛学术影响力的著作,在该书的流传过程中,同样存在着版本方面的问题。1965年,该书首次问世,当时它由 Pelican Books 出版,英文书名为"*A History of Political Thought: The Middle Ages*"。1970年,该书再版。当时厄尔曼教授为第三章添加了一条补注,并对参考书目做了补充。1975年,该书又由 Peregrine Books 重新出版。这时它的书名被改为"*Medieval Political Thought*",此外厄尔曼再次对参考书目做了增补。

  当下译本的主体部分是依据1965年的 *A History of Political Thought: The Middle Ages* 译出的,但又加入了后来两个版本所增添的内容。其具体情况是:

  1. "1970年版前言"与1975年的"佩里格林版前言",在译本中置于1965年版"前言"之后;

2."对第三章的补充注释"（即 1970 年版的 Appendix B，在 1975 年版中又改称 Appendix C）在译本中放在正文之后；

3.译本中的"原书参考书目"包括三个部分，其中的"精选书目"即 1965 年版的 Select Bibliography，"补充书目"即 1970 年版增加的 Supplementary Bibliography（即 1975 年版的 Appendix A），"增补书目"即 1975 年版增补的 Additional Bibliography（即 1975 年版的 Appendix B）。

此外，译本中的"部分专有名词与术语索引"是译者根据原书索引编选而成的（因此凡出自译者手笔的内容均不考虑在内）；译本中的"中文参考书目"、"中世纪教宗年表"与"君主世系图"则是译者自行编辑与补充的，并不来自厄尔曼教授的原书。

厄尔曼于 1910 年出生在下奥地利的一个医生家庭。他先后求学于维也纳大学与因斯布鲁克大学，在因斯布鲁克大学获得了教会法与民法的"双法学"博士（doctor utriusque iuris）学位。虽然他的父母都是天主教徒，但父系一方却具有一些犹太人的血统。1938 年，纳粹德国吞并了奥地利。在种族主义暴政的威胁下，他被迫放弃了在地方法院的工作，利用到剑桥短期访学的机会逃离了奥地利，成为一名避难者。

初到英国时，厄尔曼的英语水平尚不能达到流利交谈的程度，为此他不得不借助拉丁语来进行学术交流。在剑桥避难者委员会以及一些友人的帮助下，他得以利用剑桥图书馆的丰富资源进行了一些学术研究，随后又在一所名为 Ratcliffe College 的天主教寄宿学校谋得了一份教职。1940 年，他一度受到了警察的调查，不得已入伍服役了一段时间。1942 年，他由于健康原因而退伍，重新回到 Ratcliffe College 任教，讲授德语和中世纪史等课程。在"二战"结束后，他还一度为英国外交部政治情报局工作。1947 年，他终于归化为英国公民，随之获得了利兹大学讲师的教职，从此开始了长达三十年的大学执教生涯。1949 年，他以大学讲师的职位开始了在剑桥的学术历程。他在 1957 年晋升为剑桥中世纪教会研究所高级讲师，在 1965 年担任该校中世纪教会史教授，又在 1972—1978 年任该校中世纪史教授。此外，厄尔曼教授曾是剑桥大学三一学院的研究员（Fellow），还当选为不列颠学院（British Academy）院士。[1]

从 20 世纪 40 年代以来，厄尔曼长期致力于对中世纪法律与政治思想的研究，其著述在中世纪史、法律史与政治思想史等领域中产生过相当大的影响。在长达四十年的学术写作生涯里，他不仅出版了十余部著作，还发表了大量的学术文章，堪称"二战"以来英国最多产的中世纪史学家之一。以下就简单地介绍一下他的主要著作。

在 Ratcliffe 时期，厄尔曼已经撰写了两部研究专著：其一是《卢卡斯·达·朋纳[2]所代表的中世纪法律观念》（1946），该书开启了他从法律的角度来理解基督教、研究中世纪史的学术路径；其二是《大裂教的起源》（1948），在该书中他以自上而下论与自下而上论的斗争来诠释中世纪法律与政治思想的基本方法已初现端倪。1948 年，他在剑桥主讲了"梅特兰纪念讲

---

[1] 关于厄尔曼的生平与作品，译者主要参考了他的学生 John A. Watt 在他去世后所撰写的长篇纪念文章，见 John A. Watt, "Walter Ullmann, 1910—1983," *Proceedings of the British Academy* 74（1988），483-509。

[2] Lucas da Penna 是 13 世纪的那不勒斯法学家。

座",其内容被扩充为《中世纪教宗派思想》(1949)一书。尽管以"教宗派绝对主义"来解读中世纪教会法的论点并未得到普遍接受,但他还是借此获得了在剑桥的教席。他在剑桥最初几年的研究,集中地表现为《中世纪教宗政府的成长》(1955)一书。该书从保罗开始一直讲到了中世纪盛期,讨论了所谓的"教宗君主制"和"教权派意识形态"的发展过程。六年后,厄尔曼又在《中世纪的政府与政治原则》(1961)中全面地阐述了自上而下论与自下而上论的斗争与兴衰,该书的三大部分分别论述了教宗制的成长,王权中自上而下的神权一面与自下而上的封建一面的关系,以及自下而上论在中世纪后期重新兴起的过程。至此,他用来诠释中世纪政治与法律的理论框架已经基本形成。

接下来,厄尔曼又撰写了《中世纪政治思想史》(1965)与《中世纪教宗制简史》(1972)这两部以普通读者为受众的总结性作品。简单说来,《中世纪政治思想史》的前一半是《中世纪教宗政府的成长》的翻版,而后一半则重述了《中世纪的政府与政治原则》的基本见解。[3]《中世纪教宗制简史》不是一部简单的中世纪教宗列传,而是对教宗制理念在中世纪之实现过程的论述。此外,在六七十年代,他还陆续出版了《中世纪的个人与社会》(1967)、《加洛林文艺复兴与王权观念》(1969)、《中世纪的法律与政治》(1975)、《文艺复兴人文主义的中世纪基础》(1977)等专著,分别从自下而上论在个人观念层面的发展,基督教对中世纪早期的社会政治观念的影响,法律与政治思想在中世纪的密切联系,中世纪晚期和文艺复兴

---

[3] 见 John A. Watt, "Walter Ullmann, 1910—1983," 498。

时期所谓的"人文主义"对神权观念的世俗化过程等方面进一步地发展了他的基本理论框架。他的最后一部著作，是以德文写成的《杰拉斯一世（492—496年）》（1981）。按照他一贯的风格，该书不是简单地讨论杰拉斯一世这位教宗本身，而是探讨了教宗首位权威的观念在古代晚期的形成过程。

作为一位颇有影响力的学者，厄尔曼教授的大部分学术文章已被收入 Variorum 重印本丛书。在 Variorum 的知名学者文集系列中，他的作品占有 5 卷之多，依次为《中世纪早期的教会与法律》（1975）、《中世纪的教宗制与政治观念》（1976）、《中世纪的学术与政治》（1978）、《中世纪的法学》（1980）和《中世纪的法律与权力》（1988）。除了个人的著述，他还长期担任"剑桥中世纪生活与思想丛书"的主编。1980 年，为庆祝他的七十寿辰，剑桥大学出版社出版了题为《权威与权力》的纪念文集。在英语国家以外，厄尔曼也具有一定的学术影响力。他的部分著作已被译为德语、意大利语、西班牙语、日语等多种语言。

回顾起来，厄尔曼的基本学术观点初始于 20 世纪 40 年代，成形与成熟于 1955 年的《中世纪教宗政府的成长》与 1961 年的《中世纪的政府与政治原则》。作为一部总结性的作品，《中世纪政治思想史》的主要意义不在于提出某项特定的新观点，而在于以一种体系性、综合性的方式，集中而流畅地反映了作者的成熟期思想。可以说，作者在漫长学术生涯中所提出和建立的绝大部分重要学术论点，在这本原文只有 200 多页的思想史中都得到了体现。为了初步地了解所谓的"厄尔曼学派"对中世纪的诠释，本书完全可以作为一个最便捷有效的入手点。作为一位体系性、思想性很强的学者,厄尔曼本人就已经在这本体系性、思想性都很强的思想史中相当清楚地呈现了他的基本理论框架。在一篇书评[4]中,英国中世纪学者戈登·莱夫也曾经对该书的核心论点做过精练的概括:

> 中世纪政治思想的历史在很大程度上就是两种政府理论的斗争史:一个是将原初的权力放在社会当中的自下而上论,另一个是将其置于超越的神灵之上的自上而下论。由于基督教的巨大影响,直到13世纪晚期为止,自上而下论一直占据优势,而自下而上论退至后台。由于对亚里士多德的再发现,由于将社会视为自然现象的理论发展了起来,自上而下论又不断地向后退,仅有个别遗痕得以残存至今。这就意味着,在中世纪的早期和盛期,教宗派的教权理念主导着当时的政治思维;由于必须依靠同样的基督中心论预设,当时的王权派就不可能提出相反的主张,不可能要求一种具有内在独立性的权威。只要国王的权力在某种意义上被当作来自上帝之物,国王就不得不承认精神权力的优先性。到中世纪晚期,直到人被视为一种政治的、社会的动物,国家被视为一种对人很自然的事物,世俗权力的观念才有可能反败为胜。

厄尔曼教授的最大成就在于,以一个既具有足够系统性,又具有充分现实关怀的理论框架诠释了整个中世纪的政治与法

---

[4] Gordon Leff, "Review of *A History of Political Thought: The Middle Ages*," *English Historical Review*, vol. 82, no. 323(1967): 378-379.

律。即便是他的批评者也承认，他对资料的掌握，丰富的思想，渊博的学识，入木三分的分析和有力的论证，都应受到称赞和肯定。[5] 尤其值得一说的是，早在20世纪六七十年代，他的学术观点就已经越出了中世纪史和法制史的领域，吸引了许多专业以外的读者。对于普通的、非专业的受众，他一直十分重视。他不仅在学理上反对那种封闭在书斋之中的"漫无目标"的"好古癖"[6]，十分强调历史研究的现实意义，还多次写作以普通读者为受众的作品，甚至还愿意去BBC做节目，传播中世纪史知识。[7] 正如莱夫在书评中所说，厄尔曼使复杂的中世纪思想面向了广大的公众。[8]

尽管如此，不可不察的是，在中世纪史与教会史的圈子内部，厄尔曼的基本理论框架并没有得到普遍承认，他的许多重要论点都与西方中世纪史、教会史学界的主流观点不一致。即便是他的学生也委婉地承认（当然并非在贬义上），厄尔曼对欧洲历史持有一种"独特的个人化观点"（uniquely personal vision）。[9] 无论如何，自从1949年《中世纪教宗派思想》面世以来，批评一直伴随着厄尔曼；应该冷静地看到，他对于中世纪教权派观点的极力突出，既不符合相信教会与国家之权威两分的主流学术见解，也不见得符合中世纪教会的正统教义。[10]

---

[5] Francis Oakley, "Celestial Hierarchies Revisited: Walter Ullmann's Vision of Medieval Politics," *Past and Present* 60（1973）: 3-4.
[6] 参见《中世纪政治思想史》原文第229页。
[7] John A. Watt, "Walter Ullmann, 1910—1983," 498，500-501, 502-503.
[8] Gordon Leff, Review of *A History of Political Thought: The Middle Ages*, 378-379.
[9] John A. Watt, "Walter Ullmann, 1910—1983," 507-508.
[10] 请比较 John A. Watt, "Walter Ullmann, 1910—1983," 490-491, 494, 497, 504-505; Gordon Leff, Review of *A History of Political Thought: The Middle Ages*, 378-379.

正如中世纪学者约翰·莫拉尔所论，当时的冲突不是发生在两个目标不同的独立社会之间，而是发生在同一个社会的不同分支之间。[11]

1973年，中世纪有名的学者弗朗西斯·奥克利更是在著名的历史学刊物 *Past and Present* 上发表了题为《天阶重探：沃尔特·厄尔曼的中世纪政治观》的长篇述评，以《中世纪的政府与政治原则》一书为中心，全面地检视了厄尔曼的主要学术观点。[12]在译者看来，这篇文章既以最好的方式显示了厄尔曼的学术影响，又积极地展现了其基本观点的意义与不足。有鉴于此，简略地介绍一下这篇述评的主要观点，显然能够帮助我们更加全面地理解本书。

奥克利认为，厄尔曼的基本理论框架是由一个"主要情节"（principle plot）和一个"次要情节"（sub-plot）组成的。按他的说法，厄尔曼的"主要情节"可以被看作一场"意识形态戏"（ideological drama）：主要是在基督教观念影响下，中世纪的欧洲发展出了"自上而下"的教宗制和神权性王权；到了中世纪晚期，随着亚里士多德主义的复兴，自下而上论又战胜了神权性政治的观念，最终发展出了现代的宪政。奥克利对这场"意识形态戏"的批评分为两方面。其一，厄尔曼将保罗书信曲解为鼓吹神权统治的文本，却认识不到无论是在古代的希腊、罗马，还是在基督教化之前的日耳曼人和北欧人当中，某种形态的神授王权皆早已有之。其二，厄尔曼并未清楚地认

---

[11] John B. Morrall, *Political Thought in Medieval Times* (Toronto: University of Toronto Press, 1987[1958]), 28.

[12] Francis Oakley, "Celestial Hierarchies Revisited: Walter Ullmann's Vision of Medieval Politics," *Past and Present* 60 (1973): 3-48.

识到，亚里士多德的"自然主义"与中世纪晚期的自然观念不是一回事，并没有必然的逻辑联系。他建构出了一条以阿奎那、巴黎的约翰、但丁和马西利乌斯为主线的亚里士多德主义国家观逐渐复兴的路线，但他对这四位思想家的诠释都是很值得商榷的。[13]所谓的"次要情节"就是：中世纪晚期的英格兰王权已经在朝着封建的一面发展，而法兰西的王权则具有较强的神权性，这种对比就能够解释两国在近代的不同历史道路。对此，奥克利评论道：厄尔曼错误地解释了13世纪的英格兰法学家布莱克顿[14]的王权观念，夸大了封建观念对中世纪英格兰王权的影响，也夸大了中世纪法兰西王权的神权性质，从而虚构出了一幅英法两条道路形成尖锐对比的历史图景。[15]按照奥克利的分析，厄尔曼可以说是"成也萧何，败也萧何"，他最大的问题正在于其理论框架具有过分的连贯性。奥克利的总体"诊断"是：从学科的角度来看，厄尔曼的理论完全是在法律史之中发展起来的，过于强调法律和政治权力的来源；从历史的角度来看，厄尔曼将中世纪视为一个与古代和现代相割裂的中断时期，过于夸大"自然"与"超自然"在基督教观念中的对立。[16]

当然，由于厄尔曼的研究覆盖面极为宽广，在如此宏大的著作中不可避免地会包含各式各样的遗漏、偏见和谬误。奥克利的批评是否能够完全成立？本书的读者们可以做出自己的

---

[13] Francis Oakley, "Celestial Hierarchies Revisited," 21-44.
[14] 参见《中世纪政治思想史》原文第147页以降。
[15] Francis Oakley, "Celestial Hierarchies Revisited," 11-21.
[16] Francis Oakley, "Celestial Hierarchies Revisited," 45-47. 前者亦即过分纠缠于自上而下-自下而上的问题；后者亦即将基督教的"超自然"维度说成是对"自然"维度的否定。

判断。但是,应有清醒认识的是:厄尔曼的著作的确包含着诸多具有"意识形态"色彩的论点。尽管厄尔曼惯于以"意识形态"这个术语来褒贬历史,并将它作为一个与"历史""自然"等正面概念相对的术语来使用,但他也承认自己的基本框架具有"政治-意识形态"的意味。[17]很明显,厄尔曼的"次要情节"宣扬和美化了英国的封建传统与宪政道路,这是与19世纪以来的辉格党进步史观一脉相承的。他的"主要情节"更是在法律史的外衣下,鲜活地延续了曲意营构古典与现代性之"内在"联系,并将千年中世纪视为西方历史中的巨大下陷部分的启蒙式史观。[18]当然,作为一位以法律史为本行的学者,厄尔曼对法律和政治视角的偏向不仅顺理成章,而且无可厚非。不过,对于那个全身心浸淫于信仰之中的中世纪社会来说,对法律和政府权力之表面形式的过分执着,就很容易导致对那个"基督教世界"的内在理路的淡漠。反过来说,如果能在深入理解中世纪教会之内在理路的基础上,以"同情之理解"的情怀,更近距离地切入历史的语境,更生动地阐释那么多兼以基督徒与政治人双重身份来激扬现世生命的中世纪人的浮沉悲欢,就完全有可能将另一幅色调迥异却更为鲜朗的历史画卷呈现给读者。一个令译者难以忘怀的例子是,在彭小瑜教授笔下,那位在本书中冷酷而充满野心的教宗英诺森三世,就变成了一位既深谙封建政治现实之道,又在内心中充满信仰激

---

[17] 见 John A. Watt, "Walter Ullmann, 1910—1983," 501。
[18] 可以参看译者对于"古代晚期"(Late Antiquity)的简短评论,见夏洞奇《西方是如何"着魔"的:从"古代晚期"说起》,"知识分子论丛"第八辑《世俗时代与超越精神》,江苏人民出版社2008年,第26—36页。

情的更有中世纪味的宗教领袖。[19]

正如有名的中世纪学者华莱士-哈德里尔所言,厄尔曼所写的与其说是历史,还不如说是政治学。[20] 此言不属于历史学家自以为是的挑剔,而是对厄尔曼的公允评价。无论如何,厄尔曼教授是一位追求系统性、思想性与现实性的学者。对他来说,一定程度上的"意识形态",与其说是历史性的欠缺,还不如说是对现实关怀的表露。作为一位曾在暴政威胁下背井离乡的避难者,厄尔曼对"自上而下"政体的憎恶,对英美宪政的赞赏与眷恋,都是易于理解的。[21]

最近十年来,译者的专业领域一直是奥古斯丁研究(尤其是其社会政治思想),这是与中世纪政治思想颇有关系的。因此,将厄尔曼的代表作《中世纪政治思想史》全面地介绍给中国读者,对译者来说乃是一项有责任、有意义的工作。在一个中世纪史对绝大多数读者来说依然显得疏远、隔膜的时代,译者希望读者能够以冷静开阔的心胸来阅读这本具有意识形态意味的思想史。鉴于本书在西方原是一本以普通读者为受众的总结性著作,其优缺点是同时互现的:覆盖面宽广,但展开不够深入;线条清晰简练,但论述不太周全;现实关怀强烈,但原本很丰富的学术史背景受到了忽略。对于那些对中世纪感兴趣的读书人来说,它会让人感到开卷有益、有所启发;对于那些

---

[19] 见彭小瑜《教会法研究》,商务印书馆 2003 年,第 213—222 页。
[20] J. M. Wallace-Hadrill, "Review of *Principle of Government and Politics in the Middle Ages,*" *Journal of Theological Studies*, n.s. 13 (1962): 441—442.
[21] John A. Watt, "Walter Ullmann, 1910—1983, " 507: "For much though he loved and appreciated England, his sense of being Austrian seemed to grow stronger as he grew older."

初学中世纪史、西方政治思想史或西方法律史的学生而言，它能够发挥引人初窥门径的作用；但对于那些有志于中世纪学的研究者而言，本书只是"成一家之言"的可供参考的译著之一，取代不了对大量外文研究文献与拉丁文史料的仔细阅读。

本书的性质及预设的受众也决定了译者在翻译本书时所假定的基本原则。在努力忠实于原文的前提下，译文应当力求做到相对流畅和自然，尽量选择比较符合中文习惯的表达方式和修辞。既然真正的中世纪研究者应当基于西方语言的文献来开展工作，那么除非是在十分关键的地方，中文译本就没有必要生硬地保留原文的所有细节与全部文风。相反，如何做到实质性的、动态性的对应，才是更值得优先考虑的目标。[22]此外，北大英语系高峰枫老师就西学翻译问题而发表的大量学术批评，时时刻刻地令译者感到警醒，在客观上起到了很好的鞭策作用。不过，毋庸讳言的是，由于受到外文水平与学术功力的深刻限制，这个译本必会充斥形形色色的不当和错误，有待于各位方家的指正。

为了给一般的中国读者提供一些方便，译本不但对原书的附录部分做了一些调整，还补充了中文的参考书目以及若干关于中世纪教宗与君主的图表。为了便于对照原文，原书的页码都保留在译文的页侧。对于其他方面的格式，译本已尽可能地加以保留。此外，在一些容易影响中国读者顺利阅读，或在译者看来明显值得补充甚至商榷的地方，或者需要对译法有所交代之处，译者添加了近300条译注，在译本中以页下脚注的格

---

[22] 对此类翻译理论问题的深入探讨，请参看杰里米·芒迪《翻译学导论——理论与实践》，李德凤等译，商务印书馆2007年，尤见第3—7章。

式标出。当然,中译本所添加部分的文责应完全由译者本人来担当。

译者对政治思想史的兴趣在很大程度上得益于北大政治学系李强教授的教导和激励。没有李老师独具慧眼的选题和布局,本书的中译本就是不可能的;没有他的再三鼓励,译者也不可能有足够的勇气来承担这项翻译任务。

译者对中世纪史的浓厚兴趣始于十余年前的昌平园与燕园。从来不曾忘怀的事实是,没有北大历史系古代中世纪史教研室各位老师多年来的教诲,我就绝无可能走上世界史的学术道路。没有马克垚先生所开拓的北大中世纪史传统的熏陶,我就不可能对"遥远"的中世纪产生学术兴趣,更不可能具有翻译此类著作的丝毫能力。正是依靠彭小瑜老师富于远见的引导,我才有可能从事奥古斯丁和教会史的研究,而在本书的翻译过程中,研究生期间所积累的知识是弥足宝贵的。大约八年前,是在黄春高老师的课堂上,我第一次阅读了本书的原文。在翻译本书的过程中,北大马克垚、彭小瑜、朱孝远、黄春高等教授以及人大历史系孟广林教授的著作都令我受益匪浅,同时也令我产生了时光飞逝而所学不透的反思感。

作为复旦历史系的教师,本书的翻译工作是我在教书之余的时间里抽空进行的。几年来,作为同事与学术上的前辈,林太、李宏图、黄洋、赵立行等老师一直都在帮助和照顾我,金重远先生、张广智先生对我的勉励更是不遗余力。在本书的翻译过程中,冯玮老师和金寿福老师都再三地表示了真诚的关切和鼓励,令我深受鼓舞。

无论如何,学术翻译是一项既无比重要,又勉为其难的事业。在译林出版社黄颖女士的耐心帮助下,本书中文版的问世终于可期，此时欢欣和惶恐的双重心态同时涌上了我的心头。但无论如何，第二本作品的诞生都是我献给父亲母亲的又一样心意。

2009 年 8 月

夜于上海

三联版译后记

沃尔特·厄尔曼的《中世纪政治思想史》已经是一本老书。本书的英文初版问世于1965年，中译本的初版也已经是十余年前的旧作了。当我读到三联书店的编辑发来的校样时，十五年前的思绪又重上心头。这本书是我第一次完整地翻译英文的大部头。当年的新手译者享受不到后来那样的舒畅，但现在的我大概也找不回当年那种如履薄冰的感觉了。

哪怕是在当下这个一切都不确定的时代，就学理而言，中世纪史依然是我们了解西方传统的必经之路。正如厄尔曼所言，近代西方的政治"深深扎根于历史的土壤"（见本书"结语"）。当年的厄尔曼，毕竟是在英美最有影响力的中世纪思想史大家之一。重读本书之后，我深深地感到，这样一本全面、系统、理论性强的思想史，依然值得现在的读者认真地学习和参考。希望现在这个译本依然能够承载得起厄尔曼当年的情怀心绪，将他多年来的思索与执念带给更多的中文读者。

三联版的《中世纪政治思想史》依然保留了译者补充的大量译注，也保留了译者整理的"中世纪教宗年表""君主世系图"。鉴于十余年来国内在中世纪史方面的研究与翻译已经面貌焕然一新,译者对于"中文参考书目"做了大幅度的增补。新版也顺便订正了旧译本在编校过程中出现的若干错讹之处。

非常荣幸的是,本书有机会被列入李猛教授主编的"现代世界"丛书(这也是我的作品第二次被收入李老师主编的丛书)。我也要深深感谢北京大学社会学系田耕老师、浙江大学历史学院刘寅老师的热情帮助。正是三位老师的热情鼓励,才促成了本书新版的问世。衷心的谢意还要留给三联书店的编辑周玖龄先生、王晨晨女士,他们的专业素养与耐心态度为本书贡献良多。

2024 年 3 月
于南京